U0916324

丝绸之路上的体育遗存

彭立群 著

九州出版社
JIUZHOUPRESS

图书在版编目（CIP）数据

丝绸之路上的体育遗存 / 彭立群著 . -- 北京：九州出版社，2019.12

ISBN 978-7-5108-8696-6

Ⅰ . ①丝… Ⅱ . ①彭… Ⅲ . ①体育文化 – 非物质文化遗产 – 研究 – 中国 Ⅳ . ① G80-054

中国版本图书馆 CIP 数据核字（2019）第 295528 号

丝绸之路上的体育遗存

作　　者	彭立群　著
出版发行	九州出版社
地　　址	北京市西城区阜外大街甲 35 号（100037）
发行电话	（010）68992190/3/5/6
网　　址	www.jiuzhoupress.com
电子信箱	jiuzhou@jiuzhoupress.com
印　　刷	北京亚吉飞数码科技有限公司
开　　本	787 毫米 ×1092 毫米　16 开
印　　张	18
字　　数	233 千字
版　　次	2021 年 1 月第 1 版
印　　次	2021 年 1 月第 1 次印刷
书　　号	ISBN 978-7-5108-8696-6
定　　价	76.00 元

前　言

在西汉（前202年—8年），张骞开辟了从首都长安（今西安），经甘肃、新疆，到中亚、西亚，并连接地中海各国的陆上交通、贸易、文化的通道。这条通道名叫丝绸之路。丝绸之路的支线包括青海、内蒙古、宁夏境内。2013年9月，中国国家主席习近平提出建设“新丝绸之路经济带”新倡议。次年，中国、哈萨克斯坦、吉尔吉斯斯坦三国的东段“丝绸之路”即“长安—天山廊道的路网”成功申报为世界自然文化遗产。在这个狭长古道上，聚集着不同民族群体，积淀了丰富的文化资源，文化历史悠久，源远流长。

本书试图对丝绸之路上的体育遗存进行研究。全书共分五章。第一章为丝绸之路体育遗存研究总论。本章介绍了张骞出使西域并开辟的丝绸之路的来龙去脉、发展历史、研究成果、研究背景、战略倡议、遗存内涵、异同之处、研究内容、目的、意义、对象、方法、原则、价值、创新之处、取得成果、未来展望。第二章为丝绸之路体育遗存之历史文字记载与研究成果。本章中介绍了古代丝绸之路体育遗存的古代文字记载和近现代研究成果。以各种古今中外的文字记载为依据，从历史时空的纵向面进行研究。第三章为丝绸之路体育遗存之不可移动文物。本章介绍了丝绸之路沿线上的遗址、岩画、壁画等体育文物的名称、位置及类别。第四章为丝绸之路体育遗存之可移动文物。本章介绍了丝绸之路沿线上的体育实物、艺术品、工艺美术品、手稿、图书资料、化石等文物的名称、位置及类别等。第五章为丝绸之路体育遗存之保护。本章论述了丝绸之路体育遗存的保护的发展阶段、现状、困境、措施等。

本书构思新颖、逻辑严谨，题材新颖，文字生动流畅，可作为从事体育文化的研究人员、教师和研究生的参考书。

本书在撰写的过程中，查阅了诸多历史博物馆和网站的历史文物及体育文化等方面的图片、科研成果及文献资料，借鉴了相关专家、学者的研究成果和观点，在此一并向他们表示真挚的谢意。由于时间与精力有限，不足之处在所难免，恳请广大读者批评指正。

作　者

2019 年 9 月

目 录

第一章　丝绸之路上的体育遗存研究总论

第一节　丝路体育之追本溯源

一、丝路体育的起源

在西汉（前202年—8年），张骞开辟的，从首都长安（今西安），经甘肃、新疆，到中亚、西亚，并连接地中海各国的陆上交通、贸易、文化的通道。[①] 这条通道原来没有名称。1877年，德国地理学家迪南·冯·李希霍芬在其《中国：我的旅行与研究》一书中，把这条路线命名为丝绸之路。[②] 后来被专家学者认同并沿用至今。

公元前138年，张骞奉命首次西行。风餐露宿，历经艰难。对西域的自然、社会和人文环境情况有了一定的感受和了解。这一次虽没有达到最初预期的目的，[③] 但留下了珍贵的历史记录。汉武帝多次向张骞询问大夏等地的情况，张骞着重介绍了乌孙到伊犁河畔的地形地貌、风土人情以及贸易交往等重要性，并着重提出应该与西域各族人民继续加强友好往来。公元前119年，张骞奉命第二次出使西域。他率领300人组成的使团，每人备两匹

---

① 张璐．“一带一路”时政术语对外英语传译和效果研究 [J]. 兰州教育学院学报，2017，33（12）：161.

② 赵兰君．基于丝绸之路背景下戏剧对城市文化构建的影响研究 [D]. 西安建筑科技大学，2017：10.

③ 薛伟．对外汉语教材《唱民歌学汉语》编写研究 [D]. 曲阜师范大学，2015：6.

马，带牛羊万头，金帛货物价值“数千巨万”，出访当时的西域各部，与此同时西域各部的使者也不断来长安访问和贸易。从此，汉朝与西域的交通通道建立了起来。西汉时期，中原地区与河西走廊、河套地区、西域等地的联系与交往更为紧密。张骞出使西域进一步促进了各民族、各地区之间的融合与交流，文化及体育之间的交流也随之更为紧密，二者互相融入，极大地促进了政治、经济、军事、文化的发展。

汉明帝初年，永平十六年（73 年），明帝派遣班超出使西域。从此，西域恢复了汉朝 65 年的统管和联系。他在西域坚守 30 年，对巩固边疆、加强团结、促进发展做出了自己应有的贡献，促进了丝绸之路沿线的中国与中亚各国在的政治、经济、文化的交流与发展。

随着社会的发展，人们将丝绸之路相同含义的内容进行了演绎，因此出现了陆上丝绸之路和海上丝绸之路之名称。海上丝绸之路起源于商周，早于陆上丝绸之路。是最古老的海上航线。海上丝绸之路的命名是 1913 年由法国的东方学家沙畹首次提及。海上丝绸之路也称海上陶瓷之路、海上香料之路，中国海上丝绸之路分为两条线路，① 即东海航线和南海航线。

2013 年 9 月，中国国家主席习近平提出建设“新丝绸之路经济带”新倡议。次年，中国、哈萨克斯坦、吉尔吉斯斯坦三国的东段“丝绸之路”即“长安—天山廊道的路网”成功申报为世界自然文化遗产。② 随后国家发布了《推动共建丝绸之路经济带和 21 世纪海上丝绸之路的愿景与行动》等战略规划。新形势下“一带一路”构想的提出和践行，不仅是倡导经贸合作，而且推进文化交流。体育作为文化传播的重要媒介之一，丝路体育遗存的相关话题应运而生。中国作为世界文明古国，对世界的文明进步发挥了重大作用，造纸印刷推动了人类文明的进程，而丝绸和瓷器更是中国与西方世界长达数千年交往的名片，这条由古都陕西西安出

① 李家成．东方海上丝绸之路视角下的中韩合作探析 [J]. 当代韩国，2015（2）：17.

② 杨荣国．“一带一路”公共外交战略研究 [D]. 兰州大学，2017：5.

发经甘肃、新疆连接欧亚大陆的交通要塞，它开启了中国走向世界的大门，是世界了解中国的钥匙。漫漫黄沙之中耳边传来驼铃之声，浩瀚大海之中眼前浮现船帆影子，这就是中国两条路上的真实情境即“丝绸之路”（图 1–1）。

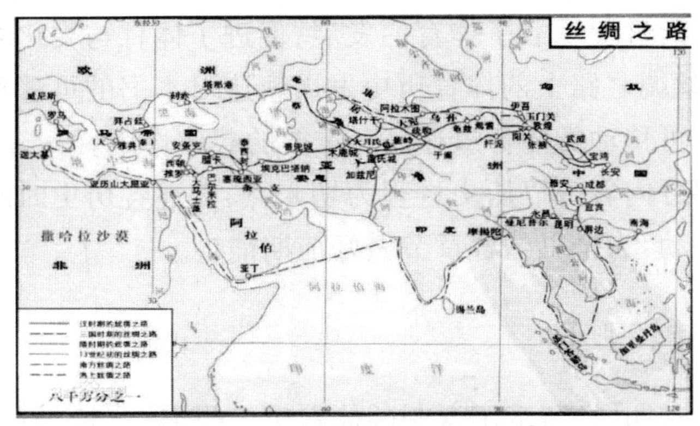

图 1–1　古代丝绸之路路线图[①]

习近平主席对古丝绸之路的精神发出感慨，2000 多年前，我们的先辈筚路蓝缕，穿越草原沙漠，扬帆远航，穿越惊涛骇浪，打开了各国友好交往的新窗口，书写了人类发展进步的新篇章。[②]

本文主要将以汉代开辟的“丝绸之路”为线索，详述丝路主线与分支线路的陕西、甘肃、新疆、青海、内蒙古、宁夏境内的体育遗存状况。

二、丝路体育的发展史

体育是人类通过体力、智慧、技巧展现的一种娱乐消遣生活。中国古代体育历史悠久，源远流长。[③] 从原始社会的萌芽，到后期的形成，再到缓慢发展并经历融合呈现鼎盛直至落幕，在生存、劳动等因素的催生下出现的丝路体育被赋予了历史意义，更是中西文化“切磋”后的产物。中华民族是伟大而充满智慧的民族，众

① 搜狐网：http：//www.sohu.com/a/313270302_120054323.

② 习近平．携手推进“一带一路”建设——在“一带一路”国际合作高峰论坛开幕式上的演讲[J]. 当代兵团，2017（10）：12.

③ 刘伟，王泽，孟飞．安多地区藏族传统体育发展对策研究[J]. 西南民族大学学报（人文社科版），2007，28（9）：240.

所周知，黄河流域是人类文明的摇篮之一，陕西、甘肃是中国古代文明的重要起源地之一，新疆也是多民族集聚的地区，由此途径的丝绸之路沿线上的体育活动在随中国体育大流发展的同时，又兼备了自身特色，因此极具传承价值。

历史的进程承载了体育的发展，促进了体育与文化之间的融合，因此丝绸之路上的体育历史发展轨迹对本书的可移动类体育遗存与不可移动类体育遗存具有重要的载体作用。

本部分内容将以历史进程为切入点，简述各历史时间层面上的体育活动，为全书的各章节做好前期铺垫。

（一）先秦时期

先秦时期，也留下了深刻的体育历史印记。[①] 原始社会时期，人类的生存劳作、社会实践活动推进了体育运动的向前发展，甚至与后世有关的各种运动器械也已经初具雏形。除此之外，还有日常活动中包含了诸多类似体育活动的内容。如搏杀野兽、掷投飞镖、角力、障碍赛跑等。陕西发现的多个古人类遗址，都能寻觅到体育在原始社会发展的足迹（图 1–2）。

图 1–2　春秋战国“战车”图[②]

① 李世宏．先秦体育风尚发展特色探析 [J]. 科教文汇（上旬刊），2014（11）：158.

② 搜狐网：http：//www.sohu.com/a/26591653_201559.

奴隶社会时期，体育主要围绕“祀”和“戎”内容，它产生于民间、教育、军事中的活动内容。原始社会后期出现了群体矛盾尖锐化的现象，军事活动随之产生，先前的狩猎逐渐转化为练兵习武的“田猎”活动，少年儿童教育中的射、御、舞勺、舞象等均带有体育的属性。同时民间体育活动也在不断发展，体育活动范围从奴隶主扩大到奴隶中。西周时期，迷信活动十分常见，东周时期，围棋已流行于民间。陕甘地区出土的青铜器和图画，生动说明了体育活动在奴隶社会时期的形成和发展。在这一时期，民间、教育、军事活动中的体育有了明显的区分和标志，直至近代西方竞技体育传入之前，对中国古代体育发展产生了很大的影响。

春秋战国大变革时期，战事频繁，军事体育空前发展，各种民间体育活动纷纷涌现，还诞生了养生术和养生思想，导引和行气作为体育养生学的两大体系形成并获得发展。但是纯粹的竞技性体育并未有太大发展，总体上呈缓慢发展态势。春秋战国时期，军事体育大发展，射箭、举重、田径、摔跤、赛马尤为兴盛，铁器的应用更是推动了军事体育的发展。蹴鞠等体育项目因人群交流、商业流通得以传播推广。

（二）秦汉时期

秦汉时期体育运动的发展是中国体育史上承前启后的重要时期，关中关西地区作为秦汉时期的政治经济中心，发挥着重要作用。“丝绸之路”的开通为体育的发展提供了重要媒介，奠定了中西方体育文化交流的基础，丝路上的体育活动融合了中西文化，极具特色。中国封建社会的前期，先秦的各类体育活动得到了继承和发展，新的体育活动和项目又陆续产生。具有活动规模性、娱乐性强，导引、百戏自成体系的特色；将军事训练寓于体育娱乐的思想得以体现，开创了重文士轻武士的先河，使得社会上形成了“雅”“俗”两类不同的体育活动（图 1–3）。

图 1-3 东汉“对弈”图[①]

秦统一中国后，为巩固统一政权而采取的一些苛暴政策阻碍了体育的发展。秦王朝统治的 15 年间，虽然养生术得以保留，乐舞、角抵戏不绝于宫廷，但整个体育运动尤其是民间体育处于低潮。如何改变枯燥的军事训练，成了这一时期军事体育的重点。

两汉是中国古代体育蓬勃向上、昌盛的历史发展时期。[②]社会的安定，经济的繁荣，为民间体育的全面振兴提供了肥沃的土壤，开辟了崭新的前景，形成了中国体育运动发展史上的第一个高峰，尤其东汉时期，生产力水平的提高，科技文化的进步使体育运动发展达到新高度，其项目之多，运动技巧之高，竞争意识之强，均前所未有。一些民间体育娱乐活动融入节日风俗而延续至今。其中，蹴鞠和摔跤等民间体育在当时最为盛行，击鞠出现，颇受欢迎甚至被引入军队当中。相比蹴鞠的单向传播，摔跤则是通过汉文化与西域文化交融而形成的。在湖北江陵凤凰山秦墓出土的《相扑图》中，描绘了二人赤裸上身对搏、一人旁观的摔跤场景。汉武帝时曾有一位少数民族大臣用摔跤术擒获过叛臣，因

① 搜狗网：https：//baike.sogou.com/v7606339.htm.

② 郝金芳 . 投壶文化历史变迁与继承 [D]. 山东体育学院，2012：11.

此被恩准在长安传授摔跤，促进了中原地区摔跤的革新，后来发展到与西域各民族展开多种类型的摔跤比赛切磋，促进各方间交流。同时竞技类的击剑之风盛行，战射和猎射活动风靡上下，礼射衰落。[①] 角抵在宫廷中颇受欢迎，“凿空西域”后常用于招待少数民族首领或者外国客人，东汉时期随着表演内容增多称为“百戏”；弹棋、围棋等兴盛；汉代医学中也融入了身体理疗的内容和含义。

（三）魏晋南北朝时期

魏晋南北朝时期，分裂割据的政治局面和战乱频繁的社会环境，各民族融合与斗争的历史大潮以及思想文化的冲击，都冲击了两汉以来已初步自成体系的体育风尚，使其在结构上出现极端的不平衡性并且发生明显的裂变。部分体育风尚因为失去生存的基本环境而没落，另一部分体育风尚却因新的沃土而兴盛甚至畸形繁荣，体育运动的发展错综复杂而又风格独特。西北人群善骑射的尚武尚力，以力为美的的彪悍性格，为隋唐体育的繁荣注入了新的元素。该时期，妇女参加体育活动也形式多样，内容丰富。[②] 尤其是在中国北方地区习射之风盛行，女子也善于骑射；角力也成为众人喜欢的体育项目而流行推广和发展（图 1-4）；为达官贵族阶层的人们建立养生思想观念滋生了丰厚的土壤；围棋发展进入了一个新的发展阶段，众多的少年棋手纷纷涌现，人才辈出；舞蹈不仅保持了汉晋时期的风格和内容，还将西北民族乐舞元素引进中原各地，实现了民族舞蹈大融合，体育艺术共发展的新局面。

---

① 曹雪．魏晋南北朝养生文化研究 [D]. 山东师范大学，2015：5.

② 刘冰．公孙大娘观剑舞折射的盛唐时期的体育文风 [J]. 兰台世界，2013（15）：104.

图 1–4 魏晋南北朝角力图[①]

（四）隋唐时期

随着民族大迁徙、大融合的消失，中国封建社会的高峰时期来临，儒学地位受到冲击，佛道教广泛兴起，新思想新文化不断渗入，体育文化汲取到新的营养而重新焕发生机，蓬勃开展起来。体育，作为灿烂的唐文化之一，为唐代文明增光添彩，在中国体育史和世界体育史上都有重要的影响。唐代长安是当时世界文明的中心，是繁华的世界大都市，与西域各地区交往频繁。唐代所具有的文化氛围体现着传统元素与新兴元素、本土元素和外来元素的成分，它为体育的发展注入新的活力。

唐代体育多姿多彩，经济空前繁荣也刺激了人们对体育文化的追求，揭开了体育外交的序幕。唐朝统治者积极参与体育运动，并提倡全民参与，以唐太宗唐玄宗为代表的帝王都是体育运动爱好者，宫廷中马球最为盛行。这个起源不详的体育项目深受唐太宗及人们的喜爱，成为当时的鼎盛项目。现藏于陕西历史博物馆的唐代《马球图》（图 1–5），描绘的正是身着窄袍长袖的球员手拿偃月球杖驱马抢球的景象。画作中一人一马当先，作反身击球

① 豆瓣网：https：//www.douban.com/photos/album/46585477/.

状，其余则纵马追击。王增明说，"画作中人物虽然不多却竞争相当激烈，骑手穿两种不同颜色的服饰，有双手握杆正在击球的，有手握缰绳直奔马球的，还有驰骋腾空的，也有瞩目等候的，可谓将动与静和谐地搭配在了一起。"[①]

图 1-5　唐朝马球图[②]

体育活动备受不同阶层人群的喜爱及参与。清明时节举行蹴鞠、角力等比赛，初春时节击球运动风行一时，棋类活动十分流行。另外，唐代女性还流行射箭、蹴鞠、舞蹈、田猎等体育活动。[③]汉代所开辟的丝绸之路，在此时期已显示出了更强的生命活力，使中国与丝路沿线国家的体育文化交流更加广泛深入。周边国家和地区与唐朝互派使者，加强经济文化交流的同时带动了中外体育的交往，丰富了中国和东西方各国的体育内容，比如日本、朝鲜、印度等艺术体育很好地融入了中国的传统体育，创造出经典的舞蹈以及养生之法。在唐代遗存的文物中，曾出现过相似于东罗马帝国人物的摔跤俑和拳击俑造型，还有唐初"木射"也是通过丝绸之路传入欧洲，与德国"九柱球"（ 保龄球）运动有一定的关联及影响。

① 中国马友联盟：https：//bbs.horse.org.cn/thread-26087-1-1.html.

② 陈亚冬．唐代的打马球 [J]. 青年时代，2015（20）：36.

③ 夏青．中国女性体育文化管理研究 [D]. 山东大学，2015：6.

（五）两宋时期

两宋时期是中国历史上文化璀璨的时代，是中国传统文化发展的又一高峰时期，“程朱理学”等学派出现。自北宋以后体育的雏形与模式已基本建立和定型。体育活动繁荣兴盛，养生保健独特多彩，武术体系逐步形成，民族融合相互借鉴，体育出现了新的发展态势。

随着宋朝都城的迁移，关中地区的繁华景象消失，但经济发展还保持原来的状态。契丹人、党项人建立政权后，在大力发展体育的基础上又吸收了中原体育文化的精髓，形成独特的体育风格。宋代，武功门派一改唐朝的强身健体而转化为军事体育，以骑射为中心的武艺得到进一步发展，北派武术自成一派，技艺精湛。民间休闲娱乐活动兴盛，围棋、象棋、投壶运动广泛开展，还出现了体育民间组织“社”，相扑运动精彩激烈，古代体育进入一个新阶段。球类运动尤其是马球风靡社会，并出现了类似欧美高尔夫运动的“捶丸”运动，长跑运动开始兴起，蹴鞠运动技术更加精进（图 1–6）。宋代注重道教典籍的编纂整理，保存了许多养生资料，不少文人墨客也很提倡养生。

图 1–6　宋朝蹴鞠图[①]

① 东方新闻：http：//mini.eastday.com/mobile/170106085136678.html.

（六）元明清时期

元明清是国土版图空前广阔，又处于中国古现代史的交替时期，这一时期商品经济繁荣，中央集权高度集中。各民族之间的融合进一步加强，直到清朝中叶，体育活动仍在不断发展，之后传统体育活动逐渐没落。

中国在发展自身体育的同时，又不断引入了西方体育的元素。丝绸之路沿线地区是文化交流必经之地，而且背靠元朝大都，游牧民族重视骑射，全民皆兵。因此，骑射、长跑、摔跤、捶丸、马球、田猎运动别开生面，西域歌舞和民族舞蹈、汉族舞蹈结合，精彩纷呈，独具一格。

明清时期，海上丝绸之路的崛起以及“闭关锁国”，使陆上丝绸之路沿线居民仍保留了传统民间体育的模式，它为现代体育的发展提供了宝贵资源。明初到清朝中叶，突出表现了古代体育的娱乐性和健身性，摔跤、围棋、导引等体育运动得到发展，嘉庆之后，体育总体发展逐渐下滑。明清时期农民起义的火种层出不穷，练武之风随处可见。骑射之术仍受重视，狩猎之风兴起，围棋更是出现了中国历史上的第三个高峰。但由于统治者的喜好不同，摔跤和捶丸运动在清代进一步发展（图 1-7）。

图 1-7　明代《宣宗行乐图》捶丸局部图[①]

① 搜狐网：http://www.sohu.com/a/126001021_613653.

丝绸之路体育文化与其他文化一样，不是独立于社会现象存在的，也不是游离于纷繁复杂的社会活动之外的人类活动，反之它是受人类生活环境、生产力发展水平、思想意识等因素的影响而存在的。丝路上民族体育文化是与生产、生活等众多社会活动紧密联系的，甚至很多民族体育活动都是从生产实践、生活经历及习俗等活动中直接演变而来的。中国北方尤其是丝路上的民族体育在实现功能转变的过程中，在丝路上人民的社会生活和意识形态中，在增强丝路沿线的交流中，在促进多民族多元化的格局中发挥着重要作用。在汉代开辟的陆上“丝绸之路”狭长古道上，集聚着多个民族群体，积淀了丰富的文化资源，这也为相互间开展体育交流创造了条件，丝路上的体育极具民族特色。

第二节　丝绸之路体育遗存的研究成果综述

丝绸之路上体育遗存的研究属于体育史和考古学的范围。我国体育史研究是从民国开始的。首开先河的是徐一冰先生在《体育杂志》上发表体育史专文，郭希汾的《中国体育史》是古代体育史专著的开篇之作。[①]20世纪初，中华武术成了体育学术界研究的热门话题。20世纪30—40年代，学者对民族体育、古代体育的关系进行了研究。1950年，国家体委组织人员对中国体育史进行研究并出版了参考资料。据统计，1957—2000年间出版的中国古代体育史文献有近20部。1979—2000年间发表论文197篇。研究内容涉及了古代棋类、马球、杂技运动、兵器、养生等方面。21世纪以来，学者们开始从民族学、文化学、社会学、传播学、哲学的视角来研究中国古代体育。如《中国古代体育文化》等。特别是研究古代体育项目的成果比较集中。研究实现了我国古代体育史意义阐释、价值形态和理论范式的原生性、开拓

① 王俊奇.中国“古代体育史”研究百年回顾与思考[J].体育与科学，2012，3(6)：22.

性建构。[1] 目前，关于丝绸之路体育遗存的相关研究主要集中在以下几个方面。

一、关于丝绸之路体育遗存的古代文字记载

丝绸之路体育遗存的相关研究已经成为近年丝绸之路体育研究中的重要内容之一，许多相关的研究都记载了丝绸之路上各种体育运动的演化与变迁，这些内容昭示着各民族之间体育文化的大融合。

关于丝绸之路体育遗存的古代文字记载有很多，马球在《封氏闻见记》《马球图》《名都篇》中有记载；蹴鞠在《史记》《战国策》《西京杂记》《别录》《太平清话》《史记·扁鹊仓公列传》《汉书》《文献通考·乐考二十》《蹴鞠图谱》中记载；投壶在《投壶仪节》《观自得斋丛书别集》《史记·滑稽列传》《颜氏家训》《杂艺》《太平御览》《晋书》《投壶新格》《梦梁录·湖船》《明宫杂咏·崇祯宫词》《贯经》等文献中进行了记载。《太平广记》《唐六典》《狩猎出行图》等记载了我国古代的狩猎运动，还记载了舞剑、捶丸、乘骑、杂技、武术及养生体育等多种古代体育项目，基本全面的覆盖了古时候各民族、各地区之间的体育文化运动及体育比赛情况，还原了当时的民风场景。

这些文献，从古代的文字记载角度对丝绸之路进行了研究，不仅可以丰富和细化丝绸之路的文化、体育、遗存，而且还探索了如何更好地对这些遗存的体育遗迹进行有效保护的具体内容。它对我们了解丝绸之路体育遗存的古代文字记载有着重要帮助作用。

二、关于丝绸之路体育遗存不可移动文物

在丝绸之路体育遗存不可移动文物的科研成果中，李重申在

① 邓星华，艾克拜尔·玉素甫.我国古代体育史研究的当代形态与学术超越——读王俊奇教授《中国古代体育文化》有感[J].体育学刊，2010，17（5）：115.

《敦煌古代体育岩画》的著作中，介绍了各种形态的体育岩画，撩开古老敦煌的神秘面纱，具有极高的艺术价值。崔凤祥、崔星在《原始体育形态岩画》的著作中，介绍了与人们的生存环境、社会生活、劳动生产、意识形态密切相关的体育岩画。它对了解人类的历史发展变化有一定的借鉴与参考。王天军的《新疆岩画上的原始体育》论文，用简单的图案与色彩，展现了古人原始生活的情景，为研究新疆人类活动轨迹具有重要的价值。还有的学者针对敦煌、克孜尔千佛洞、西北地区、贺兰山、新疆佛教洞壁、内蒙古清水河县塔尔梁村五代墓等体育岩画、壁画图案进行研究。

在丝绸之路体育遗存不可移动文物的实物中，1971 年至 1972 年发掘的章怀太子李贤墓道东壁的马球图，是唐墓壁画中的精品。还有克孜尔石窟的摔跤图，新疆康家石门子岩画群舞蹈图等，都是体育不可移动文物的典型。它对我们了解丝绸之路体育遗存不可移动文物有着重要帮助作用。

三、关于丝绸之路体育遗存的可移动文物

在丝绸之路体育遗存可移动文物的科研成果中，王沂、吴玉姝的《体育文物收藏：一种社会现象的文化考察》和《体育收藏研究述评及展望》文章对体育文物收藏的形状及未来进行分析和解读。李重申、李小惠在《丝绸之路汉代体育简牍研究》的著作中，介绍了出土文物竹简中的走、跑、跳、刀、剑、射箭等竞技运动的图案，对人们从不同侧面了解当时的社会发展、休闲娱乐情况提供参考与借鉴。

在丝绸之路体育遗存可移动文物的实物中，有陕西体育博物馆内的隋朝青瓷相扑俑、投壶俑，陕西渭南出土的金代相扑泥俑，延安市安塞区文化馆的宋代腰鼓画像砖、新疆洋海古墓出土的马球和球杖实物、吐鲁番市的阿斯塔那古墓群出土的马球甬和马球服实物。这些是可移动文物的科研成果和实物。它对我们了解丝绸之路体育遗存可移动文物有着重要帮助作用。

四、关于丝绸之路遗存的保护研究

丝绸之路遗存包括体育内容，关于丝绸之路遗存的保护研究有：彭金成《草原丝绸之路体育非物质文化遗产保护管理研究》对草原丝绸之路体育非物质文化遗产资源的分类评价、分类管理和优化策略进行了研究阐述；赵娜的《试论“丝绸之路”上的文化遗存现状与开发保护 》文章对“丝绸之路”上文化遗存现状及被破坏的原因进行分析讨论，为“丝绸之路”文化遗存的保护提供参考依据的改善对策；[①] 张安福、田海峰的《新疆丝路中道汉唐历史遗存现状及保护研究》新疆是丝绸之路的重要通道，其文化遗存资源丰富。要处理好资源开发和文物古迹保护之间的关系，在农业开发中注意保护文物，从制度上、旅游部门、新型工业化方面减少对文物的破坏。还有李慧娟的论文《塔里木盆地佛教文化遗存现状及保护研究》等，上述研究成果对我们认识和理解丝绸之路的文化遗存以及构建本课题的创作思路提供了参考与帮助。

五、关于丝绸之路与体育的宏观研究

谷丙失的论文《丝绸之路体育文物掠影》研究了丝绸之路沿线的陕西、甘肃、新疆等地的体育遗址、岩画、壁画以及可移动文物。有弓箭、骑射、马球图、摔跤、骑马、射箭、比武、百戏、顶竿、弄丸、技巧等项目。杨飞、赵迎山的论文《浅析丝绸之路唐代体育文化》中分析了丝路体育文化的形成机制，为传承发扬体育文化、增进各民族团结以及为体育文化区域的研究提供依据；李小唐的《丝绸之路体育考古研究》一文结合丝绸之路的古代文献、遗迹、遗物进行梳理，展现了丝绸之路丰富的体育内容。[②] 还有作者从

① 苏静，赵娜．试论“丝绸之路”上的文化遗存现状与开发保护 [J]. 文艺生活·文艺理论，2016（2）：154.

② 高娃，巴音道尔吉，袁晋．蒙古族传统体育文化发展的现状及其对策研究 [J]. 内蒙古师范大学学报（哲学社会科学版），2005，34（4）：77.

甘肃、陕西、新疆等区域，对丝绸之路与体育进行了全方位的阐析。它对我们了解丝绸之路与体育的宏观研究有着重要帮助作用。

综观上述研究成果，人们从不同角度和侧面对丝绸之路的古代文字记载、不可移动文物、可移动文物、丝绸之路遗存的保护、丝绸之路与体育的宏观研究方面进行了局部和整体的阐析。但研究成果尚显不足，或在各自的著述中零散的提及；或限于篇幅，相对系统的研究成果较少。本文在前人研究基础上，试图对丝绸之路上的体育遗存进行研究。

第三节　丝绸之路体育遗存的研究背景及战略倡议

一、研究背景

一带一路已成为国家响应、世界迎合、人心所向的发展倡议及战略构想。以体育的形式进行丝路上的体育文化交流、各民族体育的资源共享、古代体育遗址与遗存的勘察及保护对倡导“一带一路”上各地区间、民族间、不同文化间的交流具有无可替代的重要作用。

一带一路升级，为世界体育文化发展带来了新的思路与契机。在古代各种商品如丝绸、瓷器乃至马匹在古丝路各国间的贸易都孕育着体育文化的传播，如丝绸和瓷器的贸易往来中，往往在丝绸和瓷器上绘制的舞蹈、棋艺等与体育相关的内容，间接地传播了体育文化。丝路上各国、各民族进行马匹的贸易除了军事作用外，也有一部分良马卖给了当时的贵族供其进行赛马、马球等娱乐直接地展现了体育文化的价值。在现代“一带一路”的提出尤其是古丝绸之路的重启更为沿线的各国、各民族带来了无限商机，各种体育赛事的交流、体育旅游（如各种民族体育节）、体育会展等都大大加强了丝路沿线国家、地区之间的合作、联动与对接，推进了国际间体育产业的快速发展。

通过以体育形式作为文化传播的桥梁和纽带，打破了国界、融合了各民族、消除了各种歧视，实现了互利、共赢、融合的可持续发展。实现双边共赢在发展“一带一路”体育文化交流与合作的基础上也要去探寻古丝绸之路上的体育文化遗存，因为这些遗存见证了在这条道路上祖先们的体育文化交流和发展，有效的保护和管理以及展示这些丝路体育文化遗产，将为现代体育文化交流追根溯源，为政策支持、国际体育发展资金的合理布局以及进一步的文化传播建立政策和资金的导向，为政府、企业、学校、科研搭建合作平台、建立智库研究、举办跨区域、跨民族间的体育联赛，实现伟大的古丝路体育的复兴及现代体育文化间的高效资源综合利用奠定基础。

我国党中央国务院高度重视丝绸之路的遗产保护，日前召开的 2019 年北京“一带一路”高峰论坛又一次重点提出要挖掘古丝绸之路遗产，无论是文化的还是体育的只要能促进丝路沿线人民之间的交流就是我们需要挖掘的，在这样的历史契机和背景下，为本书提供了强力有的背景保障，这种研究对全中国乃至全人类都具有历史性的意义。

二、丝绸之路的战略倡议

驼铃古道追星月，云顶犹闻汉乐声。鹦绝五颜朱雀喜，鹫灵三禅湿婆惊。汉代的“丝绸之路”推动了国际间经济与文化的交流。[①] 这不仅是我国古代重要的史实，其繁荣和没落见证了中国历史的演变，更是民族融合共同发展的典范。在汉代之前，虽然没有丝绸之路的正式概念，但是沿线地区的体育活动已经有了近千年的发展。古人在丝路沿线地区的长期居住使他们创造了各

① 廖国一．从北部湾出发的汉代海上丝绸之路研究述略 [J]．广西民族研究，2014（5）：98.

种的石刻岩画，在这些岩画中也系统的记载了丝路沿线地区古老的体育传承内容。

（一）丝路体育研究践行“一带一路”

“一带一路”的战略构想，是顺应时代潮流的科学指导思想，是民心所向、民意相通的结果，缩短了亚欧之间的距离，加速了物资交流，有利于建立亚欧大陆经济桥。中国要复兴就要主动走出去，还要挽起手，这就是丝路精神。高举“丝绸之路”的历史符号，借助现有介质与媒体，实现世界联系的共同体。其中的“带”指陆上“丝绸之路”经济带，在这一构想的号召下，丝路上的体育文化遗存更是成为重要的研究内容之一，该研究为宣传奥林匹克精神、弘扬民族体育文化、推动“一带一路”的体育文化产业交流和体育产业发展创造了契机。此外，该研究也为弘扬丝路精神、捍卫和谐边疆、建设体育强国、繁荣体育文化、实现中华民族的伟大复兴凝聚了强大动力。

1. 丝路体育促进“一带一路”再出发

2013 年，习主席在访问哈萨克斯坦期间，首次提出了“一带一路”倡议。“一带一路”是路上“丝绸之路”和“21 世纪海上丝绸之路”的简称。是当今丝绸之路的升级版。2019 年 4 月 9 日，“一带一路”国际合作高峰论坛在北京召开。此次会议最终达成五点共识：（1）致力于推动“一带一路”建设合作，携手应对世界经济面临的挑战。（2）支持加强经济政策协调和发展战略对接，努力实现协同联动发展。（3）推动各领域务实合作不断取得新成果。（4）架设各国人民间交往的桥梁。（5）坚信“一带一路”建设是开放包容的发展平台，各国都是平等的参与者、贡献者、受益者。丝绸之路沿线有 65 个国家，有 50 多个国家响应，目前，全世界有 140 多个国家介入到“一带一路”的倡议。① 涉及的内容

① 曲波．“一带一路”国际合作高峰论坛举办 [J]. 中国勘察设计，2017（6）：10.

涵盖方方面面，不仅仅经济上、文化上，也更多地体现在交流和传承上，这些都是丝绸之路体育遗存能有效保护并传承的重要推手。

2. 总书记对“一带一路”及丝绸之路的经典话语

习近平总书记的“一带一路”倡议，受到世界各国的赞许和响应，在短短几年中，他历经心血，留下了许多的经典话语（表1-1）。这是对中国与世界的交流来往与沟通联系的又一次重要推进与升华。

表 1-1 总书记对“一带一路”及丝绸之路的经典话语一览表

序号	日期	会议及事由	核心观点
1	2013.8.7	哈萨克斯坦纳扎尔巴耶夫大学演讲	第一次提出“丝绸之路经济带”倡议，并解读了政策沟通、道路联通、贸易畅通、货币流通、民心相通的“五通”构想。
2	2014.6.5	中国阿拉伯联盟合作论坛第六届部长级会议	共商，即集思广益，共议事、共商事、共办事，使“一带一路”建设相互关照，体现共同的智慧和创意。共建，就是各尽所长，各施所能，把大家优势和创造力展现出来，聚沙成塔，积水成渊，持之以恒加以推进。共享，就是建设成果更多更公平惠及中阿两国人民，打造中阿利益共同体和命运共同体。
3	2015.3.28	习近平在博鳌亚洲论坛 2015 年年会	“一带一路”建设秉持的是共商、共建、共享原则，不是封闭的，而是开放包容的；不是中国一家的独奏，而是沿线国家的合唱。
4	2016.11.19	习近平在秘鲁利马出席亚太经合组织工商领导人峰会	中国将同各方一道，秉持共商、共建、共享原则，推进“五通”构想，实现发展战略对接，深化互利合作，为区域经济发展和民生改善注入强大动力。
5	2018.4.10	习近平在博鳌亚洲论坛 2018 年年会	只要各方秉持和遵循共商、共建、共享原则，就能增进理解、合作、化解分歧，把“一带一路”打造成为全球化潮流的最广泛国际经济合作平台，让共建“一带一路”更好的惠及世界、造福于民。

续表

序号	日期	会议及事由	核心观点
6	2018.4.11	博鳌亚洲论坛2018年年会的中外企业家代表座谈	“一带一路”倡议一切都在阳光下运行。我们不搞小圈子,也不搞强买强卖。
7	2018.8.27	习近平在推进“一带一路”建设工作5周年座谈会	过去几年共建“一带一路”完成了总体布局,绘就了一幅“大写意”,今后要聚焦重点、精雕细琢,共同绘制好精谨细腻的“工笔画”。
8	2018.9.3	中非合作论坛北京峰会	和平与发展是当今时代的主题,也是时代的命题。面对时代命题,中国把为人类做出新的更大贡献作为自己的使命;中国愿同国际合作伙伴共建“一带一路”;中国将积极参与全球治理,秉持共商共建共享全球治理观;中国坚定不移坚持对外开放。
9	2018.11.15—21	亚太经合组织(APEC)第二十六次领导人非正式会议,对巴布亚新几内亚、文莱和菲律宾进行国事访问	不断强调“一带一路”的概念
10	2019.4.9	“一带一路”国际合作高峰论坛	共商合作大计,共建合作平台,共享合作成果,让“一带一路”建设更好造福各国人民。希望通过圆桌峰会,进一步凝聚共识,为“一带一路”建设国际合作指明方向,勾画蓝图。

第四节　丝绸之路体育遗存的内涵及丝绸之路与其他地区体育遗存的相同点和不同点

一、丝绸之路体育遗存的内涵

丝绸之路的体育遗存在我国的各种文化遗产中占有特殊的地位、内涵和意义。由于丝绸之路的体育遗存从时间上来讲,贯穿古今具有千年的历史；从地理位置上而讲涉及地区之广，既包括中国境内的地区和省份，也包括丝路沿线的国家多达几十个，全长7000多公里；从涵盖范围而讲涉及了多民族、多风俗、多文化的融合。此外，丝绸之路的体育遗存也包括了自然元素、社会元素、历史文化元素、竞技娱乐元素、礼仪元素等。这些元素都孕育着人民精神的象征和对美好生活向往的诉求，因此丝路上的体育是一种非常特殊的、珍贵的，与众不同的遗产。在丝绸之路这片美丽的土地上生活的各个国家、各个民族、各个部落，无论文化差异多大，也无论思想有多大不同，但是体育文化都是大家所共同认同的文化，这种体育遗存的文化对缝合民族之间的创伤、缓和国家之间的矛盾和稳定边疆的长治久安具有重大的意义。随着历史的更替、社会的变化、经济的快速发展使许多古老的体育遗存都逐渐地被现代体育文化所替代和融合，逐渐地失去了原有的特色，不能以淳朴、传统的风貌彰显给世人，失去了体育文化的原真性。因此挽救这些濒临灭绝的体育文化势在必行。

总体而言，丝绸之路上的体育遗存都零散地分布着，并且缺少一个健全的遗产鉴别与管理体系，这些因素都严重制约着我国丝绸之路上体育遗存的保护。此外，我国对体育类的非物质文化遗产申报步伐也相对缓慢，甚至出现了原本我国的体育文化遗产却被其它国家所抢先申遗的尴尬窘境。

二、丝绸之路与其他地区体育遗存的相同点和不同点

（一）丝绸之路与其他地区体育遗存的相同点

1. 展现性

无论任何一个地区的体育遗存、遗产都是需要表现及展现出来的，虽然不同地区、不同民族对远古体育的展现形式不一样，但是都需要通过肢体动作表现出来。古人通过技艺的展现将这些体育形式以接力的方式流传于后世，甚至通过这种展现的形式传

播其体育精神和民族文化。虽然这些动态的体育形式在千年的遗存和传播过程中会出现一些丢失现象,但是也会随着时代变迁出现创新的一面,这些都是由其当时的时代特点、人文环境特点、地理位置特点所决定的,但无论如何变化依旧脱离不开现实生活和将体育展现出来的特点。

2. 传承性

任何的体育遗存都具有传承性,尽管采用的展现形式不一样。有的是通过武术展现,有的是通过体操展现,有的是通过传统的体育项目展现,有的是通过表演展现,但无论哪种展现方式都是凝结着先人的体育思想和体育技术的。在千年的传承过程中跨时空、跨地域的人们都分享着体育带给人们的快乐,通过这种延续和传承逐渐成为后代们的重要习俗和文化。

3. 整体性

体育遗存与其它的文化形态有着千丝万缕的内在联系和外在影响。① 在历史环境中、地域环境中和其它文化一起作为先民精神和思想的载体构建起了整体文化的遗产。因此,不能将这些文化遗产割裂开或分解为各个零部件去单独认识,要以整体的眼光把握它们的整体面貌。

4. 竞技性

体育的遗存都是先人们竞技比赛的一种展现,赛马、射箭、围棋、摔跤等都是竞技性的多种展现形式。它通过一定规则、要求来完成比赛而且对获胜者进行奖励。这与现代体育竞技的属性与特点相辅相成。体育的竞技性不断激发了人们的勇气和鼓舞了人们的士气,促进了人们的智力和创造性的提升,因此竞技性是各种体育、各民族所共同具有的特点。

① 王刚.体育文化与校园文化之研究[J].安徽体育科技,2006(1):79.

（二）丝绸之路与其他地区体育遗存的不同点

1. 双向传播性

随着“一带一路”的再出发，其文化交流与竞技日益加强。体育文化在这片区域更多地体现为双向交流的形式，而在我国别的地区更多的是文化的输出而双向传播的特点却相对较少。例如马球、蹴鞠文化在传播中具有双向交流的特征。马球项目起源问题一致值得人们商榷，一种说法是起源于波斯流传到西域，再由长安传入中国内陆；另外在巴基斯坦北部的居民喜欢在过年过节之时进行打布、秋千、摔跤、拔河、赛马、马球、射箭等体育活动。虽然这些活动的起源有些已经无法考究但是都能说明体育文化传播的双向交流性。

在英国的大英博物馆中收藏着一幅埃及人正在进行马球比赛的浮雕，土耳其的百科全书中也记载了马球是古代运动项目之一，我国新疆也记载了有关马球的文献，新疆等多地也出现了马球的壁画和马球的陶俑等历史遗存。汉代的霍去病在甘肃山丹屯兵时，就开始用马击鞠的方式操演士兵，《隋书·突厥传》记录了女子喜欢踢蹋鞠来源于内陆，唐代的李溶在《松窗杂谈》中记载着“上好马，击球”，由此可见这些记载都证明了体育文化是双向性的。

2. 战争驱动性

古时候丝绸之路所在的西域地区由于环境等原因在历史上发生过多次战争，各国家、各民族之间为了占据或维护自己领地采用了许多与众不同的方法。在哈萨克斯坦有个习俗“勿与姑娘摔跤”，通常人们会认为女性身体较弱，因此通过训练让战士和女性比马术，如果战士被女性所追上那么证明无能，因此从这个活动可以看出这些原有的马上技术活动已经被战争所利用。

东汉时期，汉王朝为了加强对西域地区的管理，加强了武器的制造和改进,因此推动了弓箭尤其是弩箭比如三弓弩床的诞生,提升了威力也提高了战争效率。

第五节　丝绸之路体育遗存研究的内容、目的、意义

一、研究内容

本专著内容共分为六大部分,多方面、多维度着手,立足大量历史资料然后在进行归纳、总结的基础上,从古到今详细梳理了“丝绸之路”体育遗存的具体内容和典型。

(一)丝绸之路体育遗存研究总论

本章从丝路体育之追本溯源开始,介绍了张骞出使西域并开辟的丝绸之路的来龙去脉;阐述了先秦、秦汉、魏晋南北朝、隋唐、两宋、元明清各个历史时期的丝绸之路体育的发展情况以及丝绸之路体育遗存研究成果。在丝绸之路体育遗存的研究背景中,介绍了丝路体育研究践行“一带一路”,促进“一带一路”再出发和总书记对“一带一路”及丝绸之路的经典话语;分析了丝绸之路体育文化遗存保护的内涵、相同点和不同点。阐明了丝绸之路体育遗存研究的内容、目的、意义、对象、方法、原则、价值、创新之处。在丝绸之路体育遗存相关发展取得的成果中,阐述了一带一路的建设已为重启丝路体育注入了新活力;文化的共享使丝绸之路体育文化意识增强;多元化的传播手段扩大了传播的范围;[①] 有效的立法和机构建设已为传承发展搭建了平台;研究的深入和产业的融合已开发了体育遗存产品的新价值。在丝绸之路体育遗存相关发展的未来展望中,介绍了路上、海上、冰上“一带一路”体育的多融合传承;体育产业新趋势对丝路体育遗存传

① 孙政.分析新媒体与传统媒体的区别及优势[J].新闻研究导刊,2016,7(11):220.

承的展望；深入科考活动探索更多丝路体育文化遗产；大数据服务将引领丝路体育遗存的传承。

（二）丝绸之路体育遗存之文字记载与研究成果

丝绸之路这条古道上的体育遗存内容的研究相对较少，甚至在部分内容上依旧是空白或者不完整的。通过查阅历史文字记载和现代科研成果对丝绸之路体育遗存进行全面、系统、具体的研究。本章中主要介绍了古代丝绸之路体育遗存的古代文字记载和近现代研究成果两个部分。丝绸之路体育遗存文字记载古代篇重点介绍了相扑、马球、狩猎、乐舞、驯豹、乐舞、六博、步打球、舞剑、赛马、跑跳投、蹴鞠、捶丸、乘骑、投壶、棋艺、杂技、武术及养生体育等以及古代的著作。丝绸之路体育遗存文字记载近现代篇中对相关著作及论文进行了介绍。本章将以各种古今中外的文字记载为依据，以古论今、以今讲古，从历史时空的纵向面进行研究。此外，本研究将通过比较不同地区、不同民族、不同体育项目遗存之间的历史印痕作为切入点进行横向研究，比较同一时期不同民族、不同地区间人们所偏好不同体育项目的原因。本章的文字记载和科研成果上至先秦时代下至当今，纵贯几千年的历史，将系统的、完整的用文字记录的内容真实描绘出一幅绚烂的体育遗存的发展史料。表明了古丝绸之路和当今“一带一路”倡议升级版在社会中发挥的优势地位及作用。

（三）丝绸之路体育遗存之不可移动文物

丝绸之路体育遗存不可移动文物包括：岩画、壁画、遗址。本章介绍了丝绸之路沿线上的不可移动的体育文物的名称、位置及类别等。在陕西篇中介绍了马球、驯豹、狩猎、乐舞。在甘肃篇中介绍了射箭、舞剑、六博、步打球、乐舞、狩猎等。特别在敦煌石窟中有几十种岩画和壁画图案。还有甘肃的夏河县拉卜楞寺院、天水麦积山、兰州炳灵寺石窟、酒泉霍去病墓、瓜州县榆林石窟、靖远县刘川乡陈家沟岭地区、嘉峪关市区西北黑山地区、肃北蒙古族自治县祁连山等地也有岩画、壁画、墓葬壁画。在新疆篇中介绍了射箭、滑雪、摔跤、狩猎、游泳、舞蹈、姑娘追等,还有新疆著名的克孜尔石窟也有角力、骑射等壁画等。在宁夏篇中介绍了狩猎(单猎、双猎 、围猎图)、射箭、乘骑与赛马(乘骑、赛马)、奔跑、跳跃、投掷、徒手摔跤等。内蒙古篇中的不可移动文物包括骑射狩猎、赛马和马术、摔跤、马球、钓鱼等。在青海篇中介绍了骑射猎岩画、塔尔寺壁画等。

这些岩画与壁画作为不可移动文物、遗存其绘画方式多以敲击的方式绘画而成,展现了古人丰富的物质文化生活、体育活动、习俗等内容,记录了他们的生产生活方式,是人类社会早期文化现象的体现,是古人留给后人的珍贵的文化遗产。因此对于这些岩画、壁画的研究具有十分重要的意义,因此,本章从这些岩画与壁画中中挖掘与体育内容相关的信息,对这些体育遗存文化进行梳理与描绘,这对丝路上的体育文化传播具有十分重要的意义。此外,北方地区环境相对恶劣,体育遗存的岩画与壁画保存的较为完整,因此本章通过梳理上述工作的梳理和描述使人们建立保护这些珍贵遗产的意识,也为进一步探究丝路上的体育文化遗产保存提供借鉴。

(四)丝绸之路体育遗存之可移动文物

在丝绸之路这条横跨历史时空的道路中,古代人民留下了丰富多彩的物质文化遗产。本章介绍了丝绸之路沿线上的可移动的体育文物的名称、位置及类别等。在陕西篇中介绍了蹴鞠、马球、捶丸、射箭、投掷(投石)、投壶、举重(石锁)、相扑、乐舞、杂技、棋艺、乘骑、武术、狩猎及养生体育、民俗节令。体育遗存实物主要收藏及分布在陕西博物馆、咸阳宫三号宫遗址、宝鸡金台观博物馆、法门寺宝塔下地宫文物、嘉峪关墓葬等地。在甘肃篇中介绍了蹴鞠、角抵、乐舞、乘骑、狩猎。敦煌古代体育可移动文物有：球、箭头、剑、围棋子等。在新疆篇中介绍了马球、剑术、飞去来器、陀螺、舞蹈、棋艺、杂技、乘骑等。宁夏篇中介绍了蹴鞠、射箭、角抵、乐舞、乘骑、狩猎、石球与石链等。在内蒙古篇中介绍了投掷、角抵、棋艺、武术、乘骑、狩猎等。在青海篇中介绍了弓箭、射骑、舞蹈、乘骑等。

本章从古人的生活可移动文物角度出发，探究先秦的远古人们日常生活中的可移动遗物。例如器皿、雕像、人俑等实物，生动再现了古人类的生产生活场景。这些物品不仅样式多样、精美实用而且部分物品中蕴含了古代的各种体育活动。本章通过对这些可移动物品上的体育文化研究探索古人如何将体育文化与其生活、习俗、仪式等相结合，以及体育活动在这些活动中扮演什么样的角色、拥有什么样的地位及发挥了什么样的作用等内容进行探究。

（五）丝绸之路体育遗存之保护

目前对于遗址、遗物、文字史料、科研成果等保护越来越被政府和人们所重视，国家对这些文化遗产进行非物质文化遗产的保护是所有相关保护中最为上层的指导精神和具体保护措施。但由于年代久远许多与体育文化遗产遗存相关的内容无法考究，因此进一步的探究体育遗存的现状和遗产保护已经迫在眉睫。本专著在梳理前人研究资料的基础上，探究了我国丝路体育遗存的现状和保护措施为今后更好地研究及为对未来丝路上体育遗存的保护找到更多的突破口。

本章论述了丝绸之路体育遗存的保护的阶段；丝绸之路体育遗存保护的现状；丝绸之路体育遗存保护的困境。众多体育类非物质文化遗存流失严重。如球类运动：蹴鞠、木射，跑跳运动：走及奔马、逾高超远，投掷运动：投壶、击壤，举重运动：扛鼎、举石锁，摔跤运动：角抵、手搏以及杂技、武术等。体育类非物质文化遗存受各种变迁影响，保护存在一定局限性：自然地理环境、农耕文明与游牧文明。社会环境的影响：社会生活方式的局限、经济因素的局限、知识产权保护的局限。丝绸之路体育遗存的保护措施：法律法规保护、保护世界文化和自然遗产公约、人类口头和非物质文化遗产代表作名录、中华人民共和国刑法、中华人民共和国非物质文化遗产法、中华人民共和国关于文物相关文件及举措。丝绸之路体育遗存的数字化技术保护：丝路体育遗存数字化保护的价值、“丝绸之路”体育遗存数字化传播的着力方面。丝绸之路体育遗存的分级保护：世界文化和自然遗产和非物质文化遗产的世界级保护、国家级保护、省级、市级、县级保护。教育保护：学校教育、社会教育，[①] 工程保护，发展理念保护。

二、研究目的

（一）了解丝绸之路体育遗存的现况

丝绸之路留下了很多灿烂的文化瑰宝。对丝绸之路体育遗存进行较为系统的研究，使人们可以较为清晰地了解古代历史记载、遗址、岩画、壁画、可移动文物以及科研成果。通过研究和挖掘，从不同层面上展示丝绸之路体育遗存的内涵和外延，让世界人民对博大精深的中国文化有一个总体而详细的认识。

（二）完善文化遗产研究体系，促进理论研究的发展

遗存属于文化遗产的一部分，丝绸之路体育遗存遗留的历史文献散落于世，当前丝绸之路体育遗存研究存在着研究方法上的不合理性、研究范围的不确定性以及研究体系的不完善性等问题。只有通过调查研究，了解丝绸之路体育遗存的形成原因、历史演进过程、发展的运行规律，从整体上揭示丝绸之路体育遗存的本质特征和基本内容体系，剖析和透视丝绸之路体育遗存的社

① 江玲．英国近代幼儿学校运动研究[D]．华中师范大学，2011：10.

会地位、作用与功能、目的、任务及其与其他体育文化现象之间的关系，探明丝绸之路体育遗存作为一种社会文化形态的基本发展规律，为探索丝绸之路体育遗存的发展方向提供参考依据。只有在完善文化遗产学术体系的保障下，在科学、规范的理论体系支撑下，才能为丝绸之路体育遗存研究注入新鲜血液，赋予其更加浓厚的时代气息和动力，进而为其拓宽更加良好、有序的发展空间。

（三）加大丝绸之路体育遗存的挖掘和整理的力度，扩大传播范围

丝绸之路体育遗存是中华体育文化宝库的组成部分之一，它由广大人民群众所创造，是社会发展的产物。通过对丝绸之路体育遗存的研究，在科学原则的指导之下，对其进行符合科学规律的有效整理开发，使其得到较大程度地普及和提高。在开发、整理过程中，不仅要顺应社会发展的要求，更要保持其原有的面貌尽量做到既有创新又有原汁原味。丝绸之路体育遗存应当借着经济全球化的这股东风，将其特有的文化气息传播的更广更远，让更多的人去感悟和体会我国体育文化的独到之处和别样的文化内涵。

（四）加强保护措施

丝绸之路体育遗存从古至今，历史文献散落于民间，不可移动文物和可移动文物暴露于荒野，年久失修，疏于管理。它是人类历史发展进程中不可再生的财富。因此，保护措施需要加强。用记录遗存的分布、形态、种类等数据、资料、信息等内容进行普查保护。以相关的保护条例、工程管理办法、代表作申报评定暂行办法以及具体项目的保护条例进行法律法规保护。遵照非物质文化遗产和文物条例进行分级保护。利用学校、家庭、节日、礼节、习俗、文展演、展览进行教育保护。利用博物馆、陈列馆、文化遗产基地进行工程保护。利用人们的思想意识进行可持续发展理念保护。只有统一管理，协同配合，才能加强各级部门对丝绸之路体育遗存保护的认识。

（五）提升我国国际竞争力的内在驱动

近年来，在党和政府的正确领导下，在习总书记的正确方针指引下，我国的国际化地位显著提升，我国的文化产业得到了空前的重视和发展。目前，我国已经出台了相关文化遗产发展的纲领性文件，这明确了发展、保护和传承文化遗产的目标，吸引了各国家许多学者前来中国进行研讨，各种国际展会及展览都在中国举行，这极大地提升了我国文化的国际地位。此外，随着我国开始重视文化遗产的品牌效应，有意识地开始打造文化遗产的国际化品牌，如各种丝绸、雕刻、陶瓷、玉器的手工制品等，这些都获得了世界的认可和提升了国际品牌的竞争能力，提升了我国国际竞争力的内在驱动。

（六）研究成果为相关部门提供政策导向

该研究成果将完善和充实体育研究内容，对学科建设以及体育行政部门和管理机构制定相关的体育发展规划及措施提供辅助。

三、研究意义

（一）丝路体育研究有助于构建人类命运共同体

2013 年，习近平主席首次提出构建人类命运共同体这一倡议。人类只有一个地球，各国共有一个世界，人类命运共同体是全世界人民的共同愿望。[①] 在他出版的《论坚持推动构建人类命运共同体》著作中，收录了他 2013 年 1 月至 2018 年 6 月期间的 85 篇文章。该书体现了中国致力于为世界和平与发展做出更大

① 李海龙．宏伟开篇稳步前进——学习习近平总书记的外交战略和实践 [J]. 安徽商贸职业技术学院学报，2014，13（2）：5.

贡献的崇高目标，体现了中国将自身发展与世界发展相统一的全球视野、世界胸怀和大国担当。

在丝绸之路的体育遗存中蕴藏着古人们的集体智慧，蕴藏着多民族的交流和融合，蕴藏着丝路沿线各国人们的文化和经贸互通，更蕴藏着诸如体育遗产这种非物质文化遗产的保护和多元化传承，这些都是全人类的财富，是全人类的共同命运和精神与物质遗产，因此，丝路体育遗存研究也体现了总书记所说的人类命运共同体的含义，也是构建人类命运共同体的表现形式之一。[①]

（二）丝路体育促进区域经济发展

“一带一路”经济带是对丝绸之路的全新升级、演示和重塑。丝绸之路不仅能促进沿线上的地区及民族间的经贸往来、拉动他们的贸易交流、提升他们的经贸繁荣，还在于能有效地增进他们在社会及人文方面的交流。体育作为文化及贸易交流的媒介，不仅能激发人们向上的进取心，又能促进他们建立顽强的拼搏精神和热爱生活、尊重他人、服务社会的精神。

丝路上的体育遗存，作为古代中西文化交流的硕果和见证，记载了中国同中亚、西亚甚至欧洲的风土人情。它是多国家、多地区、多民族共同的历史回忆，极易引起丝路沿线地区各族人民的情感共鸣，有效地拉近了国家、地区和民族之间的友情。在情感的牵引下、在保护体育遗存的前提下、在整合体育旅游资源，发展相关特色产业下，丝路上的体育遗存研究及相关产品更是区域经济合作的重要推手，更是体育文化产业相关产品进行贸易的重要支撑。同时积极开展与“海上丝绸之路”沿线地区的合作，不仅带动本地区经济的发展，更能抱团发展更大规模的区域经济带，从而实现“一带一路”的终极目标。

① 刘青．在大冲突中寻求大合作中国开放的大门只会越开越大[J]．人民论坛，2018（12）：40.

（三）为探究古代遗存线索提供佐证材料

保护和传承是对现存发现的遗迹、文物进行保存和传播，其实反向思考也会探究古代遗存与遗址具有线索挖掘的价值。当不同的民族、不同的人看到同一遗产的时候，往往他们会联想到与之有关的年代、同期的作品、同时期的文化、同时期的创作、同地理环境中的其它遗产等。比如，有些人看到一件汉代石雕艺术，那么就会去想同时期西方罗马帝国是否也有类似的石雕艺术。反之，看到罗马的一件物品也会想到同时期汉朝的类似作品是否存在。因此，这种思路上的反向性，为更多的更好有效的探索古代遗存遗迹提供了新的线索。

当今的一带一路是对古丝绸之路的延伸，文化遗存在这片苍茫而又有活力的土地上尤为活跃，从西安到罗马的驼铃声由远至近，它承载着商人们的希望。一箱箱的货物里存放着各种文化遗产，丝绸、瓷器、雕刻的石像等这些都是文化遗产。此外，沿途中各民族的体育运动又构成了“活性”的文化遗产，如那达慕的赛马、陕西的社火等，这些体育遗产保存了上千年，甚至在当今还有所存在。因此通过对文化遗产的传承，可以更好地去追根溯源，也为更好地研究丝绸之路上的遗存提供了保障。

（四）丝路体育研究带动中华民族文化传承

习近平总书记关于提高国家的软实力将关系到我国未来两个世纪发展以及实现中国梦的奋斗目标。[①] 在纷繁多样的软实力中，民族体育文化更是其中最为闪烁的星光之一，因为只有民族的，才是世界的，民族文化是世界人类文明的瑰宝。在丝绸之路上搭建体育文化平台和桥梁通过研究丝路上各民族的传统体育文化和遗存，使其深深地打上了民族的烙印。此外通过本书的研究不仅可以更好保护传承民族文化，实现人们对传统民族体育乃

① 张迪．中国国家文化安全发展问题及对策研究［D］．四川农业大学，2016：8.

至人类文明的致敬，也将实现民族体育文化的“大碰撞”，将体育遗存中所折射出来的民族文化意味，推动体育文化面向世界与未来、实现体育的再辉煌。

（五）丝路体育研究有助于弘扬体育精神

党的十九大报告中勾画了我国体育事业的蓝图，确立了其发展目标，可以说体育已经成为当今社会国家“软实力”的衡量标准之一，在此基础上提出了“体育强国”战略。古丝绸治理和当今“一带一路”的建设为我国的体育事业发展提供了新的机遇，体育的遗存更使我国上下五千年的历史沉淀了健康向上的体育精神。西北地区作为我国民族体育的发源之地，兼具着弘扬体育文化、传播体育精神、保护体育遗产的重要使命。丝路沿线各地区和民族有着广泛的群众体育运动基础和丰富的民族体育活动，它是承载中国体育事业繁荣的重要组成部分，且具有不可替代的作用。在重启古丝绸之路和“一带一路”的大环境下，对丝绸之路上的体育遗存研究就更具有历史和现实意义，也更是弘扬体育精神、构建体育发展新模式、推广体育运动的重要表现，同样也有助于提高该地区的体育经济水平。

第六节　丝绸之路体育遗存的研究对象、方法、原则、价值、创新之处

一、研究对象

丝绸之路上的体育遗存的研究对象可分为以下几方面：第一，从事体育文化相关工作的领导、管理人员；第二，从事体育文化相关的经营业务人员以及直接和间接的参与者；第三，从事体育文化研究者；第四，与体育文化相关的科研成果等。以上研究对象不仅仅是体育的内容，还涉及考古、历史、旅游等内容。

二、研究方法

学科的一般研究方法可分为三个层面：最高层面是方法论；中间层面是基本方法；最底层面是研究程序和技术。方法论是关于认识世界和改造世界方法的理论，马克思主义唯物辩证法和唯物史观就是一种科学的哲学方法论，它不仅是认识客观世界、改造现实的武器，也是引领我们研究体育文化的指导思想和根本方法。①

（一）文献资料法

文献资料法是利用科学的方法通过各种渠道收集历史记载的不可移动文物、可移动文物以及科研成果等材料。古往今来，遗存的文献资料无不是凝结了历史文化的精髓部分，是人类特定社会时代价值认同的标志。作为拥有悠久历史、丰富文化的民族，有着诸多宝贵的民族体育文献资料，这些资料不仅记载了千百年来丝绸之路沿线的人们是如何传承和发展体育文化，同时也印证了自身文化的多元性和悠久性。文献的分类按载体形式和记录技术，可分为手工、印刷、缩微、机读和视听型文献等；按照文献一般分为文字、文物、声像文献等。文献法的研究步骤包括：（1）检索和收集相关文献。②（2）分析整理、编目分类。（3）分析材料，将文献资料法的原始形式改变为研究人员需要的形式，形成专题文献，这样方便直接查阅相关的主题。当然文献资料法的使用并不是建立在简单的对有关文献资料的一种收集和堆砌的基础上，而是必须要建立在一定专业知识基础之上。因为文献资料总归是一种间接经验，即使再全面也无法代替人的实地调查和实证，它对人的主观分析能力提出了很高的要求。研究者在众多的文献中，去粗取精，去伪存真。如若不能有目的性地对文献

---

① 易经．试论翻译学体系的构建[D]．湖南师范大学，2009：12.

② 魏文强．对meta分析和汇总分析的解析[C]．中国肿瘤内科大会，2010：12.

资料进行搜集和整理只会造成所得成果不符合客观事实规律的后果。

总之,我们一方面要重视体育文化的文献资料,因为他们是前人对某一传统体育文化感受的最直观记录,它的研究价值是不可替代的;同时,我们也必须具备严谨的治学态度,科学的鉴定、检验方法,而杜绝盲目的收集、误收、漏收等现象发生,使这些珍贵的文献资料能够为后期实地考察研究工作所用。

(二)田野调查法

田野调查法是从西方引进的一种科研方法,它是指人们用直接的观察或问卷形式进行采集资料的科研方法。田野调查法始于美国的摩尔根而成型于英国的马林诺夫斯基,作为文化人类学的一个分支学科,同时也是民族传统体育文化研究的重要方法之一。曾经有人将田野调查法比喻为打开研究对象大门的钥匙,认为它是民族传统体育文化研究工作的起点和最基本的方法,可见田野调查法在对获取研究对象直观感受和掌握第一手研究资料过程中所起到的巨大作用。

科研中的实证性研究首先是获取基础资料,而田野调查法正是注重实地考察的作用和效果,强调通过亲自感受和体验而积累相关资料。特别是在一些具体领域中,田野调查法显得更有实效性,因为在实地参与考察某种文献现象的同时也是体验该文化的过程。田野调查法包括三个方面:(1)参与调查:它注重研究者的参与性,要求直接参与到文化现象当中,主动观察研究对象,不能以旁观者的态度对待研究对象。(2)深度访谈:针对具体问题进行广泛、细致的说明。(3)区域调查:是按照文化的自然区域情况进行调研。由于文化各个自然分布区域的社会、经济、政治千差万别,就造就了文化之间的不平衡性,因此调查过程中不能够千篇一律。田野调查法的研究步骤可以大致分为三步:第一,搜集文献资料,通过访谈等方法确定研究对象和研究范围,完成前期工作；第二，通过图像、文字等形式记录调查内容；第三，对调查资料进行搜集、整理和分类。田野调查法也同样要求调查者拥有深厚的学术积淀和端正的研究态度，没有良好的前期准备是无法完成大量的田野考察工作，特别是丝绸之路沿线的自然和人文环境相对复杂，学术能力的积淀和严谨的治学态度是获取真实有效资料的保证。

（三）问卷调查法

问卷调查法是对所调查问题的设计，以书面形式让调查对象填写，然后对结果进行统计、整理、分析。问卷由封面信、指导语、问题、答案、编码等内容组成。问卷的类型有：（1）填空式。（2）二项式或判断式。（3）多项选择式。（4）顺序填答式。（5）等级填答式。（6）矩阵式。问卷的填写形式为自填问卷和代填问卷。按问卷交谈形式可分为访问问卷调查和电话问卷调查。关于丝绸之路体育遗存的调查问卷，必须在问卷设计前期做好充分的准备工作，如：预调研、试填写、了解调查对象对问卷的理解情况，及时调整和矫正问卷的偏差。从而缩小问卷调查中的误差，增加问卷的回收率。

（四）访谈法

访谈法是指面对面交谈获取调查内容而采取的一种方法。通常为一对一调查、一对多调查、在集体场合进行调查。访谈可根据该研究问题的性质、目的或对象而酌情设定。在对丝绸之路体育遗存的访谈过程中，必须在访谈前期做好大量的前期准备工作，要对想要获得的调查内容与访谈对象有深入的了解，以减少访谈结果的误差。

（五）专家调查法

专家调查法也叫特尔菲法，是指调查者将自己研究成果设计的手段、方法、方案、指标等内容以书面的形式提交专家进行阅读咨询，背靠背地分别对材料进行评估与分析、预测与判断，从而获得客观、可靠的意见与信息的方法。专家调查法有匿名性、反复性、反馈性、定量性和集体性的特点。① 专家调查法的基本程序是：就丝绸之路上的体育遗存研究问题，选择若干专家，就此设计调研方案等，经过几轮反馈，最后获得调查结果。

三、研究原则

（一）客观性原则

客观性原则是指在丝绸之路体育遗存研究中来表述、解读其历史的本相，以尊重历史为准绳。贯彻这一原则的要求是：（1）在资料的收集和分析时，要坚持尊重历史的本来面目，客观公正。（2）获得资料必须可靠，并进行严格的考证和核实。（3）要全面、细致地收集资料，防止以偏概全。（4）研究的手段、方法、过程、程序、结论等要经得起实践检验。

（二）系统性原则

系统性原则是指用整体和全面角度以整体目标优化基准，协调各系统间之相互关系，使其完整与平衡。在研究丝绸之路体育遗存时，要考虑社会和历史等方面影响因素。要明确目的、周密规划、方法适当、组织合理、程序科学、步骤详细，整个系统应科学规范。

（三）目的性原则

目的性原则是指科研选题必须有明确的指向，要达到的目标

① 朱泳．大连市大学生心理健康水平和篮球运动参与程度的研究[D].辽宁师范大学，2002：10.

集中,不含糊,不笼统。本研究旨在探讨丝绸之路沿线的体育遗存情况,进而总结和归纳,为物质文化和非物质文化遗产研究提供坚实的基础材料。

（四）创新性原则

创新性原则是指标新立异,它是研究者所追求的目标。通过查阅期刊及书籍等文献发现,丝绸之路方面的文献已有不少,但是单单研究丝绸之路沿线体育遗存的内容为数不多。本书为丝绸之路体育文化研究的一种新的呈现方式。

（五）科学性原则

科学性原则包括:（1）选题有充分的理论基础。（2）选题要符合客观规律。（3）科研设计科学。应用专业知识和卫生统计学知识对课题进行设计,保证受试对象有代表性（随机、均衡）和效应结果的可重复性。本书经过长期的思考,查找了大量的相关文献资料,咨询了相关专家学者,拟定研究内容。对部分地方进行了实地调研,最后将材料汇总。本书立足于我国现实国情,紧跟时代步伐,符合客观规律的要求。

四、研究价值

（一）学术价值

（1）探讨丝绸之路体育遗存的理论机理、框架构建、内容体系。为人们解读古丝绸之路沿线体育遗存的沿袭脉络、发展走向提供一定的理论基础。

（2）丝绸之路体育遗存具有历史性、现实性、多元性的特征。研究成果相对匮乏。对丝绸之路体育遗存研究的不足使得学科建设存在着一定的缺憾。本书对充实体育文化遗产研究体系和推动其发展具有一定的学术价值。

（二）应用价值

（1）立足一带一路发展战略倡议，复原古丝绸之路沿线当时的社会、生活、文化、体育发展情况。

（2）探索丝绸之路沿线体育遗存的现实情况，从政策导向、地缘保护等方面的状况融会贯通，思考丝绸之路沿线体育遗存保护中面临的瓶颈。

（3）预测新形势下丝绸之路沿线体育遗存的应对措施，为促进丝绸之路沿线体育遗存保护及科学化发展路径提供实践参考。

（4）借丝绸之路体育遗存的研究之机，宣传中华文化，弘扬民族精神，维系民族团结，促进民族认同，提高社会和谐。对促进社会稳定、文化发展具有重要的作用。对促进体育文化的可持续发展具有一定的应用价值。①

五、创新之处

（一）学术思想的特色和创新

在一带一路倡议的引领下，以丝绸之路沿线地区为线索和背景，梳理丝绸之路体育遗存的文化脉络情况。选择这一命题，突出了和谐社会进程中与时俱进的时代脉搏及学术思想。

（二）学术观点的特色和创新

融合诸多学术观点内容及要素，从多方位和多视角对丝绸之路体育遗存进行相对系统的归纳、梳理和诠释，力求达到历史与现实相结合、宏观与微观相结合、纵向与横向相结合、定性与定量

① 方桢．云南少数民族妇女体育及其文化特征[J]．云南民族大学学报（哲学社会科学版），2010，27（5）：82.

相结合。

（三）研究方法的特色和创新

借鉴了考古学、历史学、文化学、社会学、体育学等多学科的理念和精髓，并吸收科学方法来研究特定视域下丝绸之路上体育遗存的真实情况。

（四）结构框架内容的创新

试图探讨丝绸之路上的体育遗存的理论机理、框架构建、内容体系。对人们了解丝绸之路上的体育遗存的历史渊源、项目诞生、发展走向以及充实科学研究体系和内容具有重要意义。

第七节　丝绸之路体育遗存相关发展取得的成果与未来展望

一、丝绸之路体育遗存相关发展取得的成果

2013 年 9 月 7 日，习近平在哈萨克斯坦纳扎尔巴耶夫大学演讲时说：“古丝绸之路绵亘万里，延续千年，积淀了以和平合作、开放包容、互学互鉴、互利共赢为核心的丝路精神。”[①] 关于丝绸之路的研究虽然已经历时多年，但近年在“一带一路”的重启后对这个区域的各项相关研究及各种文化起到了关键性的作用，甚至可以说习总书记提出的“一带一路”建设，是给“丝路体育”注入了新活力，使其具有新生命。

经过多年的研究和探索，目前在国家立法、体系建设、执法能力、传承遗产申报、宣传与推广、传承人的继承、专业人才的培养以及相关产业的融合上都取得了很大的突破，为进一步研究和推

① 郑明珍，罗虹，张宝．“一带一路”政府公共关系创新典范[J]. 公关世界，2018（1）：58.

动丝绸之路体育遗存与遗产的传承奠定了基础，为新时代开启一带一路的文化传承开启了新篇章。

（一）一带一路的建设已为重启丝路体育注入了新活力

“十三五”是中国“一带一路”倡议践行与实施，丝路体育保护与发展的新阶段。

1. 体育场馆的建设开拓了体育发展的空间

一带一路倡议使丝路沿线基础设施加大，促进了国际间的共商、共建、共享的发展。体育基础设施也是对接的重点内容。我国有着巨额的外汇储备，且经过多年的发展，体育基础工程建设能力达到前所未有的高度，积累了丰富的经验，形成了较强的比较优势。在体育场馆的建设过程中也拉动了基础设施建筑行业发展迅速，使体育场馆设施建设经验趋于成熟，使公共体育设施建设水平稳步提高。通过各种体育场馆的建设为人们参加现代体育及传统的体育活动提供了更多的空间，使传承有了地域上的发展空间。

2. 体育文化的传承为城市的发展提供了新内涵

体育产业的发展离不开城市这个载体，文化遗产的发展也回避不开城市发展的进程。体育赛事和城市共建共享，赛事提升城市的精神文明建设，拉动旅游发展，提升民众向心力和自豪感，城市则给赛事提供了场地、交通、安保、医疗等公共资源。城市的发展过程中将体育文化融入其中，使无论是历史悠久的城市还是新兴城市都具备了发展的内涵及文化的特点，增加了城市的厚重感和发展的新动力。

（二）文化的共享使丝绸之路体育文化意识增强

1. 传承意识显著增强

张骞开辟了丝绸之路，促使了中原与西域地区以及连接世界的交流与往来，使体育文化得以传播交流。这条丝绸之路上曾经生活着诸多的民族群体，他们交往中积累了丰富的体育文化资源，随着社会的动荡、居民的流动以及历史问题的出现，为相互间开展体育交流创造了条件，对促进各民族及沿线各国的相融合起到了推波助澜的作用。

民心相通是"一带一路"倡议的社会根基，"一带一路"要聚人气，重交流，成共识。体育作为世界性通俗娱乐文化，它具有超越种族和语言的功能。[①] 使人们在竞技娱乐中健体健心、连接友谊、增进了解、传递人们对构建幸福生活方式的共同诉求。

可以说，对体育文化遗产的传承发扬增强了人们对于遗产的保护意识，这对于我国传统体育文化的传承与发展具有重要的意义。

2. 保护对社会主义和谐社会的构建起到促进作用

丝路体育的遗存与遗存研究是构建和谐社会的一部分，在丝绸之路上存在多个民族，而且许多项目都极具集体性，如马球、摔跤等。诸多体育项目是不受职业年龄限制的，因此它给大众的参与及交流提供适当的场所，促进了人们团结合作以及不断进取精神，为促使人际关系和谐、维护社会稳定、形成良好风气以及构建社会主义和谐社会奠定了基础。

（三）多元化的传播手段扩大了传播的范围

1. 多元化媒体传播为保护提供了更多条件

多途径、多渠道的传播使丝路体育文化的传播范围扩大，无论是媒体、展览会、研讨会、体育博览会都使得体育文化传播空前的扩大，空前的有效，使许多普通人认识与了解了丝路体育，激发了人们参加这些运动的热情。正是因为有了热情人们才具备了传承和传播的前提，传播的范围扩大为我们更好的传承提供了条

① 李婷．依托体育文化交流推进"一带一路"先行区建设[J]．管理工程师，2017，22（3）：68.

件，也是这些年丝路体育传承取得的重要成果。

2. 大型赛事的举办为合作共赢的发展指明了方向

丝绸之路沿线国家申办国际重大体育赛事为“一带一路”体育与产业联合开发、融为一体、合作共赢的发展之路指明了方向。

随着体育竞技水平和人们体育娱乐欣赏水平的提升，体育竞赛与表演的社会经济效益逐步显现。“一带一路”活跃于东亚经济圈发展行动潜力较大，终端连接的欧洲赛事产业活跃，沿线国家对赛事需求强烈，体育赛事及产业发展具备了联合、嵌入、合作发展的潜力和平台。中国通过对接国际赛事来提升体育赛事产业水平，也可以通过重走和开发丝绸之路汽车拉力赛、帆船赛等赛事，实现“一带一路”国际体育赛事群的串接，全面推进体育赛事产业的快速发展。

（四）有效的立法和机构建设为传承发展搭建了平台

1. 保护立法及法律法规体系已经初步建立

目前，我国已经把正确应对环境变化、实现丝路体育文化遗产的可持续发展，作为政策制定的优先方向。因此在指定政策时，追求在实践中对丝路体育文化遗产赋予新的活力，在实践中将丝路体育文化遗产得到保持，在实践中使文化内涵得到尊重，在实践中使文化得到弘扬，在实践中扩大传承人。这些年来，丝路体育文化遗产保护工作有序展开，并不断形成新的局面。

国家制定了非物质文化遗产法、自然遗产法并设立了专门的职能机构。各省、市、自治区、县也分别制定地方性条例，开展大规模的调查统计并记录建档，制定分级和分类保护措施。提高传承人补助经费，建设文化遗产展示馆、传习中心、生产性保护示范基地等。

2. 传承保护机构已经初具规模

我国已经建立了非物质文化遗产的保护促进中心，通过这些中心的建设,为丝路体育文化遗产的发展提供了措施及保障,使运作具备完整性、系统性。因此这些机构的建立对丝路体育遗产的传承具有有效的推进作用。

(五)研究的深入和产业的融合已开发了体育遗存产品的新价值

1. 体育旅游产业嵌入发展已初具规模

随着“一带一路”旅游战略布局的逐步深入,体育旅游嵌入发展的机会和条件更加趋于成熟,从而为中国建立顺畅的国际对接机制来促进与丝绸之路沿线国家体育旅游的多层次合作带来契机,也为推动体育旅游产业全方位、多渠道、一体化发展奠定基础。

此外,传承的发展研究中提出与旅游产业加强合作是实现传承的重要推广渠道之一。举办旅游推广周、宣传月、国际精品旅游线路和产品,使体育旅游业飞速发展。形成了体育演艺、运动参与、健身养生、体育实体景观、体育旅游产品、体育旅游线路、体育节庆相结合的体育旅游产品体系。① 体育旅游业已经形成以国内游客为主体、国外游客为补充、出境游客为点缀的新格局,中体竞赛、中国国际体育旅游公司、中旅体育旅行社等组织的出国观摩旅游逐步增多。体育旅游市场呈现良好发展态势,旅游规模不断扩大,旅游需求趋于旺盛,创造了与“一带一路”国家对接发展、合作共赢的良好条件。

2. 已形成“互联网 + ”新兴领域合作发展模式

按照优势互补、互利共赢的原则,新一代信息技术等新兴产业将与体育产业进一步合作,随着互联网巨头的倾力打造、业界的鼎力支持、消费者的热力追捧,中国“互联网 + ”与体育已经实现完美融合,“互联网 + 体育”这一新兴产业业态呈现爆发式发

① 张欣 . 武术散打运动竞赛电子护具开发与应用探究 [J]. 运动精品(学术版),2017(8):84.

展，已经具备全方位内在实力和外向市场。

“一带一路”促使共同推进沿线国家通信干线网络建设和空中（卫星）信息通道，提高国际通信互联互通水平，畅通信息丝绸之路，这将极大提升一带一路沿线国家“互联网 + 体育”新兴产业的发展水平。中国与欧洲“互联网 + 体育”产业的先行先试实践形式，不仅积累了丰富的经验，更为“一带一路”沿线国家新兴产业的普及化和一体化推进奠定了坚实的基础。[①] 随着丝绸之路双边、多边跨境信息建设工程的推进和完善，“互联网 + 体育”产业必将成为沿线国家最活跃的对接产业领域。

二、丝绸之路体育遗存相关发展的未来展望

（一）路上、海上、冰上“一带一路”体育的多融合传承

1. 海上丝路的体育文化发展

路上丝绸之路与海上及冰上丝绸之路的体育文化传承应具有互动性、共建性。海上丝绸之路也称陶瓷之路、香料之路。这条路如同路上丝绸之路一样也是古代不同民族、不同文化、不同种族的人们友好往来、沟通交流的文明纽带，其方向主要在印度尼西亚、马来西亚、泰国、柬埔寨、越南、菲律宾以及我国海南、广东、福建等地。

在这些国家及海域发现的水下沉船和水下考古成果展示了古代中国与东盟各国友好交往的历史。在海上丝路体育遗产中应重点突出港口文化，挖掘港口体育遗产历史，传承港口体育遗产文化，传播海洋文明，充分发挥国家水下文化遗产保护基地的优势。

通过定期举办海上丝绸之路文化学术活动，开展远洋海域沉

① 张欣．武术散打运动竞赛电子护具开发与应用探究[J]．运动精品（学术版），2017（8）：84.

船、沉物等水下文物保护的调查研究，占领海洋文化研究的制高点。把海洋渔业、港口、节庆、海洋商贸文化等海洋文化资源整合起来，形成等重点产业集群，并扩大产业集聚的社会与经济效应。①

我国畲族的民族文化颇具特色，无论是聚居的村落，还是盘唱民歌，甚而传统服装和手工艺织品等，都成为一种至今“活”着的畲族“文物”。处于东南丘陵地带的畲族人，在漫长的历史过程中，在生产、劳动、娱乐等社会活动中，创造了适宜山区开展的、地方特色浓郁的民族传统体育。斗牛、舞狮、操石磉、舞铃刀、打尺寸、海马、稳凳、打柴棒、畲族拳和硬气功等，都是颇具民族特色的运动娱乐方式。通过对文化遗产挖掘和保护势必将为我国带来更大的机遇。

2. 冰上丝路的体育文化发展

冰上丝绸之路是 2017 年 7 月 3 日，国家主席习近平与俄罗斯总统普京提出要开展北极航道合作，共同打造“冰上丝绸之路”时最新提出的一带一路扩展包。②

借助这样的契机，我们应进一步挖掘冰上丝绸之路的体育遗存遗产。在冰上丝路和北京冬奥会的大背景下，冰上丝绸之路的体育遗产遗存的挖掘和传承将势必成为未来研究、开发的重点，这对于与之相关的遗产传承提供了空前有利的契机。

（二）体育产业新趋势对丝路体育遗存发展的展望

1. 学习国外的传承经验不断满足新群体的需求

由于政策的不断扶持和资本的持续看好，中国体育产业近年来经历了较快速度的发展，一派欣欣向荣。而同样飞速发展的互联网科技和新媒体则让这一热潮继续升温，创新业态不断涌现、

① 王国安．现代化背景下宁波海洋文化遗产的保护模式与开发路径 [J]. 中共宁波市委党校学报，2013，35（2）：115.

② 金焕东．亚马尔 LNG 等海外项目成功运作“一带一路”油气合作在全面推进中开拓新模式 [J]. 国际石油经济，2018，26（1）：27.

消费模式不断升级，为体育产业的未来留下了巨大的想象空间。

在变化的时代、在变化的体育产业中竞技体育、全民健身、泛体育文创、体育媒体等，都表现出了不同以往的特征。新生代成长期的时代特征，塑造了以“兴趣”为导向的消费新生代，其中在六个方面将势必成为引领体育未来发展的新趋势即小众运动大众化、从人捧场到钱捧场、从单纯体验到深度参与、从单纯运动到泛娱乐式的运动综艺、从实际运动到虚实结合、移动化碎片化的媒体规律开始适用于体育。如今的年轻人具有强烈的消费意愿，他们主要关注的两个问题是：如何消磨时间以及如何节省时间。同时，善用科技工具的年轻一代，他们的青春期已经高度互联网化。年轻人在消费领域呈现出以兴趣展示个性、兴趣社交、为兴趣付费、平行世界的代入以及超级重视体验等特征。

正是因为上述原因传统体育受到了很大的冲击与之伴随的遗存与遗产也会受到冷落。西班牙皇家马德里俱乐部是欧洲足球产业的领军俱乐部之一，在全世界拥有极为庞大的球迷群体。对于一个百年俱乐部近年来所面临的球迷群体新趋势，皇马俱乐部副总裁桑兹说：“变化其实很多，其中包括运动消费习惯、移动消费的使用、社交网络的普及等，而且面对世界上不同区域的球迷，我们也需要生产出不同的内容，这都是我们面临的挑战。”桑兹介绍，单单在社交网络 Facebook 上，皇马俱乐部就拥有数百万粉丝，在这个新时代，俱乐部也在主动寻求与球迷兴趣之间更多的契合点。“我们可以从粉丝身上学到很多东西，我们可以了解各个国家粉丝需求是什么，这样的话，我们也可以有针对性地进行自我调整。”此外，NFL（美国职业橄榄球大联盟）国际事务首席运营官格里菲斯对于新媒体引发了球迷群体变化深有感触。他说：“新媒体让粉丝有更多的选择、追踪更多的体育项目，球迷们会关注不同的联赛。而在 5 年之间，我们的球迷群体也发生了很多变化，比如目前，NFL20% 的粉丝来自海外，这与以往是大不相同的。”

与正在摸索中前行的中国体育产业从业者相同，丝路体育文化也踏上了新的征途，只有不断改变才能够真正立于不败之地。

2. 丝路体育与电子竞技相结合突破传承瓶颈

近年来，以王者荣耀、英雄联盟等为代表的电子竞技产品屡屡引发热潮，尤其在年轻人群体中，电子竞技更有着相当高的认知度和参与度。根据企鹅智酷发布的《2017 中国体育产业报告》，在 2016 年中国电子竞技市场的收入已经占到全球电竞市场的 15%，成为世界上最大的电竞市场之一。国家体育总局信息中心主任丁东对 2017 年中国电竞的发展总结道："去年我在展望今年的时候，我说今年是一个平稳发展的一年，但是没想到再度被超越，S7（英雄联盟全球总决赛）在鸟巢的举办、亚奥理事会对电竞的支持等，都让人有一种好像电子竞技又再火一把的感觉"。

电子竞技是产生于互联网时代的项目，因互联网而生，因互联网而兴，其泛娱乐、高科技的特点和互联网的显著特征，受到成长于这个时代的青少年受众群体的喜爱。那么是否可以将丝路上这些传统体育形式以电子竞技的方式呈现给年轻人呢？这是我们值得深入思考的问题，如果能以这样的方式传播传统的体育文化、传播丝路体育的精神那么势必与新的消费模式、新的体育理念、新的运动项目，新生代群体这些新特点相适应，这是未来值得去发现和探究的问题。读懂了年轻人这一群体，才能把握住体育产业发展的未来，只有把握住了体育产业的未来才能有效地推进丝路体育的传承。

（三）深入科考活动探索更多丝路体育文化

近年，丝路体育遗产的传承已经得到了社会普遍的认同，尤其是非物质遗产法的颁布使得传承唤起了新的青春。未来要想系统和完整地保存、继承和传播丝路体育遗产就需要更详细、丰富的遗产资料，因此未来有目的、有针对性地对某一种或多种体育遗存与遗产进行科考活动尤为重要。

这种对丝路沿线的科考活动是立足"一带一路"基础上的，

一般由某某文化传播发展中心”组织发起，有多名国内、国外的知名专家组成，通过重走古代交通线，考察历史遗址遗存，梳理丝路的体育文明源流和中外体育交流的史话。

近年对甘肃、陕西等地区的科考活动比较多，获得遗产资料也比较全面，因此在未来可以把工作重点放在对新疆地区的体育遗产科考活动上。新疆是古代路上丝绸之路进入中华文明圈的门户，而喀什是丝路南线重镇，由此出发穿越昆仑山、翻越帕米尔高原而进入中亚、南亚的路线，这条线路不仅是延续数千年的商贸物流干线，还是中外人文交往要道，譬如法显、玄奘、马可波罗等名人都曾在这条通道上留下足迹。走在这条路上，领略古代旅行家曾经看到过的山川地貌，对理解他们的体育文化和历史文化意义非常重要。”

“中国古人和古籍认为，昆仑山是位于西部的圣山，同时，黄河源头在于昆仑山，这两大中华文明的标志性符号，都与位于西部的新疆有深厚渊源。从昆仑山西段的茫茫山峦中，进入叶尔羌河支流——塔什库尔干河而上进入帕米尔高原腹地，深入中国西部边陲要道的瓦罕走廊，分别抵达中国和巴基斯坦、阿富汗的边境地区，途中先后经历了高山、河谷、高原、雪山等多种地形地貌，这个路线大约1500公里。沿线的国家及民族众多，加上古代丝绸之路也经过这里，将这三方面的重要文化议题进行综合探讨，是很具有内涵的设计。此外严酷的地形地貌中也孕育着古人与这些自然环境相关系的体育运动。

丝绸之路经历了怎样的兴衰历程？丝路的成因和推动力是什么？体育文化在其中起到了什么作用等，这都是需要进一步去探究的问题。中国国家主席习近平提出“一带一路”倡议。从大的方面来说对于国家的合作及文化的交流起到有力的促进作用，从丝路体育文化遗产的推广与传承方面来说，对促进各国体育文化的进一步交流和进一步地深入探究这些体育遗产具有指引性意义。

（四）大数据服务将引领丝路体育文化

体育科技是体育行业发展的强力助推器，而在诸多体育新科技中，大数据和人工智能无疑担当着最重要的角色。互联网时代，数据是最珍贵的资源，大数据正引领传统行业并与之结合，催生出新的活力。几乎各行各业都在拥抱大数据，体育行业更是和大数据密不可分，数据捕获、存储和分析技术的持续进步正在积极影响着体育行业的方方面面。①

在万众瞩目的体育比赛中，斗勇又斗智之势越演越烈，大数据分析屡屡左右比赛走向，成为比赛制胜的秘密武器。通过人工数据、传感器、赛事导航、实时数据游戏、体育彩票、赛事模拟等为使用者提供数据咨询、赛事分析等服务。

当前已经开发的一种游戏叫作丝路英雄，这款游戏国内原创品牌《丝路英雄》围绕‘一带一路’丝绸之路经济带的建设，利用边境优势、跨境优势、历史文化优势展开；陆续在祖国西大门要推出丝路英雄系列跨境赛事，开发“古丝路驿站”体育文化民间交流活动，构建了“丝路体育联盟”，把体育文化、旅游、探险等活动结合起来，打造全新的民间体育消费增长点。

因此，在未来大数据的应用覆盖面越来越广泛，如何使大数据为丝路体育遗产遗存的传承服务依旧需要我们进一步探索，这也是未来传播和发展丝路体育的重点方向。

① 赵新辉，陈家恒．体育健康大数据服务平台的构建研究——以河南省为例[J].现代信息科技，2018，2（8）：106.

第二章　丝绸之路体育遗存之历史文字记载与研究成果

第一节　丝绸之路体育遗存之历史文字记载与研究成果概述

文字是人类记录一切活动与行为的符号，尤其是在撰写科研成果时所必须参考的资料，使人们在借鉴前人研究的基础上提出自己的观点和看法，因此，文字对人们的进一步再创作具有重要的意义。

数千年来，我国先人创造出丰富而灿烂的各类文化硕果，主要留存于浩如烟海的文字记录之中，而其中与某一学科直接相关的文字记载，就是该学科的继承和参考依据。通过科学发展的观点和方法，搜集、发掘、整理、解读这些文字记载材料，去粗取精、去伪存真、尊重历史、考镜源流，为各学科、层次的人们了解、掌握、利用这些材料，为人类的历史发展创造新的有意义有价值的东西，并做出贡献。丝绸之路历史悠久，源远流长，古代留下来的文字记载与近现代科研成果对撰写这本专著具有十分重要的作用和意义。

通过查阅文字记载对丝绸之路进行全面、系统的研究，可以丰富和细化丝绸之路的文化、体育遗存以及保护与传承方面的具体内容。本章主要介绍了古代丝绸之路体育遗存的古代文字记载和近现代研究成果两个部分，尤其重点并详细描述了古代体育的历史、运动情况，还原了古代运动的风貌，古代文字记载主要介绍了《穆天子传》中有关西周时期体育运动的记载；在《封氏闻见记》中记载了唐代打马球的场景；在《狩猎出行图》中记载唐朝外出打猎的过程；在《法曲》中介绍了隋唐时期在音乐、诗词、舞蹈等方面活动的内容；在《五色食胜》中有从事棋类活动的描述；此外，在《西京杂记》《汉书》《丸经》等著作中分别记载了古人对蹴鞠、斗鸡等运动项目的描述。这种研究都是通过大量的资料和书籍在借鉴前人研究的基础上提出自己的观点和看法，在近现代丝绸之路体育相关的著作、论文及科研成果中，也有阐述。可以说这些文字记载和重要的典籍为今后深入研究丝绸之路的各个方面提供了借鉴。

丝绸之路线路跨度 7 000 公里，沿线包括中心城镇遗迹、商贸城市交通遗迹和关联遗迹等，在众多的遗存中，岩画是中华民族文化遗产的重要组成部分，更是河套地区、河西走廊地区、西域地区重要的文化元素和历史见证，它们以神秘、精湛的技艺和极高的学术研究价值在中国乃至世界的岩画史上都占据重要的地位，展示了古代先民高超的绘画水平，为“丝绸之路”沿线的体育研究提供了宝贵的历史资料，讲述了古道上的体育发展历史故事。除此之外，该地区众多遗址和可移动遗物的发掘，也揭开了相关体育文化的神秘面纱。

第二节　丝绸之路体育遗存文字记载——古代篇

在“丝绸之路”沿线，蕴藏着丰富的体育资源，留下了众多的珍贵体育历史遗存。囊括了岩画、壁画、书籍、文物等文字记载。体育内容从最初的狩猎、骑马、舞蹈到娱乐性的投壶、蹴鞠、杂技直至武术养生，体育运动的演变打上了社会经济发展的烙印，在反映人类智慧的同时，也讲述了历史长河的前行（表 2-1）。

表 2-1　主要古籍记载体育内容情况一览表

序号	项目	主要古籍
1	相扑	《相扑图》
2	马球	《封氏闻见记》《马球图》《名都篇》
3	狩猎	《太平广记》《唐六典》《狩猎出行图》《攻战图》
4	乐舞	《乐舞图》《法曲》《乐府杂录》《王中丞宅夜观舞胡腾》
5	驯豹	《驯豹图》《册府元龟 971》《朝野佥载·卷二》
6	乐舞	《伎乐图》《西方净土变》《霓裳羽衣舞》
7	六博	《仙人篇》《六博图》《六博续考》《中国古代六博研究》《论秦汉时期的博具、博戏兼及博局纹镜》《〈博局占〉的设计比较》
8	步打球	《打球作》
9	舞剑	《观公孙大娘弟子舞剑器行》
10	赛马	《诗经》
11	跑跳投	《夸父逐日》《逾高绝远、轻足善走》《投足超远》
12	蹴鞠	《史记》《战国策》《西京杂记》《别录》《太平清话》《史记·扁鹊仓公列传》《汉书》《文献通考·乐考二十》《蹴鞠图谱》
13	捶丸	《丸经》《说文解字》《说郛》《明太宗实录》《明仁宗实录》《明宣宗实录》
14	乘骑	《史记·孙子吴起列传》《辽史》
15	投壶	《投壶仪节》《观自得斋丛书别集》《史记·滑稽列传》《颜氏家训》《太平御览》《投壶新格》《梦梁录·湖船》《明宫杂咏·崇祯宫词》《贯经》《投壶谱》
16	杂技	《西京赋》
17	武术及养生体育	《黄帝内经》

一、关于“马球”运动的古代历史记载

（一）《封氏闻见记》记载

唐代作者封演编撰的《封氏闻见记》，是笔记小说集。作者将耳闻目睹的事件汇集成书。有掌故、古迹、杂论、轶事等文体叙述，范围涉及道教、儒教、文字、贡举等。内容有唐代的打球、拔河、绳

技、科举、铨选、壁记、烧尾、婚仪、服饰、饮食等社会生活。[①]

唐代的皇帝大多对马球着迷，他们将爱好、观赏和亲自上场运动融于一身。也常常被载入史册。当时皇帝极力倡导和推广马球运动，因此这一运动项目风靡于宫廷，流行于民间。相传，唐玄宗李隆基的一段故事曾被传为佳话。有一次，吐蕃派人到长安来迎接金城公主，唐中宗请来客们观赏马球比赛。吐蕃人善打马球，他们看了比赛以后，似乎觉得堂堂大唐帝国的球技也不过如此，于是提出要比试比试。一开赛，吐蕃队果然十分厉害，唐朝的球队不是对手，连连败北。唐中宗见势不妙，急忙派当时还是临淄王的李隆基（即后来的唐玄宗）带三个皇室子弟上场与10名吐蕃人对阵。结果战胜了吐蕃球队。正如《封氏闻见记》所载："玄宗东西驱突，风回电激，所向无前"。在全民体育的推广下，还倡导在军队中开展马球运动，在民间也进行推广，有些地方还成立了女子马球队。马球运动不仅是高雅、有趣和富有挑战性的娱乐活动，也是一项带有浓厚军事色彩的运动。[②]直至唐末，马球运动成为当时的一项最为流行的运动。

（二）《新唐书·兵志》记载

《新唐书·兵志》记载，汉代人们骑马是骑坐在光光的马背上，一般没有马鞍和马蹬装备。在两晋南北朝（公元265—589年）和隋代（公元581-618年），骑马人和马都罩上了全套沉重的披挂，以保护人和马的安全。由于骑手和马的装备沉重导致行动不便，动作迟缓，或在马球活动时，不能灵活自如地完成一些快速及高难度动作。进入唐代，马匹非常多，人们为了在战争中取胜，大力发展骑兵作战的方式。贞观后40年马匹多达70.6万匹（《新唐书·兵志》）。《全唐文》卷三七五记载，唐代从马匹、马鞍、马镫、马缰等全套披挂上阵，到卸掉披甲，轻装上阵，提高了人和马的机

① 纪昌和.《唐摭言》研究[D].上海师范大学，2006：12.

② 田卫丽.从唐代打马球文物看唐人的精神风貌[J].文物世界，2015（1）：28.

动灵活性，骑手可以稳坐马背，做各种灵活的动作。《全唐文》卷三七五记载：天宝六载（公元 747 年），唐玄宗曾亲自下令在军队开展马球运动，马球促进了军事的发展，军事也使马球技艺提高，二者相互依存、相互促进、共同发展。从此唐代马球运动进入了快速发展的鼎盛时期。

（三）《温汤御毬赋》记载

《温汤御毬赋》记载，唐代通常在大殿前建造马球场，在历史文献中，常常描写在某某宫和某某殿打球的情景。马球场一般长约 1 000 步左右，三面有矮墙围护，一面有类似主席台一样的台建筑，地面铺设非常平整，平坦得如同磨刀石，光滑得像一面镜子，如唐诗中所说的“筑场千步平如削”（韩愈《汴泗交流赠张仆射》），“平望若砥，下看犹镜”。

（四）《打球作》记载

朝代女诗人鱼玄机的《打球作》曾有这样一段记载：“坚圆净滑一星流，月杖争敲未肯休。无滞碍时从拨弄，有遮栏处任勾留。不辞宛转长随手，却恐相将不到头。毕竟入门应始了，愿君争取最前筹”。参赛者分为两队，必须团队合作，辗转击球才能入门得分。

（五）马球运动的文学作品

我国现代的电视剧《美人天下》、电影《大明宫》和《夜宴》中都有古代马球比赛的镜头。我国历史上韩愈、司马光、陈元晋、陆游等都在自己的文学作品中描写了马球运动（表 2–2）。据粗略计算，唐代与马球相关的诗歌就有 60 多首，内容包罗万象。现存 25 万余首《全宋诗》共收 92 首有关马球运动的诗歌，其中北宋 47 首，南宋 45 首。最早的出土文物是西汉中期的马球器材实物，大多数都是唐代文物。文物包括实物及壁画等，分布在我国的北方。此外，记载马球运动的历史文献还有：《隋唐嘉话》《唐国史补》《通鉴纪事本末》《酬韩愈校书打毬歌》《端午赐观骑射击毬侍讌》《汴泗交流赠张仆射》《韩愈上张仆射第二书》《资治通鉴·肃宗记》《酉阳杂俎》卷五、《新唐书·敬宗记》《唐语林·补遗》《资治通鉴·唐纪六十九》《唐摭言》卷三、《旧唐书·郭英乂传》《冬夜闻雁有感》《金史·礼志》《金史·马贵中传》《辽史·游幸表》《新唐书·百官志三》《宫词》《全唐诗》卷三〇二、《唐音癸签》等。

表 2-2　我国古代马球运动的文学作品一览表

序号	姓名	人物所在年代	作品名称	相关内容
1	陆游	1125-1210	九月一日夜读诗稿有感	打球筑场一千步，阅马列厩三万匹。
2	司马光	1019-1086	资治通鉴—击球	金主击球常武殿，司天马贵中谏曰："陛下为天下主，系社稷之重。又春秋高，围猎击球，宜悉置之。
3	曹植	192 — 232	名都篇	连翩击鞠壤，巧捷惟万端。
4	韩愈	768—824	汴泗交流赠张仆射	汴泗交流郡城角，筑场千步平如削。短垣三面缭逶迤，击鼓腾腾树赤旗。
5	王维	701-761	寒食城东即事	蹴鞠屡过飞鸟上，秋千竞出垂杨里。
6	杜甫	712—770	清明	十年蹴踘将雏远，万里秋千习俗同。
7	王建	767—约 831	朝天词十首寄上魏博田侍中	无人敢夺在先筹，天子门边送与球。遥索彩箱新样锦，内人舁出马前头。御马牵来亲自试，珠球到处玉蹄知。
8	蔡孚	713—741 前后	打毬篇	奔星乱下花场里，初月飞来画杖头。
9	晁说之	1059-1129	题明王打球图	阊阖千门万户开，三郎沈醉打球回。
10	吕本中	1084-1145	和秦楚材直阁韵	胡马南来议击球，忽闻羌虏斩杨酋。
11	陈元晋	1225 年前后	击球口号戏陈统制	星弹流空惊过鸟，霜蹄追电捷游龙。
12	玉素甫	1018-1085	维吾尔古典叙述诗—福乐智慧	诗中记载，跳棋、国际象棋、马球、打猎。

二、关于“狩猎”运动的古代历史记载

（一）《太平广记》记载

据《太平广记》卷第四百六十中说道：“楚文王好猎，有人献一鹰。”楚文王是公元前680年左右春秋前期楚国国君。

（二）《新唐书·百官志二》记载

东汉出现了关于皇上外出打猎，众卒携羽箭跟随保护的“羽猎”文献记载，“羽猎”当时已经开始流行。到唐朝“羽猎”已很普及了，专门设立了五坊来饲养猎禽和猎犬，为皇帝服务。据《新唐书·百官志二》：“闲厩使押五坊，以供时狩：一曰雕坊，二曰鹘坊，三曰鹞坊，四曰鹰坊，五曰狗坊。”说明当时驯养猛禽和狗非常多，以供羽猎之需，它促进了狩猎发展。

三、关于“乐舞”运动的古代历史记载

体育和舞蹈都是用身体活动来进行的一种活动，起初两者没有明显的分类区别与划分。古代人类的生产生活主要以自身体质与灵敏技巧与大自然搏斗获取猎物。为了培养这种技能，人们常常进行一些有意识和有目的的身体活动或练习。同时，伴以响声和音乐节奏，使操练与舞乐融合在一起，增加了人们的情趣，促使群情激昂。

舞蹈在中国古代人们的日常生活中随处可见。例如汉代的“剑舞”由民间武术演绎扩充而来。“百戏”融合了杂技、舞蹈、体操、角力等元素，是当时流行的表演项目，因它有综合性的特点，参与的人数增加，从而满足了不同人群的活动需求。其中的“盘鼓舞”是舞蹈与体育结合的典型项目。跳盘鼓舞时，开始将盘鼓摆放在地上，跳舞者站在鼓上表演各种下腰、空翻、翻转、倒立、跳

跃等动作，表演过程中，脚还要踏出鼓点节奏。使人们在视觉和听觉的刺激下形成神经冲动，增强了对场面引人入胜的感染力。在唐代，“字舞”也比较流行，在表演时，人们着不同颜色服饰，组成字形与图案画面，与现代的团体操组成图案相似。这种娱乐性舞蹈按性质分为“健舞”和“软舞”。①健舞一般刚健、有力、明快、流畅。如“剑器”“拓技”“胡旋”等。②软舞的舞姿优美、动作舒缓、柔婉。如“团圆旋”“六玄”“垂罗手”等。其动作将刚阳与阴柔加以编排，对动作形态的特征加以把握和分类。进入元、明、清时期，中国舞蹈又集中体现了体操、武术的高难度技巧动作，以“做”和“打”表现手法呈现。其动作融合了舞蹈元素，但形式上更接近于通过身体活动的体育含义。

因此，古代历史的发展表明，体育与舞蹈相互联系、结合、融合、吸收，促进了二者共同发展与提高。

（一）《庆善乐》《破阵乐》等记载

隋代统一中国后，经济发展，国力强盛，歌、舞、诗、乐都得到了长足的发展。为了满足宫廷庆典、国内外文化交流以及各阶层人士的精神生活的需要，隋朝在继承前代乐舞的基础上，集中了各民族乐舞种类，进行汇集、挖掘、整理。进入唐代，音乐舞蹈分为大曲、歌舞戏和散乐。（1）大曲也称法曲，即大规模的舞曲，它是歌舞诗乐相结合的综合体裁，歌词为五言或七言绝句。如《庆善乐》《破阵乐》《霓裳羽衣舞》等。（2）歌舞戏，是表现故事和人物情节的歌舞戏，并伴有打击乐的节奏特征，淳朴奔放。如《东海黄公》等。（3）散乐，是一种风格、情绪较为单纯的舞蹈，也融入了打击乐的节奏元素。唐代的乐舞按其特点分为三类：一是具有表演形式与特点的舞蹈《法曲》《健舞》《软舞》等。二是移植了民间娱乐形式的宫廷宴享乐舞《十部乐》《九部乐》《立部伎》《坐部伎》等。[①] 三是自娱自乐及民众习俗的舞蹈《泼寒胡舞》

① 孟楠．简论音乐类图书出版与大众音乐文化素养的提高[J]．出版广角，2017(2)：53．

《踏歌》等。历代的唐朝皇帝，有不少都艺术修养颇高，熟悉音律者颇多。

（二）《春莺啭》《霓裳羽衣舞》等记载

据记载，唐高宗李治（650—683年）喜好乐舞，知晓声律，具有一定的乐舞天分。有一次，他清早起床，听到悦耳动听的黄鹂鸣叫声，立刻让部下把其声旋律记录下来，于是诞生了我国古代著名的《春莺啭》。生活的素材，将他的乐舞天分展现了出来。唐玄宗李隆基（712—756年），也是一个伟大的音乐家，他在乐曲创作、丝管器乐演奏方面样样精通，演技精湛，甚至达到了出神入化的境界。据说他将印度《婆罗门曲》的旋律作为素材，重新改编，又创作了唐朝名乐舞《霓裳羽衣舞》。由于唐朝历代皇帝是音乐与舞蹈的喜好者，大力推崇乐舞。每逢节日、庆祝、聚会或平常的日子，都有乐舞的出现，提高了民众对乐舞的参与、欣赏。皇帝的亲力亲为，提高了乐舞的创作水平，正是对乐舞的推崇，使乐舞发展到了鼎盛时期。由于发展规模的不断扩大，唐代宫廷还设置了乐舞机构，如教坊、梨园、太常寺等管理机构，旨在汇集大量民间艺人进行交流并培养专业歌舞伎人才，使分散在各地的官伎、营伎、家伎，进行表演。在乐舞交流方面，他们以中原乐舞为基础，集各家之长，吸收、融化民族乐舞精华。其中《坐部伎》和《立部伎》，就是在唐朝的一百多年里，综合了多方面元素而新创的乐舞节目，并成为唐代长期积累乃至流传后世的保留节目。

（三）《胡腾舞》等记载

在唐代，音乐歌舞方面曾出现了很多的优秀作品。其中一些作品，由于编创的新颖、艺术的高妙、风格的独特、传播的广泛，已被历代视为经典，为人类所崇尚。《胡腾舞》便是其中之一。它属于乐舞中动作风格健朗、豪爽的健舞。它由中亚细亚塔什干一带传入中国，是西北民族地区喜闻乐见的一种舞蹈。《全唐诗》中，有刘言史《王中丞宅夜观舞胡腾》、李端《胡腾儿》两诗记载,生动地记述了《胡腾舞》的演出盛况,诗中对其舞态、舞服、舞人的面貌,都有真实的记述。《王中丞宅夜观舞胡腾》曰:石国的胡儿,来表演胡腾舞。舞者头戴尖顶蕃帽,身穿毛织胡衫,两袖紧小;蹲身在舞筵前腾跳起舞,急如飞鸟一样,腰间的宝带发出时强时弱的响声;音乐以横笛、琵琶伴奏。在《胡腾儿》中,人们仿佛亲眼看到从凉州来的胡腾儿,肌肤如玉,鼻准如锥;他们身着桐布衣衫,前后卷起,腰间系葡萄长带,垂于一侧;足下着柔软皮靴,轻捷飞跃;他们珠帽偏带,翩翩起舞于花地毯上,面红汗流、扬眉动目,满场环行;进行急跃、东倒西倾,如醉痴迷一般;忽而反手叉腰,身如弯弯的月牙。胡腾舞的动作节奏明快,在地毯上舞做的旋转与舞动,是它的精华所在。开始时,舞者一杯酒饮进,抛去酒杯,顺势起舞;或道上几句祝福的话语,便翩翩起舞。乐器伴奏以丝竹、琵琶为主,声音嘹亮,场面气氛热烈。正如现在看到的热烈奔放格调的新疆舞蹈的场景一样。至今在中亚一带,这种跳跃动作、踏步节奏、技巧方法、风格豪迈的舞蹈仍在延续,仍保留着胡腾舞的痕迹。唐代的政治、经济、文化处在鼎盛时期,通过自身保持和借鉴融合不同民族和种族的音乐元素,将中国乐舞艺术推向了新的发展时期。《胡腾舞》充分展示中华民族传统特色的乐舞文化,更是值得我们加以珍惜、传承并发展下去。

(四)《乐府杂录》记载

唐末段安节所撰的《乐府杂录》又名《琵琶录》《琵琶故事》,是一部中国音乐史料方面的论著。涉及了乐部、歌舞俳优、乐器、乐曲等内容。在歌、舞与俳优方面,留下了唐代历朝著名歌者和乐器演奏手的事迹,以及舞蹈、技、百戏的有关史料。如记载唐时舞蹈有建舞、软舞、花舞、字舞、马舞之别,健舞曲有《稜大》《阿连》《柘枝》《剑器》《胡旋》《胡腾》,软舞曲有《凉州》《绿腰》《苏香》《屈柘》《团圆旋》《甘州》等。其注云:"字舞以舞人亚身于地,布成字也。舞着绿衣,偃身合成花宇也。马舞者,栊马人著彩衣执鞭于床上舞蹀躞，蹄皆应节奏也。开元中，有孙大娘善舞《剑》，僧怀素见之，草书遂长，盖准其顿挫也。”可见当时各种舞蹈之大略。此于《教坊记》之后，可补其记载之不足。但书中也有芜驳不伦之处。

四、关于“棋艺”运动的古代历史记载

（一）《仙人篇》记载

曹植在《仙人篇》记载，仙人们把揽着黑白各六枚棋子，在悠闲地对博。女神湘娥抚弄着琴瑟，秦穆公之女秦娥吹着笙竽。仙境中，有美妙音乐、美酒珍肴相伴。

（二）《园林午梦》记载

（清）刘世珩辑《丝竹芙蓉亭 - 围棋闯局 - 钱塘梦 -园林午梦》。里面记载了与棋艺相关的内容。

（三）《招魂》记载

所谓“六博”，本作“六簙”，是我国古代相对奕棋的一种。屈原在《招魂》云：“菎蔽象棋，有六簙兮。分曹并进，遒相近兮。成枭而牟，呼五白兮。”

五、关于“蹴鞠”运动的古代历史记载

（一）《别录》记载

刘向《别录》中记载，蹴鞠相传为黄帝时代所发明。

（二）《太平清话》记载

明代《太平清话》也有着类似的记载，文中说到：“踏鞠始于

轩后,军中练武之剧,以革为元囊,实以毛发。”意思大概是蹴鞠始于黄帝时代,最早用于军事训练,以皮革为表、内填毛发而成。

(三)《史记·扁鹊仓公列传》记载

有文献介绍,蹴鞠起源于春秋战国时期齐国的故都临淄。《史记·扁鹊仓公列传》是蹴鞠一词出现最早的记载。《史记·苏秦列传》和《战国策·齐策》中记载齐国首都临淄人的生活时都有着大约这样的记载“临淄之中七万户……甚富而实,其民无不吹竽、鼓瑟、击筑、弹琴、斗鸡、走犬、六博、蹋鞠者。”在当时的齐国都城临淄,蹴鞠已发展成一种在民间广为盛行的娱乐方式,不过具体的玩法尚不是特别清楚。

(四)《西京杂记》记载

《西京杂记》曰:“高祖窃因左右问,(刘太公)正以生平所好,皆屠贩少年,斗鸡蹴鞠以为欣,今皆无此,故不乐也。”后来据说刘邦在长安城东边新建一座新城,仿照原居住地的市井之像,并且重新开始“斗鸡、蹴鞠为欢”,刘太公这才开心起来。

(五)《汉书》记载

据《汉书》记载,汉武帝在宫中经常举行“鸡鞠之会”,即斗鸡、蹴鞠比赛。说明汉武帝不仅是蹴鞠运动的爱好者,而且汉朝的蹴鞠已经是非常流行了。

(六)《文献通考·乐考二十》记载

马端临所撰《文献通考·乐考二十》中曰:“蹴毬盖始于唐,植两修竹,高数丈,络网于上为门,以度毬。毬工分左右朋,以角胜负。”在唐朝,蹴鞠比赛的形式也有所发展,它已演化到由双方直接冲撞对抗改变为两队中间隔球门,双方远离各在一侧,在无身体接触情况下进行射门,以射进球门“数多者胜”。

（七）《蹴鞠图谱》记载

在《蹴鞠图谱》中记载，有品牌种类的足球商品有24个，古时称为健色名。在《蹴鞠谱》中记载的健色名有40种。当时手工业、商业的繁荣，也带来了民间会社的蓬勃发展，行话和隐语也随之流行，古时称为圆社锦语。明初时期《蹴鞠图谱》中圆社锦语有45个，到明朝中后期，在《蹴鞠谱》中圆社锦语有130个。说明蹴鞠文化在民间快速发展。同时，蹴鞠在宫廷中也十分受欢迎，《明宣宗行乐图》中，就有生动地表现出当时宫廷之中蹴鞠娱乐的情形。

六、关于“捶丸”运动的古代历史记载

（一）《丸经》记载

作为一个中文名词——捶丸，最早出现于元世祖至元十九年（1282）署名为“宁志斋”的人所撰写的《丸经》一书中。捶丸是类似现代高尔夫球的一项古代民间球类娱乐项目，经考，元代《丸经》初刻本已遗失，其撰述者宁志版本已不可考。元人杂剧《庆赏端阳》中记载：“你敢和我捶丸射柳比试武艺么？”

（二）《说文解字》记载

《说文解字》曰：“捶以杖击也“；所谓“杖”是指持也，从木；“丸”是指圆倾侧而转者。就是手持木棒来敲打圆形滚动的东西。作者许慎历经20余年于汉和斋永十二年（100年）写成，是我国第一部按部首编排的字典。这部书记录了古代社会、历史、文化等方面的内容，为我们博古通今提供借鉴。

（三）《说郛》记载

《说郛》选录汉魏至宋元的各类人物的笔记、诗话、文论。内容包罗万象，里面介绍了捶丸等体育内容，是历代私家编集大型丛书。陶宗仪在编成《说郛》后，不久因病去世。70年后，郁文博在陶宗仪原书基础上，重新编成。目前通行的《说郛》有几种版本。在历代版本中的《说郛》都收编了《丸经》。说明《丸经》中介绍的捶丸运动在当时的社会中，是比较流行的一个运动项目。

（四）《文渊阁书目》记载

杨士奇、马愉、曹鼎等人在正统六年（1441年）编撰的《文渊阁书目》中，收入了《丸经》的内容。明代早期，在三朝重臣杨士奇等人的努力下，明皇朝一片社会安定，经济繁荣，文化昌盛，人才辈出，画坛也十分活跃。其时，明宣宗朱瞻基在每年的岁首，均让百官休息十天，自己则和杨士奇等大学士赋诗唱和。由此可见，朱瞻基与杨士奇之间的君臣关系是何等的密切。

七、关于“投壶”运动的古代历史记载

（一）《左传》记载

投壶活动最早出现于《左传》的文字中。《左传·昭公十二年》载：“晋侯以齐侯宴，中行穆子相，投壶。”说明在公元前530年时，投壶活动已流行和开展。

（二）《投壶仪节》记载

宋朝古礼学家应镛认为，“壶，饮器也。其始必于燕饮之间，谋以乐宾，或病于不能射也，举席间之器以寓射节焉。制礼者因为之节文，此投壶之所由兴也”。明人汪禔《投壶仪节》曰：“投壶，

射礼之细也。燕而射，乐宾也。庭除之间，或不能弧矢之张也，故易之以投壶，是故投壶，射类也。”可见，投壶活动是由射礼发展而来的“细”事，特别是与射礼中的燕射有直接关系。

（三）《史记·滑稽列传》记载

自战国开始，投壶这一项目由礼节性侧重于游戏性。《史记·滑稽列传》记载，齐国大夫淳于髡在向齐威王进谏时说：“若乃州闾之会，男女杂坐，行酒稽留，六博、投壶，相引为曹，握手无罚，目眙不禁，前有堕珥，后有遗簪，髡窃乐此。”可见，齐国在聚会中，投壶是场合中举行的重要活动内容，参加的男女不限。它是当时民间一种比较普及的文体娱乐活动。

（四）《颜氏家训·杂艺》记载

魏晋时期，战乱频仍。下层民众温饱尚且不易，更不会有余力去游戏。因此，投壶项目是在上层社会中进行的一种娱乐游戏活动。这一时期的投壶活动，在其娱乐化进一步增强的同时，也逐渐地成为士人饮宴集会时不可或缺的助兴内容，并在技巧上有所发展。西晋末，王澄任荆州刺史，面对社会的动荡因素，毫无忧惧，日夜纵酒，投壶博戏。北朝时，高澄之子高孝珩、高孝瓘对投壶活动更是喜好有加。他们投壶时还特意在壶前加置一小屏障，以增加其游戏的难度。《颜氏家训·杂艺》曰：“投壶之礼，近世愈精。古者，实以小豆，为其矢之跃也。今则唯欲其骁，益多益喜，乃有倚竿、带剑、狼壶、豹尾、龙首之名。其尤妙者，有莲花骁。”

（五）《太平御览》卷七五三引《晋书》记载

投壶也是一些贵族妇女追崇与热爱的娱乐活动之一。李昉、李穆、李铉编撰的《太平御览》卷七五三引《晋书》中也记载了晋时的大富豪石崇有一宠妓，“善投壶，隔屏风投之”。

（六）《古今图书集成》卷七九七《投壶》记载

《古今图书集成》卷七九七《投壶》记载有南朝梁时无名氏诗“夜相思，投壶不停箭，忆欢作娇时。”描述在夜深人静的晚上，一妇人夜间用投壶打发时间，缓解相思的情景。

（七）《游南明山》与《全唐诗》记载

隋唐五代的投壶活动，仍主要见于宫中和文人士大夫。士大夫投壶，常伴以饮酒、赋诗。唐彦谦的《游南明山》《全唐诗》卷六七一曰：“阄令促传觞，投壶更联局。”就是指酒宴上的投壶。投壶也是宫廷人们消磨时光的娱乐游戏项目，王建的《宫词》，《全唐诗》卷三百二曰：“分朋闲坐赌樱桃，收却投壶玉腕劳。”就是诗人记载了宫中人员在闲暇时进行投壶活动。

（八）《薛眘惑》等诗歌记载

《薛眘惑》曰：“善投壶。背后投之，龙跃隼飞，百发百中，时推为绝艺。”“黄金每留客，投壶华馆静。”（高适：《钜鹿赠李少府》，《全唐诗》卷二一一）。宴席之上，馆舍之中，自然少不了投壶这一助兴的游艺活动。

（九）《五总志》记载

宋代吴炯的《五总志》曰：“司马温公昔在西都，每复被独乐园，动辄经月，诸老时过之，间亦投壶，负者必为泠淘。”这是对司马光从事投壶运动的描写，表达了他对该项目的喜爱程度。

（十）《投壶新格》记载

司马光的《投壶新格》卷一从维护统治者礼仪规范的角度出发，依据封建礼教对投壶进行了改革，借以巩固封建秩序。

（十一）《梦梁录·湖船》记载

吴自牧的《梦梁录·湖船》记载了杭州的湖船中有投壶、打弹、百艺等船。”周密的《武林旧事·西湖游幸》记载了西湖有“投壶、泥丸、舞拍、墩鞠、杂艺、散耍、风筝、杂剧、踏混木、杂扮、撮弄、胜花、鼓板、花弹、分茶、弄水、拨盆、吹弹、讴唱、息器、教水族水禽、水傀儡、瓷水道术、烟火、起轮、走线”等表演艺人。[①]可见，投壶项目娱乐普及程度较高。

（十二）《明宫杂咏·崇祯宫词》记载

明代的《明宫杂咏·崇祯宫词》有：“玉女投壶天一笑，有人画下谢银牌。”之句，注引《甲申小纪》曰：“十一年二月某日，上幸西苑，坐万春亭，宣后暨东西两宫至，投壶。贵妃胜，赉银牌四事。”这是宫廷女子投壶。

（十三）众多文献对投壶的记载

投壶运动在历史文献中的记载颇多。如朱权的《贯经》，李孝元的《投壶谱》一卷（刊于嘉靖年间，已亡佚）、无名氏《投壶谱》一卷，牟廷相的《礼记投壶算草》；汪禔撰（明）、李清照（宋）、王兰芳（明）、刘遵陆（明）的《观自得斋丛书》；汪禔、周履靖（明）的《投壶仪节·丸经》；（清）丁晏的《易林释文·投壶考原》；《艺经·投壶变》由（魏）邯郸淳编著。[②]

① 伍夏．“西湖”文化的历史发展及美学解读[D]．重庆大学，2014：13.
② 魏立帅．晚清汉学派礼学研究[D]．山东师范大学，2007：13.

八、关于“其他”运动的古代历史记载

（一）舞剑记载

唐代诗人杜甫作的七言古诗《观公孙大娘弟子舞剑器行》，诗序如散文诗，它说明目睹李十二娘舞姿，并闻其先师，触景生情，抚今思昔，记起童年观看公孙大娘之剑舞，赞叹其舞技高超，并以张旭见舞而书艺大有长进之故事点缀。此诗既有浏漓顿挫的气势节奏，又有豪宕感激的动人力量，而前半热闹欢娱场面的渲染与后半乐极哀来的感伤遥相映照，更增加了诗歌的抒情效果。

（二）跑跳投记载

黄石公的《六韬·犬韬》中的《练士》篇曰：“有逾高绝远、轻足善走者，聚为一卒，名曰寇兵之士。”洪应明的《菜根谭》中记载，立身不高一步立，如尘里振衣，泥中濯足，如何超远；处世不退一步处，如飞蛾投烛，羚羊触藩，如何安乐。[①]

（三）乘骑记载

《史记·孙子吴起列传》记载，齐使者如梁，孙膑以刑徒阴见，说齐使。齐使以为奇，窃载与之齐。齐将田忌善而客待之。忌数与齐诸公子驰逐重射。孙子见其马足不甚相远，马有上、中、下辈。于是孙子谓田忌曰：“君弟重射，臣能令君胜。”田忌信然之，与王及诸公子逐射千金。及临质，孙子曰：“今以君之下驷与彼上驷，取君上驷与彼中驷，取君中驷与彼下驷。”既驰三辈毕，而田忌一不胜而再胜，卒得王千金。于是忌进孙子于威王，威王问兵法，遂以为师。[②]

---

① 胡红艳．论明中后期士人的世俗化倾向——从《万历野获编》切入的社会史考察[D]．湖北大学，2002：13.

② 廖群．先秦两汉文学考古综论[D]．华中师范大学，2004：12.

《诗经》云："古公亶父，来朝走马，率西水浒。"足以说明周人在古公亶父之时已掌握骑术。春秋战国之际，诸国争霸，与戎狄作战时产生了骑兵。战争的需要催生了大批善骑的士卒，也产生了赛马。文献中记载的赛马，类似现代的竞速赛马，先民们通过岩画向现代人描绘了赛马的盛况。

（四）杂技记载

我国戏法历史悠久，据汉张衡《西京赋》中记载："跳丸剑之挥霍，走索上而相逢"，形象描写了跳丸剑、走绳索的场景。还有对百戏的描写以及吞刀、吐火、画地成川等节目。它为我们研究古代体育文化提供着重要的线索。

第三节 丝绸之路体育遗存文字记载——近现代篇

一、丝绸之路体育遗存相关的著作

（一）《体育原理》——吴蕴瑞、袁敦礼

此书于1935年由勤奋书局出版，这是中国第一部系统地论述《体育原理》的著作，该书的价值是，为今人提供了理性批判精神和求真务实风格的良好典范，并用实证例证说明；指出该书在知行关系、原理提炼、目标设定等方面的不足与欠缺。[①]

（二）《初级体育教练法》——戴昌凤

1935年出版，为本专著提供了许多的借鉴和参考。

① 张洪潭.中国第一部《体育原理》著作的当代价值论[J].体育与科学，2007(3)：13.

（三）《丝绸之路体育图录（全彩版）》——李金梅、李重申

此书于2008年4月由甘肃教育出版社出版，全书从文物的产生演变入手，来阐释文物的价值和意义。从对体育图像的分析中，来激发人们对体育的认识和对生命的敬畏、对健康的追求。丝绸之路所体现的中国人的追寻和智慧，必将对人类体育文明做出应有的贡献。该书在内容上描写了丝绸之路的原始体育中的石球、岩画、彩陶等内容；与丝绸之路竞技体育相关的狩猎与射箭、角抵与百戏、举鼎与拓关、蹴鞠与击鞠、竞走与长跑、嬉水与跳水、尚武与健美等内容；此外，从博弈、武术、军事体育与武术、民间的社火拳等方面描写了六博、樗蒲、波罗塞戏与双陆、围棋、壁画、砖画、汉简、剑术等内容；最后，该书从丝绸之路古代游戏与休闲的方面描写了投壶、骑竹马、风筝、秋千、滑沙、拔河、印沙、击壤、踏舞、踏青、登高、舞狮、藏钩、斗鸡、竞渡、冰嬉等内容。

（四）《丝绸之路甘肃段体育调查》——范宏伟、刘晚玲

此书于2017年9月由北京体育大学出版社出版，全书从四个方面进行论述，其中第一部分是课题总论，从理论层面对我国体育体制改革的实质进行剖析，提纲挈领，为实践研究奠定基础。第二部分是综合篇，系统阐述甘肃省县级体育机构撤并前后体育发展的现状。第三部分是专题篇，主要从环境、指标、法制、场地、产业、评价、策略等方面深入研究，提炼特点，总结规律。如环境篇中阐述了“甘肃省体育现代化发展的外部环境分析”问题；指标篇中阐述了“甘肃省体育指标及设计的原则”问题；场地篇中分析了“甘肃省体育场地设施建设评价”问题等。第四部分是附录。该书类似于一本学术分析报告，从各个角度分析了丝绸之路甘肃段体育的现状和未来发展情况，为丝路体育的遗存与遗存的传承和保护提供了借鉴。

（五）《丝绸之路岁时节日民俗体育图录》——李小唐、林春、李重申

此书于 2017 年 7 月由甘肃教育出版社出版。全书从民俗角度探究了丝路上民俗的体育遗存与民俗。“岁时”始于上古时期，直至秦、汉前期仍然传承着自然时序。[①] 丝绸之路岁时节日与民间体育丰富多彩，百戏、踩高跷、竹马、陀螺、博弈、藏钩、投壶在前言“元日”节庆时的表现形式；燃灯、赛社、走百病与走桥、傩舞、跳百索、捉迷藏等在“上元”节庆时的表现形式；游宴、曲江流觞、斗草、斗花、印沙、弹弓、踏歌、乐舞、斗歌在“中和节”时的表现形式；踏青、秋千、风筝、拔河、击壤、斗禽、抛球、踢毽子、蹴鞠、马球、步打球、捶丸、射术在“清明”节庆时的表现形式；射柳、滑沙、斗百草、招花、射粉团等在“端午”节庆时的表现形式；武术、网鹰、赏月、垂钓、斗蟋蟀等在“七夕”与“中秋”节庆时的表现形式；登高、赏菊、养生在“重阳节”节庆时的表现形式。对了解丝绸之路上的民间体育具有重要价值。

（六）《丝绸之路体育文化论集》——兰州理工大学丝绸之路文物研究所

此书于 2005 年 10 月由中华书局出版，全书不仅记录了各民族、各阶层的物质生活与精神文化的景象，而且还提供了大量与体育相关的立体图像和文献资料。记载中国古代文明丰富珍贵的遗迹与文物在我国的中原和东南文化发达地区，由于气候潮湿等原因，保存无几。而西北地区气候干燥，留存了不少了丝绸之路之外很难见到的汉唐、宋元时期的体育图像和文献，为体育史的研究提供了不可多得的素材。该书通过对丝绸之路所留存的各种古文献、遗迹的发掘、整理、研究、分析，兰州理工大学丝路文

① 李小惠，李小唐．丝绸之路岁时节日与民俗体育研究 [C].2014 第二届海峡两岸体育运动史学术研讨会论文集，2014：23.

史研究所的研究者们为我们描绘了丝路文化中体育发展的历史轮廓，根据历史上这一地区的体育发展的实况进而推究古代体育文化的实质。此书对敦煌洞窟的不可移动和可移动文物的研究来追溯、分析蹴鞠、围棋、角抵、相扑、养生、马球等体育活动。视点清新、文化价值较高。

（七）《从长安到雅典：丝绸之路古代体育文化》——孙麒麟、毛丽娟、李重申

此书于2017年1月由甘肃教育出版社出版。书中从历史的实践中探寻丝绸之路体育文化，并试图构建一本“纸上体育博物馆”，以展现丝路沿线不同地区、不同时代的体育遗存，以及作者对体育文化的诠释。《从长安到雅典：丝绸之路古代体育文化》文物图片丰富，是一部图文并茂、可供读者鉴赏的作品，也为读者认识丝绸之路体育文化，了解东西方体育文化打开了一扇新的大门。该书介绍了丝绸之路的来历，长安与雅典、罗马的文明，长安的“赛社”与雅典的“赛会”，长安与雅典教育的比较，狩猎的“冲突”、模仿，游戏与体育的发生、神话与体育的产生，丝绸之路古代体育的共性特点，长安至雅典、罗马的共性体育符号——岩画、陶器、舞蹈、武艺、古战场，丝绸之路上的东西方古代游戏，丝绸之路中西游戏文化的异同，中国、中亚、印度、埃及、波斯、美索不达米亚、古希腊、古罗马等地区的古代体育运动，及奥林匹克体育文化与中华传统文化的交融，东西方不同的身体观，中华体育文化与奥林匹克体育文化的冲突和融合等内容。可以说，该书全面地反映了丝绸之路或一带一路沿线地区及国家文化与体育运动相融合、相发展的著作。

（八）《丝绸之路体育文化论集》——路志峻、田桂菊、李小惠

此书于2008年5月由甘肃教育出版社出版。我国古代体育文化是优秀灿烂的传统文化的重要组成部分，是历史悠久、传承

有序、特色鲜明、自成体系、影响深远的华夏文明里一颗璀璨的明珠。这颗宝珠，凝聚着中华各族人民的勤奋与智慧，也闪耀着中外文化交融的光芒。尤其在汉唐时代，在闻名世界的丝绸之路的形成与畅通时期，丝路作为经贸来往、文化交流的通衢与纽带，体育文化的发达，成为长安、洛阳、凉州、敦煌等国际大都会繁盛的重要标志。丝路上遗存至今的大量的体育文物（包括敦煌壁画）和古籍（包括汉晋简牍、唐五代写卷）中的相关文字，既是记载这一繁盛景象的弥足珍贵的信物，又是反映体育文化交流的生动形象的见证。我们研究丝绸之路的古代体育文化，当然并非仅仅是为了发思古之幽情，而是要遵循古为今用的原则，继承与发扬优秀的文化遗产，为推动今天的体育工作的发展创新奠定深厚坚实的文化基础，为建设文明和谐社会提供宝贵的借鉴。

（九）《新疆岩画》——苏北海

此书于 1994 年 11 月由新疆美术摄影出版社出版。新疆的岩画主要分布在天山、昆仑山、阿尔泰山、塔里木盆地、准噶尔盆地。那里自然环境优美，牧草丰盛，是古人狩猎、放牧和生产劳动的地方。新疆岩画是人们生产劳动和社会生活的情景再现。是历史发展的真实记录与写照。

（十）《丝绸之路岩画艺术》—— 周菁葆

此书于 1993 年 6 月由新疆人民出版社出版，内容包括：新疆的天山、哈密、拜城、呼图壁、阿尔泰、昌吉等地岩画以及宁夏、内蒙古以及海上丝绸之路岩画。

（十一）《丝绸之路．新疆古代文化》——祁小山、王博

此书于 2008 年 4 月由新疆人民出版社出版，是许多中外学者和旅游者都很关注的丝绸之路新疆段的历史风貌及考古研究成果。该画册以丝绸之路新疆段的三条路线为脉络，刊用了 1360

余幅古画、古籍、精品文物的图片，用中、英、日三中文字对照，讲述了新疆古代多元文化发展的轨迹。同时收录了8篇专论，从多种角度阐明了丝绸之路新疆段的古代文化现象。本画册还介绍了重要的、具有新疆民族特色的城市旅游景点，使读者从中了解新疆，认识新疆。

（十二）《丝绸之路上的考古：宗教与历史》——罗丰

此书于2011年8月由文物出版社出版。书中收入了《“寄田”与“仰谷”——试论西汉时期塔里木盆地绿洲的农业开发方式和农产品贸易》《史诃耽与隋末唐初政治——固原出土史诃耽墓志研究之一》《安禄山服散考》等论文。其中书中提到的“中国先秦时期墓葬中的铜鍑埋藏研究”“汉式铜镜在中亚的发现与汉代丝绸之路”“来华胡人石质葬具的发现与研究”“敦煌莫高窟北区出土回鹘文文献及其学术价值”“蒙古国境内突厥遗迹的调查”“略论宋代的‘胡人’与‘胡俑’”等部分内容涉及与丝路体育相关的内容，对本专著具有一定参考价值。

（十三）《中国岩画考察》——宋耀良

此书于2015年5月由上海人民出版社出版。作者在亲身实地科考的基础上分析了我国北部、西部、南部岩画系统。其中，北部岩画的图像符式又可分为动物、狩猎、放牧及人面形四大类，其时代大多在新石器时代中晚期。南部岩画的主要图像符式是一种呈蛙状蹲立的人，多用天然红色颜料在石壁或洞穴中彩绘而成，其年代距今约三千年至两千年之间。西部岩画的符式系统较复杂，主要图像是近似中亚的动物与狩猎岩画。多磨刻和彩绘，以硬器磨刻镌凿为多，此外，作者在书中描述了狼山岩画的神秘石岩画，连云港的“羿射十日”岩画，闽南地区的从石祖（芝）岩画，贺兰山的女阴三角符号岩画，白岔河的野猪图腾岩画，狼山的乌盖喇嘛庙的面具舞岩画，青海湖畔的猎野牛岩画，嘉峪关外的狩猎岩画，阴山南北的麓岩画，乌兰察布草原的岩画内容。将考古研究、纪实、随想融汇于一体全面地对中国境内岩画进行记录和科考的心得与发现。

（十四）《中国岩画全集》——《中国美术分类全集》编委会

此书于2007年10月由辽宁美术出版社出版。全书每本分成3个部分，第一册为专论，第二册为彩色图版，第三册为图版说明。专论部分从文字的角度全面地介绍了中国岩画的发现、考察以及分布等；图版说明部分是运用文字手段对彩色图版部分的每张图片予以具体说明，内容丰富，资料翔实，考证科学准确。

其中，西部岩画卷（一）及北部岩画卷中描绘了丝路沿线的岩画，这些岩画对于了解宁夏、甘肃、青海、内蒙古等地区先民对体育运动的理解和以体育为代表的生产活动有更好的理解。

（十五）《原始体育形态岩画》——崔凤祥、崔星等

此书于2010年9月由人民体育出版社出版。岩画也有人称之为“石书”“石刻艺术”“敲凿艺术”“岩石的报章”“涂抹画”等。在古代叫“天书”“石坼”“石开”，意思是石头裂开，古人认为这是神意使石头裂开。岩画从它诞生之日起就与人们的生存环境、社会生活、劳动生产、意识形态、信仰紧密联系在一起，积淀蕴蓄着先民的情感、心态和观念。“石不能言最可人”，无论外国或中国，都有这样一个岩画时期。只是由于地域、民族、进化快慢的不同以及心理素质和文化特征的不同，因而出现了不同的制作方法和延续时限等差异。

在我国960万平方公里的土地上，已有20个省市自治区（包括港、澳、台地区）、160多个县（市、旗）发现了古代岩画，其中80%以上的岩画分布在北方边疆民族地区或历史上曾是多民族聚居区。

（十六）《中国石窟·克孜尔石窟（第一卷）》——新疆文物管理委员会、拜城县克孜尔千佛洞文物保管所、北京大学考古系等

此书于1989年12月由文物出版社出版。在该书中作者记录了新疆维吾尔自治区拜城县的克孜尔石窟里的部分石雕岩画。克孜尔石窟号称有二百三十六窟。克孜尔石窟岩画、壁画，既有汉文化的影响，也有对外来文化艺术有选择的巧妙接受，更是古龟兹画师非凡的智慧。[①] 他们用粗犷有力的线条，一笔勾画出雄健壮实的骨胳，用赭的色彩，烘染出光润的肌肤，轻轻一笔画出布置均匀的衣褶，又借助一条飘曳的长带，表现出凌空飞舞自由翱翔的意境，使人一看到那些“飞天”，便有“天衣飞扬，满壁风动”之感。[②]

（十七）《丝绸之路岩画研究》——盖山林

此书于2010年12月由新疆人民出版社出版。全书以图文并茂的形式介绍了丝绸之路上中国、蒙古、中亚、西伯利亚地区的岩画，并深入探究了这种文化现象及其发展变化。

（十八）《曼德拉山岩画集》——王雅生

此书于2003年12月由甘肃人民出版社出版。2003年对曼德拉山的岩画进行普查时，登记在册的岩画达4 234幅。曼德拉山的岩画在时代上可分为五个时期，即新石器时代、青铜时代、北朝至唐代、西夏、元明清时期。

（十九）《中国文化知识读本：中国岩画》——孙凌晨、金开诚

此书于2010年1月由吉林出版集团有限责任公司出版，该

① 林舜仪．浅析新疆克孜尔石窟壁画对新疆油画的影响[J]．艺术科技，2014，27(3)：174.

② 云帆．克孜尔千佛洞大揭秘（下）[J]．环境，2002（11）：32.

书以优美生动的文字、简明通俗的语言、图文并茂的形式，把中国文化中的物质文化、制度文化、行为文化、精神文化等知识要点全面展示给读者。点点滴滴的文化知识仿佛颗颗繁星，组成了灿烂辉煌的中国文化的天穹。

（二十）《丝路画语》——程旭

此书于2016年6月由陕西人民出版社出版。书中主要介绍了唐墓壁画与传统文化的渊源，墓壁画中所包含的壁画有皇家礼仪、生产生活、友好往来、礼仪习俗、艺术及星象等内容；其中在生产生活、礼仪习俗等部分都有与之相关的体育类壁画呈现。其中的元素包括了胡人、胡物、胡服胡饰、胡食胡饮、竞技娱乐、胡乐胡舞等元素内容。通过此书，我们可以了解到盛唐时期壁画所绘的壁画以及这些壁画中所涉及的体育内容的壁画，给我们留下了珍贵的体育遗产。

（二十一）《丝路之魂》——成都博物馆

此书于2017年1月由四川人民出版社出版。在古丝绸之路沿线的新疆、甘肃是一颗颗璀璨的明珠，纵然岁月减褪了壁画与雕塑的色彩，但凝聚的艺术之魂，千百年来依然鲜活灵动。书中详细描述了以莫高窟为代表的敦煌石窟以及龟兹石窟中的众多壁画、彩塑等非物质文化遗产，其中龟兹式的中心柱窟、大像窟、菱格构图壁画这些具有鲜明地域特色的壁画给人留下了深刻的印象。此外，这本书描写了地处河西走廊东端，南连巴蜀的麦积山石窟中的北朝洞窟、彩塑和壁画。由于我国南北朝时期处于长期的战事混乱，因此能留下的遗产遗物屈指可数，这本书填补了该段时期的空白。通过该书的描述使我们对丝路上的这些壁画遗产有了更深刻的、更全面的认识，彰显了中华文明的开放和自信。

(二十二)《丝绸之路西域文献史料辑要》——杨镰

此书于2016年3月由新疆美术摄影出版社出版。这套丛书共260卷,搜集整理国内外民国前关于西域的文献史料。民国前的丝绸之路经济呈现出少有的繁华景象,对当时中国的经济起着举足轻重的作用。但是到了唐宋以后,随着世界经济格局的变化,古丝绸之路的繁荣渐为陈迹,众多的城邦消失了,昔日的繁荣不见了,但以丝路文明为代表的多元一体的文化,随着岁月的流逝,时间的沉淀,越发显示出其厚重与珍贵。第一部对历史上与西域有关的典籍进行整理、梳理、保护。其内容涉及政治、经济、军事、边防、民族、文化、风俗、物产、外事、地理、地貌等诸多方面。[①]第二部民国文献史料部,内容包括对这一时期的政治、经济、文化的论述、报告、研究、纪游等史料著作。第三部稀见档案史料部,通过搜集整理档案馆、博物馆、图书馆等馆藏的有关丝绸之路的珍贵档案资料整理编辑而成,内容包括考古、历史、文化、经济等各方面的历史资料。通过对历史档案的挖掘、整理、研究,比较全面地反映出丝绸之路的重要历史意义。例如,关于历代中央王朝对天山南北各地的军政管辖和治理措施、汉唐时期新疆地区的民族分布和演变、新疆和中亚的关系、新疆各民族历史活动对中国文明进程的贡献、中国历朝在新疆的屯田戍边及政治影响、民国时期新疆的政治和经济,以及历史人物评价等,为新疆地方史的深入研究打下了基础。在维护国家统一和民族团结、为党和政府提供科学咨询和智力支持,以及对各族干部群众进行爱国主义教育方面发挥了积极作用。

(二十三)《丝绸之唐风吹拂撒马尔罕》——康马泰

此书于2016年11月由漓江出版社出版。全书分为四卷。本书对撒马尔罕大使厅壁画中考证出关于唐高宗、武则天以及佛

① 顾红艳.《西域图志》中察合台语地名研究[D].新疆大学,2006:12.

教内容所做的分析研究，为揭示整个壁画主题以及更多相关领域的研究提供了珍贵的资料和思路。全书立论新颖，所配插图皆为最新的考古成果。《唐风吹拂撒马尔罕：粟特艺术与中国、波斯、印度、拜占庭》为“丝路译丛”的一种。1999 年到 2007 年间，联合国考古队在中亚五国和印度北部“玄奘之路”上收获重大发掘成果：数百尊佛造像，两万平米壁画，足以再造一个敦煌；同样的八年，中国北方陆续出土中亚来华粟特人在北朝的墓葬文物，其数量与精美度百年不遇，且和“玄奘之路”海外成果遥相呼应；近年丝绸之路国际会议上，欧亚各国学者纷纷把上述两批文物糅合分析，取得里程碑式的学术突破。这些在中亚、印度、巴基斯坦、阿富汗等国的重要考古发现，对于丝绸之路历史和文明的研究具有突破性的学术价值。①

（二十四）《丝路·思路》——王赞

此书于 2015 年 9 月由河北美术出版社出版，从当代国际化的视角对古典壁画艺术的保护、修复、研究、文化传承等方面进行卓有成效的沟通和交流，并对古代壁画艺术的风格、流派、历史演变以及文化价值进行了深入的探讨。

（二十五）《丝路瑰宝——敦煌艺术摘要》——常州博物馆

此书于 2015 年 8 月由故宫出版社出版。全书介绍了莫高窟的原大复制洞窟、画临摹品、彩塑临品、藏经洞文献、模制花砖，全面系统地介绍了敦煌艺术的情况。

（二十六）《丝路遗珍·敦煌壁画精品集》——许俊

此书于 2018 年 6 月由江西美术出版社出版。本书内容涵盖了佛传故事画、本生故事画、经变画，朝代历史跨越一千多年。壁画集中表现了中国古代工业、农业、商贸、驮运、民俗、艺术等各历

① 李静杰．巴林左旗出土辽代青铜佛板图像分析[J]．敦煌研究，2016（6）：71．

史阶段的特点和变迁。从艺术角度看，这些壁画有人物、动物、花卉、山水、图案、建筑、乐器、舞蹈、服装、饰品、人物发髻等，画面内容特别丰富。从全新的角度来观察敦煌莫高窟壁画，以现在保存相对完整的壁画为图示形象文本，从视觉形象的本源出发，进行细致深入的研究和呈现。

(二十七)《中国传统体育》——冯国超

此书于2007年4月由首都师范大学出版社出版。全书介绍了中国古代的60多种体育运动。对于其中的每一种运动，《中国传统体育》都从其起源、历史演变、人文影响、趣闻轶事等角度加以完整的介绍和全面的阐释，力图做到脉络清晰、准确客观，同时又充满趣味性和可读性。而且，《中国传统体育》对每一种运动，都用丰富的历史资料和精美的图片来加以说明，即使读者对每一种运动的内容、特点一目了然，同时亦可证明它们在中国历史上传承有自，言之非虚。

(二十八)《丝绸之路体育图录》——李金梅、李重申

此书于2008年4月由甘肃教育出版社出版。全书内容包括：丝绸之路的原始体育、竞技体育、博弈、传统武术、古代游戏与休闲以及养生术等。

(二十九)《敦煌体育研究》——陈康

此书于2012年1月由中国社会科学出版社出版。敦煌体育是指在敦煌莫高窟及其周边地区考古发现的可移动和不可移动的体育遗存，它包括相扑、剑术、角斗、射术、武舞、围棋、气功、体育场地与器械、规则等方面的内容，兼及敦煌史地中的体育内容。[①] 深入研究敦煌体育，无疑将为灿烂而不完整的中国体育史

① 念贵，黄文武.敦煌体育文化当代社会责任延存研究[J].当代体育科技，2017(1)：185.

提供极富价值的新材料。《敦煌体育研究》旨在展示中国古代体育的社会职能及其文化价值，并对敦煌体育的研究方法和理论做深入的探讨，以此来弘扬我国的传统体育。

（三十）《图说中国古代体育》——崔乐泉

此书于2007年2月由世界图书出版公司出版。崔乐泉对中国古代体育活动通过对古人的体育生活方式进行生动、活泼的描述，使人们加深对古人体育生活方式的了解。使读者能够通过阅读《图说中国古代体育》，对中国古代体育文化有一个初步的了解，并能从古人的体育娱乐和竞技生活中吸取到有益的智慧和营养。

（三十一）《中国墓室壁画全集－隋唐五代》——编委会

此书于2011年8月由河北教育出版社出版。墓室壁画一般绘于墓室的四壁、顶部以及墓道、甬道两侧。内容多是反映古者生前活动、百物、传说、故事、礼仪、建筑、服饰等。具有鲜明的艺术特点。古代墓室壁画不仅具有较高的艺术价值，而且为研究古代社会生活及礼仪制度、民俗信仰观念等提供了丰富的形象史料。本卷选入的资料基本涵盖了隋唐五代重要的墓室壁画作品，较系统地反映该时期墓室壁画的发展面貌和艺术成就。①

（三十二）《中国旅游文化》—— 杨妮

此书于2011年12月由西安交通大学出版社出版。该书是高职高专院校旅游类专业的基础课之一，全书共有九章，主要由自然文化景观、历史文化景观、社会生活文化景观、文学艺术景观、非物质文化遗产五个文化专题组成，内容主要包括中国旅游名胜山水文化、中国旅游建筑文化、中国旅游园林文化、中国茶文

① 李林.2011年美术考古发现与研究综述[J].洛阳师范学院学报，2013，32(4)：57.

化、中国酒文化、中国烹饪文化、中国聚落文化、中国旅游文学艺术、非物质文化遗产等。本书内容丰富，体例新颖，为方便读者学习，每章前都列有学习要点，各章后都有与章节内容相结合的思考题。

（三十三）《保护非物质文化遗产公约》——中国民族民间文化保护工程国家中心编

此书于2005年5月由文化艺术出版社出版。保护非物质文化遗产公约分三章。第一章总则。内容包括：本公约的宗旨，定义，与其他国际文书的关系。第二章公约的有关机关。内容包括：缔约国大会，政府间保护非物质文化遗产委员会，委员会委员国的选举和任期。委员会的职能，委员会的工作方法，第九条：咨询组织的认命，秘书处。第三章国家一级保护非物质文化遗产。内容包括，缔约国的作用，清单，其他保护措施。[①]

（三十四）《中国非物质文化遗产普查手册》——中国艺术研究院·中国非物质文化遗产保护中心编

此书于2007年1月由文化艺术出版社出版。《中国非物质文化遗产普查手册》是《中国民族民间文化保护工程普查工作手册》的修订版。全书介绍了中国非物质文化遗产普查工作。内容包括：（1）中国非物质文化遗产保护工作。（2）非物质文化遗产的普查。内容包括：非物质文化遗产分类代码，非物质文化遗产调查提纲，民间美术、民间音乐、民间舞蹈、戏曲、曲艺、民间杂技、民间手工技艺、生产商贸习俗、消费习俗、人生礼俗、岁时节令、民间信仰、民间知识、游艺、传统体育与竞技、传统医药调查提纲。（3）国家级非物质文化遗产代表作申报书参考范本。（4）各类文

① 张雪莲．“合理性”标准：《经济、社会和文化权利国际公约任择议定书》第8(4)条述评[J]．西部法学评论，2016(3)：123.

件、通知、公约、名录等。[①]

（三十五）走向系统综合的新学科——李梁美

此书于2012年6月由上海社会科学院出版社出版。新学科作为世界科学技术发展的理论成果，有它特殊的意义和作用，一方面它是科学技术发展的产物，体现了新时代的特征；另一方面又为新的科学产生、发展形成提供新的思路和科学手段。现在，新学科当务之急是要在新时代的条件下，结合中国实际，研究和创建中国特色、中国气派、中国风格的新学科及其理论体系。这项任务繁重、艰巨、意义重大，需要做许多工作，需要几年、几十年，甚至几代人的努力，才能获得更大成就。

（三十六）《中国民族民间文化保护工程普查工作手册》——中国艺术研究院中国民族民间文化保护工程国家中心社

此手册于2005年5月刊发。将联合国教科文组织对非遗的5项分类扩大为16个大类，即民族语言、民间文学、民间美术、民间音乐、民间舞蹈、戏曲、曲艺、民间杂技、民间手工技艺、生产商贸习俗、消费习俗、人生礼俗、岁时节令、民间信仰、民间知识及游艺、传统体育与竞技等。[②]其下又划分出亚类，同时，还制定了标准规范的分类代码，有力地指导着我国非遗的保护和管理工作。

二、丝绸之路体育遗存相关的论文

丝绸之路体育遗存相关的论文涉及了古代不可移动及可移动文物研究和现代与丝路体育关联的科研成果。它为本书的研究提供了有力的材料支撑（表2-3）。

① 中国中医药信息杂志．卫生部禁止以野生动植物及其产品为原料生产保健食品[J]. 中国中医药信息杂志，2001，13（5）：63.

② 周耀林，王咏梅，戴旸．论我国非物质文化遗产分类方法的重构[J]. 江汉学术，2012（2）：30.

表 2-3　丝绸之路体育遗存相关的论文一览表

序号	论文题目	作者	核心内容	涉及关键词及体育项目
1	岩画上的原始舞蹈——新疆古代原始体育形态解析	张新辉、赵凤霞、朱梅新	通过对新疆古代原始舞蹈类岩画进行考察，解读其所表现的思想内涵和艺术风格，再现古人在草原游牧生活中的精神世界和物质世界。考证体育文化的起源。	舞蹈
2	西夏民族体育诹谈—以《文海》《同音》所反映的西夏文体项目为中心	肖屏、余军	对西夏体育重新认识，查检其文体内容的词条，厘清西夏体育项目的内容，西夏体验是融看家护院的团队操练与休闲娱乐的强身健体为一体之功效。	赛马、射箭、舞蹈、围棋、相扑、象棋、蹴鞠、泛舟
3	丝绸之路体育考古研究	李小唐	集体育考古学、历史学、层位学、类型学、图像学、文化人类学等理念，对丝绸之路的历史文献记载、可移动文物和不可移动文物进行挖掘、归类、整理。以期为人们的研究提供珍贵的历史资料。	体育考古体育遗物；体育遗迹
4	创建体育考古学学科体系的理论思考	崔乐泉	古代体育文化可视为一个系统。利用考古学原理，以获得的历史文献为佐证，分析其精神、物质、制度的形态，将形态发展、变迁的过程加以理论阐述，丰富学科体系的理论构建及应用前景。	球类、捶丸(高尔夫)、蹴鞠、拳术 竞技、舞蹈、武术、保健养生
5	敦煌魏晋古墓体育画像砖研究	路志峻、李金梅	本文依甘肃境内的魏晋古墓出土的画像砖为研究对象，从不同的画像砖图案中，分析体育项目的形态、内容级功能。给人们了解当时的体育文化形态提供参考。	狩猎、百戏、骑射、乐舞、游戏等图案
6	丝绸之路汉代体育简牍研究	李重申、李小惠	丝绸之路出土的简牍是当时经济、政治、军事、社会发展等方面的真实写照，它记录了特定历史时期的体育项目内容，应用考古学、历史学、体育学等方法，进行梳理、挖掘、考证，人们从不同侧面了解当时的社会发展情况提供参考依据。	走、跑、跳、刀、剑、射箭等竞技运动和增强体质内容

续表

序号	论文题目	作者	核心内容	涉及关键词及体育项目
7	敦煌壁画中的藏族体育与唐蕃体育交往初探	丁玲辉、纪小红	本文探讨了敦煌莫高窟壁画与藏族体育文化千丝万缕的联系，通过提取敦煌莫高窟体育壁画体育藏族体育的共性部分，使人们了解到，我国各民族很早就有频繁的交流，相互的借鉴。这是祖国大一统背景之下的大杂居，小集聚特征。体育文化是中华民族共同的宝贵财富。	各朝代与藏族相关的壁画
8	丝绸南路青海段体育文化的内涵与特征	方协邦、李芬兰	青海是古丝绸的沿线，各族人民在高原上繁衍生息，创造了丰富多彩的体育项目，这些项目是生产生活内涵和特征的再现。	高原特色体育文化类型
9	浅析丝绸之路唐代体育文化	杨飞、赵迎山	丝绸之路是连接世界的桥梁，在这个商队密集、使团过往、民族迁徙的大通道中，通过人流互动与沟通交流，给当地的政治、经济、文化带来了变化，形成了互通有无和取长补短的新格局。揭示丝绸之路文化的形成机制，加强了人们的团结，加快了社会的繁荣，促进了体育的发展。	丝绸之路、唐代、体育文化
10	浅析丝绸之路体育对唐代马球运动的影响	罗普云、罗普磷	以文献资料为依据，运用唯物主义观点，解读唐代马球运动在当时的历史发展中呈现的景象。这种状态表明丝绸之路体育与唐代马球运动的发展与社会环境、人文环境密切相关。	马球
11	唐代的马球运动	黄英	本文论述了唐代马球运动的历史记载，场地器材的改革、民众竞赛与发展、军队骑马操练以及马球技法的改进都进入了一个鼎盛时期。它是皇宫和达官贵人门喜爱的娱乐活动。马球的繁荣昌盛，也是唐代政治、经济、文化发达的体现。它在中国体育历史发展中具有重要地位。	马球

续表

序号	论文题目	作者	核心内容	涉及关键词及体育项目
12	浅议唐代丝绸之路主要体育活动及文化特征	李金梅、薛廷利	唐代是我国历史上社会发展的繁荣时期，丝绸之路通道对其政治、经济、文化产生了巨大的影响，广纳百川的世风，多民族的友好往来，给体育休闲奠定了坚实的群众基础，使体育资源油然而生并发扬光大。	不可移动文物
13	丝绸之路陇右文化与唐代长安体育的繁荣	许万林、曾玉华	陇右指甘肃、宁夏、青海、新疆部分地区，它是丝路沿线。在丝绸之路的交往与联系中相互交流、相互影响、相互促进，形成了丰富多彩的体育精神、物质、制度文化形态。它对社会经济繁荣、体育发展具有重要作用。	体育
14	丝绸之路上的粟特人对唐代长安体育文化的影响	曾玉华、许万林	粟特人是伊朗语族的古老民族，是今天塔吉克族人和乌孜别克族人的祖先。粟特人在长安与各族人们在物质的交往中，带来了不一样的精神财富，通过相互交流推动了体育文化的发展。	杂技、马戏、乐舞
15	丝绸之路原始体育形态与意蕴考析	李彤	本文用考古学和历史学的理念试图对丝绸之路沿线的甘肃、青海、宁夏、新疆部分地区的体育岩画进行了研究。体育岩画使人们生产生活的再现，一个个清晰脉络的造型艺术，表达了当时人们的喜怒哀乐的心情和劳动的场面。它为我们了解古人的生活轨迹、精神世界以及活动内容提供参考借鉴。	岩画上的狩猎、习武、射箭、百戏、舞蹈
16	丝绸之路体育文物掠影	谷丙失	用历史学和考古学方法，对丝绸之路沿线的西安、宝鸡、酒泉、吐鲁番、塔什库尔干等地的体育文物进行调查，文物类型涉及遗址、岩画、壁画以及可移动文物。这些沉积的体育遗存，是中华民族灿烂文化的瑰宝。	弓箭、石球、骑射俑、马球图、摔跤、骑马、射箭、比武、百戏、顶竿、弄丸、技巧

续表

序号	论文题目	作者	核心内容	涉及关键词及体育项目
17	汉代丝绸之路上体育文化的传播与交流	刘向阳、肖存峰	本文阐述了丝绸之路古道体育文化的文字记载,自张骞出使西域后,道路逐渐被打开通,政治、经济发生了变化,体育与艺术等伴随驼铃声进入中原。	骑马、射箭、摔跤
18	魏晋墓葬彩绘体育砖画的审美研究	林春	本文运用考古学、图像学理念,对魏晋墓葬彩绘体育砖画所表达的体育内容进行研究。从砖画的线条、色彩、形态、精神方面解读其审美观和思想内涵。把握体育发展与演变的脉络。它是艺术与体育结合的产物。	体育砖画
19	《中国体育史》中的插图与阴山岩画	石龙	本文对内蒙古阴山体育岩画进行研究,试图站在原始人的思维角度,结合考古学、历史学、人类文化学、民族学等学科理念,解读岩画背后古人要反映的思想活动及行为表现。阴山体育岩画奇光异彩,弥足珍贵,它是人类历史长河中的宝贵遗存。	岩画 导引、跑步、跳绳、骑马、射箭、摔跤、棋图、身体技巧等
20	考古学与中国古代体育史研究	崔乐泉	考古学与历史学结合,能发现体育活动形成的规律,试图活动已经成为体育等具有多种意义的社会表现形式。在中国古代体育社会的历史上,蹴鞠(足球)、马球、捶丸(高尔夫)、武术以及保健养生等是人们最重要的体育活动内容。揭示其演化规律,是研究者需要做的工作。	捶丸、蹴鞠、马球
21	论两晋南北朝的射箭文化——兼与《中国武术史》《体育史》作者商榷	马爱民	射箭活动是两晋南北朝时期的代表性武艺项目,它是人们狩猎和保护家园重要手段和工具。它是男儿“三艺”项目之一,是古人生活中不可或缺的东西,是中华民族传统体育精神的象征。	射箭

续表

序号	论文题目	作者	核心内容	涉及关键词及体育项目
22	商代体育史新考	刘清化、龚飞	在体育史研究过程中,往往习惯把夏、商、周三个时期联系在一起,弥补商代年限模糊的认识,本文综合了诸位专家学者对三代确切年代的认同,对商代体育史进行具体项目的研究,并提出了自己的认识,它对认识体育的起源与发展具有重要推动作用。	骑射、举搏、足球舞、游猎、田猎、渔猎
23	略评八十年代唐代体育史研究	潘孝伟	该文对八十年代唐代体育史研究进行述评,其研究成果表现在三个方面:成果空前,数量增加,争鸣热烈。它是一种思维的碰撞,同行的激励,视角多元的体现。它对拓宽视野取长补短、深化研究、共同提高具有一定的作用,同时,也能发现自己研究过程中存在的问题。	唐代、体育史
24	试论古代体育史研究中的史料问题	翁士勋	作者以历史学为依据,对我国足球的发展和演变进行研究。介绍了我国古代足球球门的设置及文化情况,竞赛规则的制定,气足球的出现,比赛场面等问题。还对文献中词语进行解读。它对我们足球运动的发展具有重要推动作用。使学术研究富有了新的生命力。	足球
25	唐代马球之研究——基于现代马球视角之对比分析与思考	薛廷利	古代马球是骑马持杖击球入门的运动项目。在唐代289年中,作为休闲娱乐、军事交流的体育活动在世间流传,它是一个世界性的体育项目。	马球
26	我国体育史研究中的微观史及其问题	王俊奇	体育史学研究的深度和广度问题是研究者需要突破的。采用文献资料法、逻辑分析法,探讨体育史中微观史的效能级作用,分析宏观史与微观史在体育史学中的和谐共存关系。一般而言,宏观史具有概括性、抽象化和枯燥的特点,而微观史是将研究对象从上而下,关注个人,对某事件进行深入细节的阐述。同时,借鉴了诸多学科的研究方法,使研究成果有理有据,使史学理论研究开拓了新的历程。	体育史、微观史

续表

序号	论文题目	作者	核心内容	涉及关键词及体育项目
27	新疆岩画与体育史的关系研究	冯伟强、文江峰、郑豫疆	采用文献资料法、逻辑推理法，分析了新疆岩画与体育史之间的关系。它是历史的见证，要解读其所表达的含义，要必须站在古人的思维方式与角度，复原当时的生活场景，这给研究者提供了非常高的要求。因此，在研究过程中，要广泛阅览、实地调查了解科研方法与岩画之间的关系，端正学风，才能提高学术素养。	岩画、体育史
28	中国古代蹴鞠发展演变的研究	田志生	蹴鞠是我国古代的一项灿烂的体育文化。运用历史考古资料，将蹴鞠的发展演变分为起源于战国、发展于秦汉、鼎盛于唐宋、衰亡于元明清时期。这一波跨度两千多年的历史表现了蹴鞠命运的演变过程，同时反映了当时的社会文化思想，也反映了当时社会文化思想。	蹴鞠
29	中国近代体育史中的兵操、体操与体育	白刚	强军强国，兵操习之。我国在军队中引入西方的习武方式，然后将其引入体操及体育项目。	兵操、体操、体育
30	从诗文解析唐代民间体育习俗	谷金波	本文运用文献资料法从诗文角度，提取民间习俗中的体育项目。解读唐代在政治、经济、文化繁荣之下的体育精神面貌。为全面了解唐代体育发展提供参考依据。	诗文角度、民间体育、繁荣原因、特点，展示唐人精神面貌
31	从唐诗中探寻唐代节日体育娱乐习俗	陈桥	唐诗是我国灿烂的文化遗产。运用文献资料法，提取唐诗中的民间体育习俗。展现大唐的社会繁荣安居乐业、娱乐休闲的场景。它对了解当时人们的生活内容和精神风貌有着重要的作用。	唐朝强盛、体育活动丰富多彩、诗歌呈现体育活动场景
32	从体育考古看我国古代民俗体育文化特征	吕利平、郭成杰	本文在考古学视域下，通过查阅文献和考察遗存，解读我国古代民俗体育文化，展现体育遗存形态、精神、睿智和种类方面的特征。充分展示了中华民族历史悠久，源远流长的体育文化。	体育文化遗存的解析、考古学文史资料研究

续表

序号	论文题目	作者	核心内容	涉及关键词及体育项目
33	论敦煌古代的游戏、竞技与娱乐	李重申、李金梅	在丝绸之路沿线的敦煌是西域的一个重要途经地。它是中国体育遗存的主要聚居地。本文通过对敦煌体育壁画的考证，折射出古人在民间游戏、竞技活动、保健养生的体育生活信息。构成了人们生活制度、物质、精神的内容。它对研究人类的社会发展具有重要价值。	蹴鞠、马毬、狩猎、射箭、摔跤、角抵、百戏、相扑、健美、举重、体操、技巧、棋弈、投壶、游泳、跳跃、竞走、投掷、长跑、划船、马术、步打毬、武术、气功、游戏、踏青、秋千、登山、滑沙、舞蹈、养生
34	新疆岩画上的原始体育	王天军	本文通过查阅文献资料，对新疆地区的体育岩画进行研究分析，简单的图案与色彩，展现了古人原始生活的情景，对研究新疆人类活动轨迹具有重要的价值。	体育岩画
35	论体育图像谱系的构建	李娜、陈雁杨	以考古学文献资料，对体育遗存作图像学分析。解读体育图像符号所表达的要义。破译体育内容的内涵。复原历史原貌，促进体育文化符号学、视觉文化心理学的理论与实践，展现中华文化遗产。	体育遗存图像学分析
36	论天水鞭杆舞的历史渊源及价值	蔡智忠	鞭杆舞是民俗与技艺的结合项目。本文阐述了天水鞭杆舞的历史记载和遗存与麦积山石窟中的图案。对了解古代体育文化具有十分重要的意义。	鞭杆舞民俗艺术、民间武艺、挖掘与开发
37	麦积山石窟体育文化考析	路志峻 李重申	天水的麦积山位于丝绸之路的沿线，本文用哲学社会科学理念来探寻麦积山石窟中的体育文化因子级形成规律。这些生动或抽象的非言语文化符号，似乎在岩画中留下了人们的生理和心理的文化特性。体现了天人关系、群己关系、民之兵役的文化精神。这种体育形态，凝聚了特定历史时期的体育文化特征和内容，既是社会历史背景的缩影，又是民族心理特征的体现，它是中华民族珍贵的文化遗存。	狩猎、射箭、赛马、游戏娱乐、养生、导引、习武、百戏、舞蹈等

续表

序号	论文题目	作者	核心内容	涉及关键词及体育项目
38	清代新疆民族民间体育研究	赵迎山、藏留鸿	新疆幅员辽阔，资源丰富，形成了不同的草原、高原、绿洲体育文化形态。其文化形态是生产生活与民族融合的结晶与产物。它是中华民族宝贵的文化遗产。	麦西来甫、达瓦孜、骑射、狩猎、棋类、赛马、摔跤、射箭、狩猎、赛马、马术、刁羊、布鲁特
39	唐五代宫词的体育学价值	张宝强、王丽	宫词是以描述古代宫廷皇宫生活的一种文化，本文从唐五代宫词中提取了体育文化的含义及内容，体育相关活动主要内容包括球类、狩猎类、游赏类、水戏类、博弈类、民俗类、游戏类、舞蹈类等。它对研究古代体育有重要的价值。	球技类、射猎类、游赏类、水戏类、博弈类、民俗类、游戏类、舞蹈类
40	我国古代壁画中的原生态体育文化特性考析	薛锋	壁画是在墙上的绘画，我国古代的壁画分为石窟、墓室、宫室、寺观壁画四种类型。其表现的特征为遗存形式的多样性、体育形态的多样性、表现形式的直观性、延承力的穿透性等。它植根于中华土地上的体育生态，是人们的精神与智慧的结晶，是中华民族保持个性的“基因”。	相扑之戏、摔跤、游泳、跳水、马球、百戏、舞蹈、马术、射箭、狩猎、武术、角力、赛马、举重、田径、博弈、游戏、传统养生
41	体育文物收藏：一种社会现象的文化考察	王沂、吴玉姝	本文运用文献资料等方法，对体育收藏的社会需求、文化传承、事业发展与经验启示等方面指出了其发展的文化背景。它是贴近生活，情趣盎然的一项内容。它具有推动体育传承创新、拓展研究视域范围及推动社会文化发展等多元化的社会价值作用。	体育收藏
42	体育收藏研究述评及其展望	王沂、李尚滨、董宇	散落于民间的体育遗存收藏于民间，这对保护文化遗产有着重要作用。体育收藏组织的人员较少，大多数收藏人散落于民间，这对体育收藏的情况统计造成了困难。	体育收藏、述评、展望

续表

序号	论文题目	作者	核心内容	涉及关键词及体育项目
43	西北地区岩画视阈中的原始体育释读	丛振	本文从西北地区岩画中提取体育文化元素，与岩画、历史、考古、图像学理论结合，从遗存、人、时、空这四维关系，分析和解读古代体育的发展与流变。	西北岩画，原始体育、起源
44	游牧狩猎社会原始体育形象的文化蕴含略考	崔风祥、崔星	运用考古学方法，以贺兰山岩画为调查对象，探讨原始体育的造型艺术，反映了人们的审美情趣和生活场景，为了解人类早期活动内容及方法提供参考依据。	岩画、体育造型
45	原始体育文化起源的考古学研究	崔乐泉	考古学的出现对人们了解古人生活面貌提供了实证性的探索途径，原始体育文化起源取决于生物学前提、集体传习活动生成机制、物质前提、仪式化。这一新的理论体系，为探讨体育文化起源与发展过程的脉络提供帮助。	原始体育
46	中国角抵戏的本体发展与历史演进	路志峻、张有	本文对敦煌壁画中的角抵图进行研究。它是民间与宫廷中的竞技和娱乐表演项目，特殊的自然环境造就了其历史的发展与演进。它是人们生产生活的产物。	角抵戏(摔跤)
47	中国民族传统体育击壤项目的遗存与流变	崔雪梅、吴光远	击壤项目是我国古代的一项投掷项目。后来的名称有：抛靖、打瓦等。人们狩猎时的棒打野兽，为了增加命中率，平时就要多进行相关的练习。是人民在生产生活创造出来的一种丰富有趣的运动技能项目。	击壤项目
48	新疆岩画中的体育项目	彭金城、左刚明、王岩	运用文献资料法、田野调查法，从新疆岩画中提取体育的属性及含义。解读艺术与图像中所隐藏的体育文化内涵。为研究新疆体育文化起源与发展提供佐证参考。	体育岩画

续表

序号	论文题目	作者	核心内容	涉及关键词及体育项目
49	贺兰山射猎岩画中的体育形态浅谈	段彩虹	本文试图寻觅贺兰山狩猎岩画的图案，众多的狩猎岩画形态多样，题材不同，艺术表现各有特色，展现了古人类生产生活和休闲娱乐的场景。使人们对原始体育的雏形有更直观的了解。	狩猎
50	唐诗中的西域“三大乐舞”——《胡旋舞》《胡腾舞》《柘枝舞》	高建新	随着丝绸之路的开通，各族人民的沟通与交流日益加强。古代乐舞经传播流向中原。乐舞即音乐与舞蹈融合的娱乐形式。乐舞分为硬舞和软舞。它也是多民族融合的产物、是西域中原人民喜爱的体育项目。	乐舞
51	从丝绸之路石窟壁画中研究西域民族文化	杨超	石窟壁画中的人物图案及服饰文化表达了各民族装扮的特点及性格特征，对研究民族习俗有重要意义。	石窟壁画
52	考古学与中国古代体育史研究	崔乐泉	19世纪末的维新运动以来，我国开始对外国体育史进行了简述。1919年我国第一部专著《中国体育史》问世。20世纪50年代《中国体育史参考资料》论著纷纷出版。21世纪起，以我国古代体育遗存为母体，进行针对性的研究，以探寻体育的起源以及演化规律。	球类运动、拳术、武术、竞技、舞蹈、蹴鞠(足球)、马球、捶丸(高尔夫)、保健养生
53	论两晋南北朝的射箭文化——兼与《中国武术史》、《体育史》作者商榷	马爱民	射箭是两晋南北朝时期各民族融合的代表性项目之一，它是从狩猎中的物质需要与欢娱中的精神寄托发展演变而来的，通过射箭复原人们生产生活与娱乐身心的场面。其发展过程及价值，是中华民族坚忍不拔的意志的体现。	射箭
54	古代中亚马球	李晓惠	本文主要对中亚一带族群的生产生活以及马球运动的文物进行考释，以期促进马球运动的发展。汉唐中亚地区马球对我国古代影响较大。20世纪，我国学者有过丰富的成果。它对了解马球的起源发展，具有重要价值。	马球

续表

序号	论文题目	作者	核心内容	涉及关键词及体育项目
55	唐朝历代皇帝的马球情节	王晋	马球起源，扑朔迷离，说法不一。它与皇帝密切相关，同时，也是运动军队中的操练项目。具有习武功能。	马球
56	中国岩画的区域分布及特点比较	张文静	中国岩画的区域分布及方式具有一定的特点：北方岩画是以磨刻和凿刻来表达动物及游牧生产生活为主的画面的。西南岩画以红色涂绘来表达人物图案为主。东南岩画以凿刻来表达人物、渔民生产生活画面为主。这些岩画的共同点就是展现生产生活和集体娱乐活动场面。	岩画
57	从木球运动的演变看少数民族传统体育的发展	赵昌毅	木球是民运会项目，深受广大群众的喜爱，它经过几十载的发展历程，逐步完善，具有良好的发展前景。	木球
58	木球运动的起源与发展	周建华	本文阐述了木球的历史来源、场地器材、技术要领、竞赛方法。它是一个老少皆宜、男女共用的体育项目，具有广泛的发展空间。	木球
59	敦煌壁画中的体育研究	沙滟	敦煌壁画享誉中外，体育壁画丰富多彩，它展现了人们康体健身、愉悦心情的生活场景，表达了人们的美好愿望。它是历史社会发展画面的瞬间定格与重现。	壁画
60	敦煌壁画步打球考察	谢智学、耿彬	步打球是一种持杖击球的体育活动。它是马球的另外一种玩法。本文以敦煌壁画步打球为研究对象，分析与现代曲棍球相似之处，对了解体育的起源与发展具有重要意义。	步打球
61	新疆佛教洞窟壁画中的体育项目研究	庞建戎	本文分析了新疆佛教洞窟壁画中摔跤、射箭、游泳、赛马、马术、乐舞、剑术等图案。解读了先民们当时的物质生活和精神生活。	洞窟壁画、摔跤、射箭、游泳、赛马、马术、乐舞、剑术图案

续表

序号	论文题目	作者	核心内容	涉及关键词及体育项目
62	内蒙古清水河塔尔梁五代壁画墓发掘简报	内蒙古师范大学科学技术史研究院、内蒙古文物考古研究所	通过对内蒙古呼和浩特市清水河县窑沟乡塔尔梁的五代砖室壁画墓进行研究，展现了古人的生活境遇，还原其生产生活的真实面貌。对研究人类的发展轨迹有着重要参考作用。	壁画
63	民俗类非物质文化遗产的特性和保护策略解读	关昕	民俗类非物质文化遗产常常以地域或群体文化的事像来表达，它是一个综合性项目。非物质文化遗产传承发展基础取决于其文化环节和传承人。如何积极引导民众加强保持与传承，才能使其发扬光大。	非物质文化遗产
64	“一带一路”战略下民族文化的传播路径研究	常凌翀	一带一路作为对外文化交流的载体，它是中华文化走向世界的国际表达，走出去、请进来是一种战略要求。探讨新的传播途径，塑造新的文化元素，对增强国家软实力和影响力具有重要的推进意义。	民族文化、传播路径
65	古代丝绸之路文学概述	喻忠杰	本文从文献学、比较学和传播学的视角研究古代丝绸之路沿线遗存的小说、诗赋、散文、戏剧、说唱、神话传说，丰富多彩。涉及的内容广泛。	丝绸之路文学遗存
66	中国非物质文化遗产保护现状	宋建林	我国非物质文化遗产保护过程中，出台了诸多法律法规文献，通过贯彻落实取得了一定的效果。部分省、自治区审议通过了当地的非物质文化遗产保护条例，这充分标志着非物质文化遗产保护进入了有法可依、依法保护的新阶段。	非物质文化遗产、保护

续表

序号	论文题目	作者	核心内容	涉及关键词及体育项目
67	体育非物质文化遗产特征研究	王冬月	本文阐述了体育非物质文化遗产的特征,其表现有:非物质性、传承性、多样性、主体性、群体性、融合性、无形性、变异性、活遗产性等特性。了解把握其特征对研究其发展具有重要价值。	体育非物质文化遗产
68	对丝绸之路体育文化三个问题的再认识	庞锦荣	丝绸之路,是东西方政治、军事、经济、文化交流的桥梁。其成果具有代表性。《敦煌壁画中所见的古代体育》《两晋南北朝时期民族融合对体育发展的影响》《从西域百戏乐舞的东渐看维吾尔族对中华武术文化宝库的贡献》等对我国的发展具有重要意义。	丝绸之路体育文化
69	非物质文化遗产与我国传统体育文化保护	白晋湘	非物质文化遗产保护是历史的机遇和时代的要求,本文简述了非遗保护传承的启示。分析了保护与商业之间的协调关系。提出路径选择,建立管理机构及分级保护体系,利用普查制度,博物馆效应,建立数据库等工程建设,全方位地传承保护中华文化。	非物质文化遗产
70	对我国优秀民族传统体育非物质文化遗产保护与知识产权制度兼容与互动的研究	王卓	本文阐述了我国民族传统体育知识产权保护的基础理论。并从著作权、商标权和专利权保护等方面,构建我国体育非物质文化遗产知识产权的保护体系。	体育非物质文化遗产
71	丝绸之路:世界最长的文化遗产线路	冯福田	世界文化遗产“丝绸之路:长安－天山廊道的路网”由中国、哈萨克斯坦、吉尔吉斯斯坦三国联合申报成功。这条从黄土高原上的长安城出发,越过河西走廊、敦煌玉门关、楼兰、哈密、沿着天山山脉的南北两翼继续延伸的千年古道,涉及的国家、民族众多,相互沟通协调,工作繁复。它经过的路线长度大约万里,各类遗迹共 33 处遗迹,其中,中国境内有 22 处。覆盖面积为 42680 公顷。	世界文化遗产

续表

序号	论文题目	作者	核心内容	涉及关键词及体育项目
72	推动共建丝绸之路经济带和21世纪海上丝绸之路的远景与行动	国家发改委 外交部 商务部	21世纪人们携手共进新的丝绸之路构思与发展途径。全方位地开创与世界的联系与沟通。坚持开放搞活、精诚合作、互相包容、市场运作、互利互赢的共建原则。加强政治沟通、实施联通、贸易畅通、资金融通、民意相通。促进共同的繁荣、和平、友谊。	21世纪海上丝绸之路
73	教育部办公厅关于开展《传承的力量》学校体育艺术教育,弘扬中华优秀传统文化成果展示活动的通知	教育部办公厅	以习近平新时代中国特色社会主义思想为指导,全面贯彻落实十九大精神和全国教育大会精神,以中华民族节日为契机,集中展示中华优秀传统文化成果。展示活动形式为传统体育项目、广播体操、大课间展示、体育艺术公开课、舞蹈、声乐、器乐、戏剧、戏曲、朗诵等。展示活动包括“展、拍、播、演、讲、创”等六种方式。通过各地活动组织、全国节目遴选、系列节目拍摄、系列节目播出等方式展开组织实施工作。	优秀传统文化成果展示活动
74	《关于进一步加强少数民族传统体育工作的指导意见》的通知	国家体育总局	加强体育工作的总体要求是:加强理论建设;改革竞赛管理;建设体育基地;丰富体育活动。基本原则是:坚持统筹协调,服务国家战略;坚定文化自信,弘扬民族精神。主要任务是:加强统筹规划;加强研究与传播。实施“六个身边”工程:办好体育赛事;发展体育产业;加强传承创新;加强体育交流;加强基地建设;培养体育人才。保障措施是:依托工作机制,促进协同管理;加强组织领导,建立长效机制;加强政策扶持,加大资金支持。	民族传统体育工作

续表

序号	论文题目	作者	核心内容	涉及关键词及体育项目
75	国务院关于加快发展体育产业促进体育消费的若干意见	国务院	加快发展体育产业促进体育消费的指导思想：以邓小平理论、“三个代表”及科学发展观为指导，把增强体质、提高健康作为目标，推动体育产业发展了，促进群体与竞体的发展，满足人民的体育需求。基本原则是：坚持改革创新；发挥市场作用；倡导健康生活；创造发展条件；注重统筹协调。发展目标是：产业体系更加完善；产业环境明显优化；产业基础更加坚实。主要任务是：创新体制机制；培育多元主体；改善产业布局和结构；促进融合发展；丰富市场供给；营造健身氛围。政策措施是：大力吸引社会投资；完善健身消费政策；完善税费价格政策；完善规划布局与土地政策；完善人才培养和就业政策；完善无形资产开发保护和创新驱动政策；优化市场环境。组织实施是：健全工作机制；加强行业管理；加强督查落实。	体育产业促进体育消费
76	唐代诗人笔下的长安节日风俗（上）——读唐诗札记	武复兴	唐代长安每月有节事，唐人通过诗的形式描写了古代人们的生活情趣、道德制度、思想观念。展现了封建社会统治者的奢华与当时风俗的丰富多彩。折射出了唐代社会、生产、生活发展的情况。	唐诗、长安节日、风俗
77	构建“新丝绸之路体育娱乐带”的思考	张鲲、康冬、樊敏	丝绸之路古道将赋予新的生机，利用旧地缘增加新策略与构想对促进丝绸之路大发展、构建和谐社会具有重要作用。	新丝绸之路、体育娱乐带
78	丝绸之路体育的特色及千年不衰的原因	刘萍、蒲仁	历史上形成的丝绸之路有三条：跨越十几个省市自治区，40多个民族，相互融合交流创造了绚丽多彩的体育文化。	丝绸之路体育

续表

序号	论文题目	作者	核心内容	涉及关键词及体育项目
79	丝绸之路上的体育奇葩——“节子”的产生与演变	李小惠、杨新平	本文阐述了丝绸之路要道祁连山下村庄的一个体育项目——“节子”,它是武术与舞蹈的结合体,最初起源于战争,后为娱乐项目。成为人们日常生活休闲娱乐中的一个体育活动。	节子
80	唐宋时期丝绸之路体育文化的发展嬗变	蒲实、徐传明	本文阐述了丝绸之路古道西域体育文化的文字记录。张骞出使西域后,打开了政治、经济、文化的沟通渠道。是丝绸之路沿线体育和艺术进入中原。	丝绸之路体育文化
81	试论“丝绸之路”对我国古代体育发展的影响	雷力	张骞出使西域从西安到甘肃、新疆然后到印度等地。此行打通了我国与世界的交流通道,对我国的政治、经济、文化发展具有历史和现实意义。	丝绸之路、古代体育
82	论丝路地区的尚武精神与民族体育	陈新海	丝绸之路沿线古往今来以多民族聚集区为主,荒漠草原是他们生产生活所依赖的基础。诞生了丰富多彩与之相适应的体育活动。如马上体育、摔跤、射箭项目。所表现的精神文化为:尚武习俗民风不衰,以力为重为人楷模。充分表现了用个人的体魄,超强的胆识来战胜自然的一种人生观和价值取向。并进行传承发展。	马上体育、摔跤、射箭、狮子舞、武术
83	唐代的射箭和田猎	王赛时、柳溪	射箭和田猎起源于古代狩猎和战争。进入唐代,其方式演变。不但可以保卫家园,维持生存,还有健强体,身心娱乐之功效。射箭和田猎项目在唐代历史发展中成为了人们不可或缺的日常生活内容。	射箭、田猎
84	唐代体育的历史地位及影响	方协邦	我们的祖先在几千年的历史中创造了灿烂的体育文化,它像璀璨夺目的明珠镶嵌在东方文明女神的皇冠上。	唐代体育、历史地位

续表

序号	论文题目	作者	核心内容	涉及关键词及体育项目
85	丝绸之路节令民俗体育文化初探	郭仁辉、董敏慧	本文通过文献资料法,对丝绸之路沿线居民的节令民俗体育文化进行研究。节令民俗包括：春节、清明节、端午节、重阳节、乞巧节、中秋节等。在这些节日期间,人们将举行丰富多彩的体育活动。具有原始性和实用性等特点。它是中华文化的宝贵财富。	竹马、高跷、射箭、走索、角抵、戏马、蹴鞠、耍狮子、打秋千、拔河、龙舟竞渡、登高
86	甘肃丝绸之路少数民族传统体育文化研究	董茜	千年丝绸之路的历史留下了丰富多彩的体育遗存和精神财富,用现代社会的视角和方法,弘扬丝路体育文化,对推动甘肃的经济发展和全民健身,具有一定的积极意义。	丝绸之路、体育遗存
87	唐代西域丝绸之路新北道体育文化区研究	唐海	本文阐述了唐代西域丝绸之路新北道体育文化区。该区域体育遗存丰富。具有深厚的民族文化风格。	舞蹈类、骑类、杂技类
88	略论21世纪的丝绸之路体育文化	谷世权	古丝绸之路的精神是中国与世界进行全方位的交流发展,其历史文化悠久,源远流长,对21世纪的丝绸之路体育赋予新的生机。	丝绸之路体育文化
89	对甘肃丝绸之路体育健身长廊建设分析报告	闫长武	甘肃丝绸之路体育健身长廊建设是从21世纪初开始实施的惠民工程。其体育健身长廊建设包括了全方位内容,如全民健身路径、体育广场、体育公园、体育社团组织、社会单项体育协会、健身气功站点、城镇社区晨晚、社会体育指导员、登山步道、有氧健身带、以及不同项目的体育比赛与交流。推动了体育的发展。	丝绸之路、体育健身长廊建设
90	“丝绸之路”甘肃段体育旅游资源开发策略研究	孟峰年	本文剖析了“丝绸之路”甘肃段体育旅游资源开发的现实情况及存在问题。提出了以目标市场为导向,品牌赛事为龙头,统筹规划整合,资源共享,形成多元化投资主体的新格局。	丝绸之路、体育旅游、开发策略

续表

序号	论文题目	作者	核心内容	涉及关键词及体育项目
91	榆林体育文化对"丝绸之路经济带"建设的贡献度研究	史文生	丝绸之路经济带进入了新的历史发展阶段。榆林体育文化发展建设的贡献在于准确把握、强化建设、增强认同，实现经济与体育文化的融合，开创体育文化与经济契合的共赢的新局面。	榆林体育文化、丝绸之路经济带
92	"丝绸之路经济带"战略机遇下新疆少数民族体育的发展	梁托托、杜学工	丝绸之路经济带是赋予新疆的新目标、新任务。我们要抓住机遇，创新发展，力求实现新疆体育发展的总目标。	丝绸之路经济带、体育发展
93	丝绸之路陇右文化与唐代长安体育活动	贾晨阳、储建新	以丝绸之路为背景，以陇右地区为对象，将外来体育文化与本土体育进行融合，消除了文化隔离机制所带来的影响，对于后世有着极为重要的研究价值。	丝绸之路、唐代长安体育
94	丝绸之路经济带发展民族传统体育文化的策略	李莉	将丝绸之路与体育项目有机结合，探讨新的发展模式，展现促进经济与体育共同发展的新局面。	丝绸之路、体育发展
95	新丝绸之路背景下西安旅游体育文化发展现状	闫亚新、陈亮	过去的长安是丝绸之路的起点，今日的西安，华夏闻名。其历史、区位、资源引领着丝路文化的潮流，西安具有空前的体育发展机遇。	丝绸之路、体育旅游
96	当代丝绸之路民族体育文化研究	杜芸、齐朝勇	丝绸之路体育内涵丰富、时代特色鲜明。其发展需要产业依托和传播交流	丝绸之路、体育文化
97	陆上丝绸之路民族民间体育文化旅游产业发展初探	耿丽	丝绸之路与体育文化相结合是旅游平台，谋求进取是促进社会进步的必然，抓住机遇，推动发展，也是当前目标的重要内容。	丝绸之路、体育文化、旅游产业
98	"丝绸之路"甘肃段体育旅游资源的开发研究	张兰、王涛、孟峰年	甘肃借丝绸之路新发展的契机，挖掘山地草原、戈壁沙漠、雪域冰川的地质资源。整合古丝绸之路沿线的长城断壁、古代战场、城关遗址、石窟、壁画等遗存资源。利用多民族风情与体育项目资源，促进甘肃在丝绸之路体育发展中有更新的突破与提升。	丝绸之路、体育旅游资源

续表

序号	论文题目	作者	核心内容	涉及关键词及体育项目
99	丝绸之路西北五省入境旅游市场研究	唐睿	用丝绸之路的国际影响,开发场西北五省旅游资源。结果显示:港澳台的入境过夜旅客人数最多,其他国家的人数约为港澳台的一半。俄罗斯方面来的游客特定指向地为新疆境内。从旅游人数及规模多少排序看,依次为陕西、新疆、甘肃、青海、宁夏。	丝绸之路、旅游市场
100	丝绸之路旅游可持续性研究	孙浩捷	本文以丝绸之路通道为线索,运用旅游地理学研究方法,对两千多年后的现代丝绸之路目的地的定位、指标体系、管理情况、态势发展及面临的问题等方面进行研究。旨在促进古丝绸之路发展新的经济增长点。	丝绸之路、旅游、可持续性
101	丝绸之路宁夏固原段遗产廊道空间格局研究	丁小丽	宁夏固原是丝绸之路沿线的重镇。本文以全新的视角,从自然、历史、区域方面介绍宁夏固原的背景情况;遗产的分布情况以点、面、线来诠释;空间构成以宏观、中观、城市肌理方来解读;古迹景观方面从空间景象的构成要素、特征、风貌方面来展现。这种理念对推动宁夏固原社会发展具有重要的促进作用。	丝绸之路、遗产、空间格局
102	丝绸之路新疆段建筑研究	乌不力、买买提艾力	本文运用文献资料法和分析法,以历史遗址、民族风俗、岩画壁画为调查对象进行研究。这些古代城址、文物建筑以及历史信息、空间布局、建筑特征、技术特点具有东西方融合的特点。充分表现了丝绸之路新疆建筑文化的创造性、传承性、发展性及演变过程。	丝绸之路、建筑

第三章　丝绸之路体育遗存之不可移动文物

不可移动文物包括古文化遗址、古墓葬、古建筑、石窟寺、岩画、壁画、近代现代重要史迹和代表性建筑等。[①]本章着重阐述了丝绸之路沿线省区岩画、壁画、遗址和古墓葬等遗存中的体育文化。

第一节　丝绸之路体育遗存之不可移动文物概述

一、岩画

岩画作为一种石刻文化，是我们的祖先采用石头等工具以粗犷、古朴、自然的手法将其生产方式、生活内容、文化表达等刻在石壁上的一种形式，这是我们祖先留给我们的珍宝，具有极高的研究价值。这种石刻文化已经有四万年的历史，当今在全世界各地多达150个国家和地区发现了岩画。在我国境内存有十万余幅古代岩画，这些岩画，东起大海之滨，西达藏西阿里的日土，北至大兴安岭，南到左江沿岸，包括20个省区，遍及100个以上的县旗。由于中国幅员辽阔，山川隔阻，交通困难，远古时代各部族生活环境不同，各部族文化发展先后及速度亦存有悬殊，因此各地区岩画的题材内容和制作方法也各具特色。

这些岩画经过上千万年的风吹日晒有些已经出现了破损，目

① 白书升．舟山海岛文化生态保护研究[D]．浙江大学，2014：7.

前全世界各国都在积极地对岩画这类人类珍贵文化进行抢修、保护和研究，出版了许多与之相关的著作，从各方面、各角度记录这些研究的结果。公元前3世纪我国的战国时代就已有记载，如《韩非子》，汉代司马迁的《史记》、北魏时期郦道元的《水经注》，也记述了一些有关岩画的资料。[①]现代出版的记录岩画的著作也非常之多，如《中国岩画考察》《中国岩画全集》等书都比较权威。这些图书的作者记录了实地考察的经过，也汇集了艺术考古、学术研究、风物纪实和旅行随感等内容，书中保存了大量丰富鲜活的资料与转瞬即逝的考古学家的思维火花。

目前，随着一带一路的重新开启，以及近年国家对丝路文物、文化挖掘、保护、传承重视程度的与日俱增，许多学者都撰写了大量与丝路有关的论文，涉及了方方面面的领域。其中也不乏许多对丝绸之路岩画进行研究的论文，这些研究通过实地调研、资料整理、田野工作，采用文献法和逻辑推理法、比较法等探索古人在这些石壁上留下的光辉灿烂的石器文化。

中国的岩画众多，在宁夏、甘肃、新疆、内蒙古等丝路沿线地区都发现了大量的岩画，这些岩画中与体育相关的作品也比较多。宁夏、甘肃作为丝绸之路上的必经之路，其岩画内容更是非常丰富，岩画体系相对完整，数量比较多；其中具有代表性的主要有贺兰山岩画、北山岩画、嘉峪关黑山岩画、祁连山岩画、敦煌岩画群等河西走廊岩画体系，这个体系的岩画主要以各民族岩画为主，在新疆维吾尔自治区境内近40多个县市中，有150多处岩画主要集中在天山、阿尔泰山、昆仑山地区，其中最负盛名的为多尕特岩画。随着近年一带一路的建设及文化保护的多元化，对新疆岩画的研究也日益增多，许多学者都写了相关的论文，从实地科考角度、从研究发现角度、从地质结构角度、从呈现内容角度、从保护与传承角度都进行了分析与论述。此外，我国丝路上的阴

---

① 刘宝．河北磁县湾漳北朝壁画墓壁画地仗层制作工艺与材料比较研究[J]．文物世界，2017（1）：77.

山岩画也具有极高的学术价值，它是我国内蒙古与青海地区体育活动在当时历史时期的再现。它拓宽了丝路体育遗存的研究视野，更集中反映了中华民族的体育精神。

二、壁画

壁画即人们直接画在墙面上的图案和符号。它起装饰和美化作用。它是人类史上最早的绘画形式之一。早在汉朝就出现了壁画，大多在石窟、墓室、寺观的墙壁上绘制。壁画历史后于岩画，它从洞穴壁画开始。① 因此可以说岩画为壁画创作奠定了基础和发展空间。岩画对于后世壁画的重要启迪还在于造型的抽象化和符号化。敦煌壁画就可以展现为一部中国绘画发展变迁史。在敦煌的石窟寺及墓室和寺庙道观之中的这些壁画不仅能体现出石窟寺艺术与墓室壁画和寺庙道观壁画之间的联系，也能看出他们之间的相互影响。②

三、遗址

遗址是指人类历史上活动留下的痕迹，遗址的特点表现为不完整的残存物，具有一定的区域范围。古遗址的存在为研究特定的历史文化、习俗、民族信仰，提供了生活、生存、娱乐、狩猎、艺术等多方面的实物资料，各个地区古代遗存下来的珍贵文化遗产，是民族历史文脉的物质体现。新疆塔什库尔千自治县境内发现古代马球场遗址，已列为国家重点保护单位。③

① 范晓阳．“传统的回归”—当代绘制性壁画的形态研究[D]．山东师范大学，2017：12

② 林硕．敦煌壁画与墓室壁画和寺观壁画的关系[J]．大众文艺，2011（1）：55．

③ 焦贝．新疆马球运动的历史与发展[J]．体育时空，2013（23）：47．

第二节　丝绸之路体育遗存之不可移动文物陕西篇

三秦大地是华夏民族诞生、成长、发展壮大的重要地区。丰饶的灞河、浐河川源，早在115万年前就有“蓝田人”在此繁衍生息。轩辕黄帝在此创业，神农后稷在此建功，不同王朝的帝王在此为中国历史留下浓墨重彩的画笔。历史的前进，文化的沉淀，各种体育运动也得以传承发展，陕西扶风杨家堡西周墓壁是目前已知最早的墓葬壁画。建都长安（今西安）的盛世大唐，经济繁荣，文化昌盛，吸引多国派人远道而来，更是留下了以唐墓壁画为代表的众多艺术作品，再现了古时陕西省内的体育场景。唐墓壁画发现的数量之多，历史价值和艺术价值之高是其他朝代难以企及的。

唐墓壁画是指唐代绘制在贵族墓葬内壁的绘画作品，用独特的传统艺术反映古代人民的信仰崇拜和风俗崇尚，主要表现的是墓主人生前的生活场景和宫廷生活，其艺术风格在继承两汉、魏晋南北朝绘画风格的基础上大胆吸收了外来文化的“养分”，以更生动直观的手笔鲜活地展示了历史面貌，唐朝的盛世景象扑面而来。隋唐时期，球类运动盛行，尤其是马球迎来极盛时期，蹴鞠、摔跤、杂技、拔河、围棋等运动也在民间十分流行。

一、马球

打马球在当时也被称为“击鞠”或“打球”，兴起于唐代初期，传自波斯（有学者认为传自吐蕃即今西藏），经西域地区传入中国。马球，史称击鞠、击球等，是骑在马背上用长柄球槌拍击地面上球的运动。唐代长安马球深受皇家贵族的喜爱，使马球场的选址和建造规模放在了显赫地位，使马球运动得以迅速发展，据史料记载，在整个唐王朝的22个皇帝执政的300年间，就有18个皇帝是马球运动的爱好者和推崇者。唐玄宗李隆基还是临淄王时，就是马球健将。《封氏闻见记》中记载，李隆基参加的一次与吐蕃的马球赛，李隆基4人对吐蕃10人，力量对比悬殊，但是李隆基往来如风，挥动球杖，所向披靡，连连洞穿球门（图3-1）。[①]

图 3-1　唐玄宗与吐蕃马球对弈图[②]

在唐玄宗以后的皇帝中，穆宗李恒算得上是一个大马球迷了，以致因打球受伤而丧命。此后，敬宗继位后也是日夜打马球，并从各地招来一些马球好手，整天聚集在一起打球，不料理国家大事，久而久之，显露了自己独断专横的行为，以致引起人们的强烈不满。在宝历三年，敬宗与马球将苏佐明等28人一起喝酒时，因日常隔阂，终被苏佐明杀害，时年18岁。唐昭宗李晔是唐代最末一个皇帝。当他被朱全忠逼迫迁都时，六军都已狼狈逃散。[③]尽管如此，他还将十几个马球选手带在身边不离左右，可见当时唐朝宫廷中是如何沉湎于马球了。

《马球图》之一，高195厘米，宽153厘米，位于章怀太子墓墓道西壁，与东壁的《狩猎出行图》相互对称，是目前发现的有关马球运动最早的形象资料。整幅图描绘了多位头戴幞头，身着窄袖

① 王静．唐诗中的大明宫[D]．西北大学，2009：12.

② 中国考古网：http：//kaogu.cssn.cn/zwb/kgyd/kgbk/201502/t20150204_3932396.shtml.

③ 黄英．试论唐代的马球运动[J]．文教资料，2013（7）：76.

长袍、墨靴，腰间束带的骑手，为首五人左手执缰，右手执“月杖”，跃马奔腾，争击一只红色的丸球。其余骑手或伫立观望，或驰骋于山谷间。止者着绿色长袍，无球杖，凝神聚目，球场上的激烈场面跃然纸上，可能是出行途中或者打猎闲暇之余随意的打球。图上的几位骑手更是《马球图》最精彩的部分，人物虽不多却烘托了激烈的场面，骑手或双手握杆反身击球，或扬起球杆准备击球，或手握缰绳直奔马球，或腾空驰骋，图像起伏有序，错落有致、疏密相间。[①] 画面中以山峦、古树为点缀的旷野为马球场地，全局严谨布局，突出重点，动静结合得恰到好处，生动的气韵和洒脱的画笔把人物和骏马描摹得栩栩如生，整幅画面大视角、全景式的生动再现了盛唐时期打马球的热闹场面，逼真、传神的手法让人们更好的领略马球运动的风貌，构图绝妙，为我们展示了唐代高超的绘画水平和艺术造诣，极具艺术表现力(图 3-2)。

图 3-2　唐墓马球图 [②]

马球比赛十分激烈，竞争性极强，参赛者之间需要相互配合，是对体力、智力、技能的多重考验。马球场平坦宽阔，骑手头戴幞头，身着圆领窄袖衫，束腰带，长皮靴，轻便利索，色彩鲜明。比赛时策马奔腾，手持雕刻花纹、顶端呈弯月形的木棍，击打拳头大小

① 陈亚冬 . 唐代的打马球 [J]. 青年时代，2015 (20) : 36.
② 搜狐网 http: //www.sohu.com/a/154941822_740892.

的彩色圆球，动作轻快迅猛，球场上人喊马叫，比赛者争相击球，“骤驱击拂，风驱电逝”“侧身转臂著马腹，霹雳应手神球驰”等诗句充分展现了马球运动的激烈盛况。马球运动，不仅是陕西省内的珍贵体育遗存，也在中国古代体育史上占据了重要的内容。

1956 年，西安某单位在修建职工宿舍时，挖出一块 53.5 厘米的石碑，石碑正中刻有“含光殿及毬（球）场等大唐大和辛亥岁乙未月建”字样。据考证，此石碑制作于唐文宗李昂大和五年（831）十一月，后将这块石碑命名为“唐大明宫含光殿球场奠基石”（图 3-3）。大明宫即唐长安城的三大内之一，史称东内，位于唐长安城北，建于贞观八年（634），是唐太宗李世民为其父李渊避暑所建，大明宫是唐代朝廷议事、接待、吃喝、玩乐的场所。这里专供玩乐的球场就有十五处之多，诸如球场亭子球场、安福门球场、龙首池球场、清思殿球场、中和殿球场、飞龙院球场、梨园球场、左神策军球场、右神策军球场、麟德殿球场、含光殿球场、十六王宅球场、西内苑球场等。[①]1957 年，中国科学院考古研究所曾对唐大明宫含光殿球场奠基石及周边进行发掘。由于城市建设变化大，未能找到有价值的遗物。

《唐华清宫图》是古代皇家游地华清池畔的马球场。华清池又名华清宫。它距西安市 60 里路程，以温泉汤池著称，是历代统治者旅游享乐，修身养性之地。从《唐华清宫图》上看，这里除有宫殿楼阁，以及长生殿、讲武殿、斗鸡殿、舞马台等建筑外，还有大小球场各一个。但是，从华清宫的整个发展历史及兴衰判断，这里的球场建于唐玄宗时期，是个宫苑御用的马球场（图 3-4）。

---

① 李国柱．中国蹴鞠运动发展的宫廷特征[J]．黄河科技大学学报，2011，13(4)：126.

图 3-3　唐大明宫含光殿球场奠基石[①]

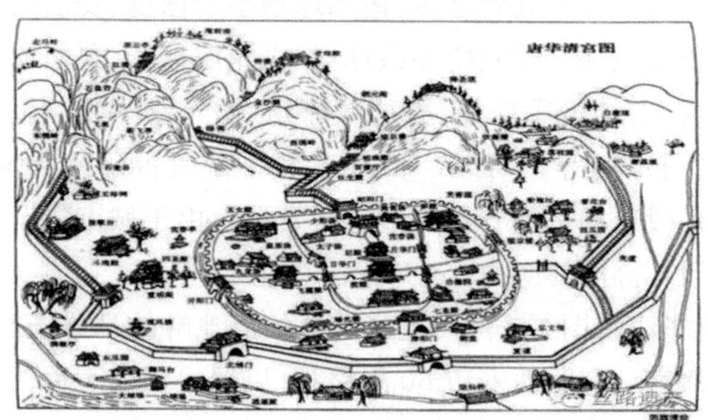

图 3-4　唐·华清宫图[②]

二、狩猎

1971年至 1972 年章怀太子李贤墓在陕西省乾县发掘出土，《狩猎出行图》高 149.9 厘米，宽 185 厘米，位于章怀太子墓墓道东壁，是一幅巨幅作品，画面十分壮观，是唐墓壁画中的精品，为研究唐朝王室日常生活提供了珍贵原始资料。原图高约 2 米，长

① 才府 https：//sns.91ddcc.com/t/53108.
② 搜狐：http：//www.sohu.com/a/280323757_351156.

约 9 米，整幅画面现存 46 个鞍马人物，浩浩荡荡奔驰在长安郊区大道上。画中人物排列有序，其所画人物为李贤，李贤为唐高宗李治和武则天皇帝第二子。他的墓葬位于乾陵东南约 3 公里处，为乾陵陪葬墓之一。在其墓道东壁绘有规模宏大，气势壮观的狩猎出行图。壁画揭取时分割为三块。图 3-5 共绘骑马者二十五人，第一人身着青衣的男子，坐骑是一匹披鬃垂尾的白马，有学者通过观察马匹的步伐认为其应为身份尊贵者享用的行走对侧步的走马，并由此推测，骑马者可能为李贤本人，其余的骑手皆头戴黑色幞头，有的还在幞头外系抹额，或身穿翻领胡服，或穿圆领袍服，有的腰间系胡禄。图中两种旗帜，一种称为四旒帛旒红旗，一种是四旒雉尾红旗，其上绘熊纹。图 3-6 中可辨者十一人，人物造型与图一相似，人物骑于马上，奔驰于郊野之中。图 3-7 则为狩猎出行队伍最后的驮运队。图中近景处，五棵大树均匀的分割画面，树干挺拔，枝叶繁茂。树后五名骑手跨马奔驰，五人皆头戴幞头，身着长袍，第一名骑手着红色，其余皆为浅色，骑士多深目高鼻，应为胡人。另有一匹单峰驼，一匹双峰驼，单峰驼驼峰上倒扣一口三足铁釜。双峰驼则背驮柴捆。

图 3-5　章怀太子墓壁画狩猎出行图一[①]

① 多彩贵州网：http：//culture.gog.cn/system/2016/10/25/015182998.shtml?from=singlemessage.

图 3-6　章怀太子墓壁画狩猎出行图二[①]

图 3-7　章怀太子墓壁画狩猎出行图三[②]

两名探路随从在最前方，执旗卫士分布两侧，最后为辎重物品和随从，中间大队人马束腰佩箭，驾鹰抱犬，前呼后拥。画面呈现出一幅策马奔腾、尘土遮天蔽日的出猎场景。大队人马最前列是一位紫袍白马的官员，应是本次狩猎活动的主角，白马与身后马匹截然不同，马颈批长鬃，马尾垂散开来，与其他马匹剪鬃扎尾

① 搜狐网：http：//www.sohu.com/a/255732794_768228.

② 人民网：http：//jx.people.com.cn/GB/n2/2017/1212/c186330-31023496.html.

区别开来。同时其姿态不同于一般马匹，只见其左边的前后蹄抬起，在唐朝文献中被称为“走马”，所走步伐为对侧步，鞍背平稳，骑之并无颠簸之苦，不易产生疲劳感，速度尚可，颇为稳定舒适，为极少数位高权重的人所拥有。由此和史书记载相结合后不难推测，紫袍白马者应是朝野赞誉、品行端庄、才华横溢的章怀太子李贤，可谓是飘逸洒脱，端正儒雅。

图中还出现了猎犬、鹰、鹞、猎豹、猞猁等动物形象，再现了唐代皇室狩猎出行时架鹰带犬的时尚。此图人物安排疏密有致，繁而不乱，人物形象、动作、服饰颜色不尽相同，富于节奏变化，将声势浩大的狩猎出行场面描绘的淋漓尽致。

狩猎的大队人马中，可见多人驾鹰携犬，唐代宫廷中常豢养各种飞禽走兽，鹰、豹深受喜爱，这是当时上层社会的一种时尚，《太平广记》中记载唐太宗豢养“飞将军”白鹘。鹰鹞三犬更是对付狐狸的好手，能减轻对狐妖作祟的恐惧，解决狐狸泛滥的问题，更是狩猎的工具。大队人马中，猎豹和猞猁蹲伏在两骑手身后，这是由西域各国进贡而来的助猎好帮手。

画中最前和最后各有两名手执圆头棍状器的官员。根据《唐六典》卷二八记载：“凡皇太子出入，则领其属，以清游队为之先，以后拒队为之殿。”手执马杖，既能策马，又能清道，呵斥前面突然出现的猛兽。画中人物个个意气风发，在狩猎过程中表现自己，个性张扬，体现了唐人自信的精神风貌。骏马奔驰，肥硕健壮，现在虎虎生风，一往无前，声势浩大的出猎场景跃然画上，生动说明了唐朝贵族的生活场景。

《狩猎出行图》以大比例、远景式的动态画面，采用符合人们视觉规律的散点透视和鸟瞰法，凭借自身丰富的想象力和创作能力，再透过树木山石的点缀，虚实结合，聚散有序，大有密不透风、疏可跑马之感。从用笔特征看，有的遒劲，有的粗狂，画面深幽空灵，应是多名画师共同创作而成。

狩猎活动最早出现于原始社会时期，是人们生存的主要手段之一，是一项充满刺激和乐趣的运动，要求较高。随着生产力的不断提高，人们的生活发生了巨大改变，狩猎更是成为强身健体、愉悦身心、培养勇武精神的体育运动。狩猎不仅能锻炼骑手的应变能力，对训练骑兵、提升古代军队战斗力非常有用，能帮助关中地区有效对抗周边居民骑兵的滋扰。因此历代帝王均非常喜爱这项运动，唐朝更甚，唐太宗将狩猎作为其人生的三大乐事之一，大臣们也趋之若鹜，狩猎成为太平盛世的帝王大臣们纵情享乐的一项重要活动。在这样的社会背景下，墓葬壁画出现狩猎场景就不足为奇了。

1956 年陕西绥德东汉墓出土的 16 幅《狩猎图》画像石中，有出行、射猎、骑猎、车猎等画面，这组浮雕拓片按照绥德东汉墓的画像石所作，分别为《狩猎出行图》《射猎图》《车猎图》，可见狩猎运动是古代中国由来已久的体育运动项目之一。

三、乐舞

《乐舞图》，高 146 厘米，宽 136 厘米，位于苏思勖墓墓室东壁，于 1952 年被挖掘，该图是陕西博物馆镇馆之宝之一。

苏思勖墓位于西安市东郊经五路，曾官居银青光禄大夫，行内侍省内侍员外，爵封县伯。墓内壁画风格清新，技法多变，既有盛唐的华丽，又有晚唐的活泼淡雅。全图被分割为三幅，高和宽分别为：147 厘米 ×137 厘米；146 厘米 ×136 厘米；142 厘米 ×141 厘米。中间一幅为胡人形象的舞者，轮廓为深目，高鼻，络腮胡，头戴白色尖顶胡帽，着圆领长袖衫，腰系黑带，足登黄靴，在黄绿相间的地毯上右手叉腰，左手扬起的同时左腿曲立，右腿提膝腾起，扭腰摆胯，挺身回顾的同时扬眉动目，胡旋而舞。两幅乐队演奏图在旁侧，右边是一组五人乐队在黄色地毯上演奏，分为前后两排，前排三人跪坐，分持筚篥、筝、箜篌等乐器；后排两人一人吹箫，一人右手平伸向前，似在吟唱。① 左边黄色地毯上是一支六

① 朱彦霖．浅析苏思勖墓壁画《乐舞图》[J]. 教育观察（上半月），2017（11）：138.

人组成的乐队，亦分为前后两排，前排三人跪坐，分持琵琶、笙和铜钹；后排三人一人吹横笛，一人击拍板，一人左手平伸向前，与右图遥相呼应。乐队皆为男性，头戴圆顶黑幞头，身着圆领长衫，腰系黑带，颧骨淡涂红色，是盛唐时期乐舞表演的典型画面，音乐跌宕起伏，舞蹈跳跃旋转，歌者引吭高歌，旋律十分有节奏，场面热闹非凡（图 3-8）。

图 3-8　苏思勖墓壁画乐舞图[①]

此外，从图中我们可以见胡旋舞者位于画面之中，是本幅画面的主角，另外两边的乐队起烘云托月的作用。这幅画实际表现了汉人乐师使用不同胡汉乐器进行演奏，胡人随着演奏翩翩起舞，展现了一幅胡汉民族同台乐舞的情景和中外乐舞交织的画面，这充分反映了我国古人在体育运动上的多样性和交织性。

大唐盛世繁荣，民风开放，引得多国慕名而来。“胡舞”“胡乐”从西域等地传入长安，给长安地区的舞蹈增加了新的元素。史料记载，唐朝开元、天宝年间，乐舞极其盛行，诗人元稹《法曲》里说“胡音胡骑与胡妆，五十年来竞纷泊。”各路画家们因地制宜，就地取材，描绘出了一幅幅脍炙人口的作品。

① 东方资讯：http：//mini.eastday.com/a/190124163153707-2.html.

乐舞是音乐和体育结合的产物，其艺术性和观赏性吸引了众多人的参与。外来乐舞和中原乐舞相互借鉴渗透的过程中，体育运动也被更好地推广开来。乐舞的发展丰富了民间娱乐生活的内容，促进了体育形态上的蜕变，衍生了百戏等民间游戏类体育运动。该壁画如实反映了唐朝高官贵族的行乐生活，笔墨传神，直观再现乐舞风貌，内涵丰富，时代性强，为研究唐朝艺术体育提供了可靠依据。

四、驯豹

1972 年 4 月，在乾陵陪葬墓之一的懿德太子李重润墓内，出土了两幅称为《驯豹图》的壁画，引起了考古工作者及美术界人士的极大兴趣。

驯豹图位于懿德太子墓第一过洞东壁，高 201 厘米，宽 101 厘米。东西壁均有驯豹图。东壁描绘在五棵树之间四人驯豹，牵豹人深目、高鼻，多须髯，头戴幞头，圆领长袍，腰间系带挂小囊，右肩扛圆头长杖以驯豹，左手牵豹，疑似胡人。[①]而豹子温顺听话，躯体强健，神情机警，斑毛粲然，与主人同行于苑囿之中，似乎在寻找猎物伺机而动。懿德太子墓的第一、二过洞分别描绘了侍从持弓箭与饲养犬豹等狩猎动物的场景，反映了唐朝宫廷狩猎活动的兴盛，尤其是猎豹的出现，为狩猎活动注入了新的活力。古“丝绸之路”将外来文化引入内地，猎豹和驯豹之人也被引入，大大提高了狩猎活动的娱乐性和刺激性（图 3-9）。

此外，画面上的豹，头小而圆，四肢较长，体形长，尾巴长，全身毛色浓黄，并有很多黑色圆斑。结合文献记载，经考证可知，这种豹名叫猎豹，确切地说是印度猎豹。

这幅壁画的发现，其价值有以下几个。

第一，它为我们重新认识唐代封建贵族狩猎常用的动物——猎豹提供了比较形象的实物资料。

① 肖晖．南朝墓葬出土陶俑研究[D]．湖南大学，2015：13.

图 3–9　懿德太子墓壁画驯豹图[①]

古代封建贵族狩猎出行时，除了携带众多狩猎工具之外，还配有猎豹跟随。猎豹属哺乳纲，食肉目，猫科，被列为凶猛动物之列，世界上的猎豹种类较多，而犹以印度猎豹最为出色，其特点是，体形长，达 1.3 米左右，但比其他豹类稍瘦小，善疾速快跑，时速可达 100 公里左右，短距离内每秒跑速为 30 米，但擅长长跑，几乎任何四足动物在 400 米范围内都逃不出它的追击，平常以鹿和羚羊为食。正因为是食肉动物，异常凶猛，加之身体灵巧、快速奔跑等特点，封建贵族把它放入禁苑，经过专门的人工驯养，从而用来进行狩猎，或者进行驯兽表演。史书记载，元代皇帝曾将驯养了的猎豹赏赐贵族，“使得纵猎禁地”。南北朝到唐代的贵族，也都养有“齐塔”和波斯狗以为时髦及豪华身份的显示。

我国古代何时用猎豹进行狩猎，不见于文献记载，但国外进贡猎豹这一稀有动物的历史事实在史书中记载颇多，如《册府元龟》记载：“（开元）十四年（公元 726 年）二月，安国遣使献豹，雄雌各一。”据统计，贡豹的国家多达十余个。它起始于开元初年。其后近 40 年从未间断。李重润墓壁画《驯豹图》作于公元 706 年前后，比文献记载早二十余年。它的发现为今后这方面的深入研究提供了实物资料。

① 搜狐网：http：//www.sohu.com/a/151693217_731021.

第二,形象地反映了唐代驯养虎豹这一历史事实。唐代把驯兽与竿技、绳技和顶碗作为当时杂技艺术的主要项目,这些杂技大多在宫廷中表演,多是供皇帝和达官贵人观看,而驯兽表演在唐代十分风行,其技术极为高超,在兽类中,虎豹等属于凶残的食肉类动物,驯养起来,极为不易。《朝野佥载》卷二记载:“天后中,成王千里将一虎子来宫中养,损一宫人,遂令生饿,数日而死。”由此可想而知,当时驯养虎豹之类动物,确实不易成功。因此,文献中未有驯养虎豹的记载。壁画的发现,使我们看到了1300余年前宫中驯养猎豹的场面。画面上,四名男侍,每人手中各牵一豹,豹的颈部套有绳子,温顺地同人行进在树林之间,说明这四只猎豹是经过人工驯养了的。否则,不可能与人同行。壁画的场面,还为我们提供了驯兽的器械及器械的颜色和形状。这些历史事实虽未见于文献,但在壁画中却得到了体现。事实上,墓中的壁画一般直接反映了当时人们的现实生活,尤其是上层封建贵族的宫廷生活,从壁画中,我们可以推断出当时已有驯豹这类杂技,从而填补了文献的空白。

第三,壁画艺术特色突出,线条的运用,也很成功,关键处,则浓墨重彩,容易引起人们的注意,衣纹的线条,则显得柔软淡色,使人感到画面上的人物在款款而行,给人一种静中有动之感。

猎豹经人工驯养而进行狩猎,是一种操控性的间接体育运动。古“丝绸之路”开通后,猎豹经此路进贡给唐朝贵族,因此狩猎队伍中常见猎豹的身影。

陕西省是中国古代文明的发源地之一,是封建社会时期的中心区域,西安更是十三朝古都,因此陕西的体育遗存研究十分重要,能为深入考察古代文化、挖掘中国古代文明提供历史资料。

我们通过了解这幅图体会到丝绸之路上的不同体育形式,这种形式与当今的马戏团里的马戏有一定关系,也为促进我国丝绸之路上体育遗存关于马戏这方面的研究奠定了坚实的基础。

第三节 丝绸之路体育遗存之不可移动文物甘肃篇

甘肃地处我国地理中心位置,东与中国古代的政治、经济、文化中心——陕西省相邻,西接民族众多、文化各异的新疆,南临青海可通南亚,北连蒙古相通大漠。这片神奇的土地历经沧海桑田,屹立于黄土高原、青藏高原、内蒙古高原的交汇处,中国的母亲河滋润着甘肃的神秘土地,孕育了多种经济文化,滋养了多民族人民。多民族聚居的甘肃是人们东来西往、走南往北的交通要道,是古代亚欧大陆交流之路——“丝绸之路”的主干道,见证了丝绸之路的繁荣。

甘肃岩画多分布于河西走廊西部的祁连山、马鬃山、黑山等地,野麻黄河岩画更是典型的北方岩画,可与其他岩画群整体研究以填补以往空白。甘肃岩画充分展现了远古北方游牧民族生产生活场景,包括大量狩猎、放牧、舞蹈场景,也表达了原地先民祈求神秘力量保护的愿望,地域特色明显,与黄河流域、新疆等地的原始文化联系密切,是中西文化交流和多民族交流的文化成果。甘肃岩画从旧石器时代一直延续到明清时期,丰富了岩画的内涵,扩大了北方岩画体系,对岩画断代提供了更多的材料,有助于了解和研究古代人类活动轨迹,对环境学也可提供资料借鉴,极具文化和旅游开发价值。

甘肃墓葬壁画发掘始于20世纪50年代,尤其以河西走廊的汉代墓壁画、魏晋墓壁画为代表,在题材上融合了中原农耕文化、草原游牧文化和西域外来文化特点,魏晋十六国壁画墓记录了这一特殊时期的汉文化的保留变迁,分为敦煌地区、酒泉地区、武威地区,这正是名门望族西迁后的大致分布图,这是甘肃独有的魏晋壁画墓,被誉为“世界最大地下画廊”,壁画内容再现先民们农耕养殖、采桑出行、宴请狩猎、军事操练等,是西北地区经济、政治、文化、民俗的实物资料。

敦煌地区是“丝绸之路”沿线的重要通道，敦煌莫高窟洞窟壁画享誉全球。在包罗万象的敦煌壁画中，先民们的体育活动多姿多彩，有角抵、射猎、马术、弓箭等等，强身健体的同时愉悦身心，许多体育项目和当今奥运会颇有渊源。

一、射箭

大黑沟岩画，位于肃北县境内岩刻遗址，共发现画面55组、图像300多幅，是研究河西走廊西段古代游牧民族历史的重要形象资料。经考证，这些岩画群距今达万年；内容大多刻画了游牧民族生产、生活的场景；从岩画痕迹看，作画方法基本为两种，即敲凿法和磨刻法，到晚期才出现线刻的方法。[①] 迄今为止，它是我国发现的历时最为久远，内容最丰富的岩画宝库。岩石上的刻画艺术，最初发现于西班牙的阿尔塔米拉和法国的拉斯科，随后在世界范围内相继发现了大量的岩画。甘肃境内的古代岩画遗存最多的地方是酒泉市肃北蒙古族自治县的古代岩画和嘉峪关市的黑山岩画。

弓箭是远古人类生产生活的工具。有了弓箭人们能够在较为安全的情况下杀伤野兽，甚至射击天上飞禽，提高了人们获取食物的本领，古人对擅长射箭的神箭手十分推崇，甚至衍生了“后羿射日”的神话传说。随着生产力的提高，历史的发展，射箭还成为强身健体的娱乐方式之一，因此射箭是我国古代体育运动项目之一。

肃北蒙古族自治县别盖乡大黑沟岩画是甘肃祁连山岩画的代表之一，位于肃北县城东北50公里，山崖两侧共凿刻190余幅岩画，包括动物如野牛、北山羊、梅花鹿、猎犬、猎鹰等，涉及狩猎、崇拜等内容。岩画点的分布与今日牧区基本一致，因此岩画制作者很可能是古代长期居住于此的游牧民族先民。

此岩画高0.5米，宽0.85米，图中猎手头戴毡帽，身着长袍，

---

① 曹蕾．草原民族审美取向影响下的内蒙古城市雕塑研究[D]．江南大学，2009：12.

脚踩长靴，腰束长带，其服饰与祁连山的自然环境特征下当今人们的装束不谋而合（图 3-10）。猎手手持弓箭射杀野牛。猎手身旁站着猎犬，对着野牛伺机而动。画面感十分逼真，将猎手拉弓射箭的姿势清晰呈现，猎手身形轮廓细致，将野牛逃跑的情境清晰勾勒。射箭题材的岩画往往与狩猎图紧密联系，在肃北蒙古族自治县马鬃山岩画群也有不少发现，为研究古代当地自然环境以及人文历史尤其是体育类人文历史提供了原始资料。

图 3-10 大黑沟射箭岩画图[①]

对于这副岩画的来历，不同的学者相继提出了不同的推测。但有人认为可能是羌族、大月氏或匈奴族早期的文化遗物。[②]也有人认为是柔然、突厥或吐蕃族的作品。此外，还有人认为是 9 世纪吐蕃牧民的遗存。但是无论哪种来历，这副岩画都体现了丝绸之路上早期的人们体育运动的遗存。

二、角抵

角抵是相扑、摔跤的前身。“丝绸之路”沿线地区的游牧民族酷爱角抵运动，汉朝时摔跤运动十分盛行，尤其是在军队中十分流行，戍边将士以摔跤为乐，后来发展到与西域各民族展开多种

① 搜狐网：http：//www.sohu.com/a/142438259_735732.

② 闫廷亮．历史时期河西的野生动物与生态环境[J]．鄱阳湖学刊，2018（02）：88.

类型的摔跤比赛切磋交流。南北朝后相扑发展成为一项独立的运动，并受到各界人士喜爱，唐代宫廷、民间、军队时常举行娱乐性的角抵活动，这是中西文化交流融合的成果。

甘肃敦煌藏经洞发现一幅盛唐相扑白描画，画中描绘了在一个有回廊的庭院，两个选手袒露上身，正在进行对抗，他们几乎同时迈出右脚，向对方发起攻击，筋肉凸张，劲武有力。敦煌地区地处中西方交通十字路口，习武之风盛行，草原的摔跤自然影响到了该地区民众的生活。敦煌壁画中也有大约 20 幅表现角抵相扑方面的内容，藏经洞中的唐代佛幡绢画描绘了双方对峙并伺机扑向一方的场景，还出现了打击乐器伴奏下的两个互相扑击表演，颇为传神（图 3-11）。

图 3-11　敦煌藏经洞相扑白描画[①]

三、狩猎

黑山岩画主要发现于三个沟道。四道鼓心沟发现岩画 100 多幅，红柳沟发现 30 多幅，磨子沟还有几幅。这些岩画分布在山沟两侧的崖壁上，画面大小不等，高 0.2 至 2.4 米，宽 0.3 至 3 米。

① 搜狐网：https：//www.baidu.com/link?url=GrTwbsPls2GrnjWsxALOXUZGX8mh39nLGR33n-qLB01Cv-eH-G78EQfwi5tXL7C95qIExErh7GIvQzWUc3Mw8q&wd=&eqid=ec8c63a50021f038000000035d85c73e.

一般距沟底在0.5至3米高度,有一些站在路边伸手可触及。岩石坚硬光滑,表面呈黑色或灰白色。岩画绝大多数都为敲凿而成,少数为磨刻或线刻。这是黑山岩画的一个特点。三个山沟的岩画在内容和手法上都有差别,反映了时间和作者的不同。出现在岩画中的人物似乎都有某种特定的情节,或射猎,或操练或舞蹈。操练(舞蹈)中的人物形象十分有特点:均为站立状,身着长袍,头顶有又长又尖的羽饰,或为堆鸡尾。双腿分开,或双手叉腰,或一手叉腰、另一手抬起。一般都排列有序,前有一身材高大者,头饰更长,应是首领。这种图像不一定是某种具体的操练阵式或舞蹈,很可能是一种展示部落实力的形式。随着衣袍的普遍出现,反映出这些图像的年代不会太早。在先民的生存方式中,狩猎在畜牧业生产水平低下时是重要的辅助性经济。以狩猎为主题的岩画占据了黑山岩画的很大部分。黑山岩画位于甘肃省嘉峪关市区西北10 ~ 20公里处的黑山南麓及东麓沟谷内,地处河西走廊岩画廊带的中间位置,属摩崖浅石刻岩画,传承了东西方岩画,延续时间从战国到明朝。黑山地势险要,南侧的石关峡是古"丝绸之路"的交通要道。黑山岩画是中国北方岩画的典型,记录了中国古代西北地区人们的生产生活,对社会学、历史学、考古学等颇有意义。

古代狩猎按参加人数划分,可分为单猎、双人猎、围猎等多种;按是否骑马可分为徒步射猎、骑马射猎以及兽夹套取动物的狩猎等。狩猎工具有弓、投矛器等,反映了狩猎时代、驯养和畜牧时代以及狩猎向驯养和畜牧过渡时期的历史转化特征。黑山岩画采用人物写意、动物逼真的手法,因此我们不难揣测出原始先民们对自然的敬畏。

有一幅围猎图,高1.8米,宽1.07米。狩猎者共8人,手持弓箭或者石块,一人被野牛犄角抛向空中,四头野牛,五只梅花鹿,一峰骆驼,一条猎犬(图3-12)。

图 3–12 黑山岩画狩猎图[1]

线条简单，却“返璞归真”。为了解决部落里人们的生存问题，为了获取更多的战利品，古人们出入深山老林。通过团队合作的方式和简陋的工具协助，选好地形和目标，精心策划，人员分工，有时甚至付出昂贵的生命代价。图中猎手们以四头野牛和五只梅花鹿为狩猎目标，有的弯弓搭箭，有的以长矛向野牛发起进攻。野牛凶悍无比，扬起犄角将猎手抛起来，场面惊心动魄。骆驼是人们的运输工具，猎犬是狩猎的得力助手。此图再现了古人狩猎的激烈和危险，猎犬的出现更加体现了古人的智慧，工具的利用改善了生产方式，大大提高了生产力，是时代的进步。单猎时，猎手们往往捕捉北山羊、梅花鹿等体型较小的动物。狩猎也是祁连山大黑沟岩画群的主要特征，狩猎图所占比例约为三分之一。因此我们不难看出，先民们寻求生存的同时，也激发了体育运动在该时期的形成和发展。狩猎在该时期既是生存手段，无形中也是一种锻炼身体的体育运动。狩猎和体育，密切相关。

四、乐舞

在敦煌莫高窟石窟中，开凿于中唐的 112 窟，藏着一幅著名的反弹琵琶乐舞图，在洞窟南壁东侧的观无量寿经变中，平台上有六

① 健康无忧网：http：//mts.jk51.com/tushuo/4966816.html.

人乐伎呈“八”字形分坐左右，左侧乐伎持娄鼓、横笛、拍板，右侧的乐伎持箜篌、阮、琵琶。乐伎中间，有一舞伎合着音乐，屈身吸足，举琵琶至颈后，左手按弦，右手拨弦，正跳反弹琵琶舞。舞者高髻云鬓，身材丰腴，顾盼生姿又温婉雍容，翩翩起舞的同时摇曳生姿，臂钏叮当作响，举足、顿地、出胯、旋身、双手猛然后举，十分光彩照人。在敦煌石窟群中，共有十几幅反弹琵琶乐舞图（图 3-13）。

图 3-13　敦煌壁画反弹琵琶图[①]

敦煌莫高窟 112 窟反弹琵琶舞蹈，是和体育紧密联系的艺术门类，乐舞更是贯穿着古代先民们的生活。由此可见，流行于西域的胡旋舞经古“丝绸之路”传入中原地区，在唐朝颇为流行，安禄山和杨贵妃就是胡旋舞的著名爱好者。除此之外，敦煌莫高窟中的飞天舞等乐舞壁画也用华丽的线条、优美的舞姿展示了大唐高超的编舞水平，为当今舞蹈演绎提供了众多借鉴。

敦煌莫高窟乐舞壁画内容更加丰富，饱和度更高，舞台道具更加绚丽多彩，更好地保留了原汁原味的西域特色。

五、六博

六博是古代的一种博戏，因在游戏时投六箸、行六棋而得名，

① 河北新闻网：http：//hebei.hebnews.cn/2016-11/01/content_6022606.htm?1490277704299.

史籍中也有“六簙”“陆博”,是隋唐以前广泛流行于社会上的棋戏之一。六博戏法是二人对坐,面向棋盘,棋局分为纵12道,横4道,两头当中名为“水”。然后将二枚“鱼”置于水中,棋子为12枚,六黑六白,各掌握六枚棋子,其中一枚大子称为“枭”,5枚小子为“散”。六枚骰子,分正反面,行棋时六枚骰子一起扔下为博采,行棋方式由其排列特点决定。六博在中国兴起于夏,发展于春秋战国,盛行于秦汉时期。

嘉峪关新城魏晋墓出土的砖壁画反映了当时的政治、经济、文化、军事等方面的内容,形象生动,为探索敦煌艺术的源流提供了十分重要的实物资料,是中国古代绘画艺术的珍贵遗产。《六博图》位于新城魏晋墓7号墓中室东壁,为今人研究六博提供了生动形象的历史资料。图中可见中间摆放一张褐色棋桌,桌上布下棋局,棋局纵分12道,横分4道,还能看见明显交叉点,二男博者相对跪坐,面向棋盘,一人身着红色长袍,一人身着白色长袍,均头戴元宝帽。两人均脸带怒色,横眉冷对。图左者双手举起掷采,二琼已出手,悬在棋局上方。图右者惊恐万分,高举左手,右手前伸,五指平伸,目不转睛地急于知道结果。似乎左边一人输了棋,扔出二筹;[①] 右边一人伸手接住,从穿着不难看出二人均为达官显贵,整个场面十分激烈(图3-14)。

图3-14 魏晋墓砖壁画六博图[②]

① 白洁.嘉峪关魏晋墓葬体育彩绘砖画研究[D].兰州理工大学,2010:12.

② 凯风网:http://www.kaiwind.com/culture/history/201708/28/t20170828_5599516.shtml.

学界对“六博”的研究已有几十年的历史。[①] 主要是通过文献资料的梳理，探究六博的基本形态、规则及发展状况，主要成果有劳干《六博及博局的演变》，杨宽《六博考》《六博续考》，韩养民《秦汉文化史》，姜锋《古代博弈——六博具考析》，游振群《汉代的六博》以及崔乐泉《中国古代六博研究》等。另外，有傅举《论秦汉时期的博具、博戏兼及博局纹镜》，李零《跋中山王墓出土的六博棋局与尹湾〈博局占〉的设计比较》，黄儒宣《六博棋局的演变》等研究，则主要整理考古出土的六博棋局，及考察其流变。与此同时，李零不仅讨论了卜、赌（赌博之“博”即与六博有关）之同源性，还进一步详细讨论证明了汉代的博盘、游戏方法都脱胎于演式，汉镜、汉画的博局纹即代表着宇宙模型，具有较强的启示性。武威磨咀子 48 号汉墓同时出土有以北斗为中央的式盘和彩绘木雕六博对俑及六博具（图 3-15）。六博画像突出表现了仙人们在仙界的无拘无束、自由自在的“神仙仙境”。通过对丝绸之路河西地区汉及魏晋墓彩绘砖画和木俑博戏的考察，认为砖画表现的形态应该是樗蒲和博赛而非六博。周保平、王瑞峰认为汉画中的六博即是一种古代的棋类游戏，同时又提出考古出土及汉画像中的博局形式与文献记载不尽相同。

通过汉画六博图去印证文献中有关博具的形制、博戏的规则等记载，具有“以图证史”的基础性价值，值得深入探讨；六博的具体方法和规则等诸多基本问题，亦有待学界予以研究揭示。按题中之意，学界已有一些研究或多或少涉及六博图与神仙信仰的可能关联，但对汉墓中此类图像或物件的深层蕴义及其在墓葬整体思想构造中的意义，尚待进一步研究和揭示。从六博图像去考证和呈现汉人信仰的历史样貌，进而襄助揭示汉墓的信仰世界，此乃本项研究期待的另一个层面的“以图证史”。

① 孙峰．从集体记忆到社会记忆——哈布瓦赫与康纳顿社会记忆理论的比较研究[D]．华东师范大学，2008：12.

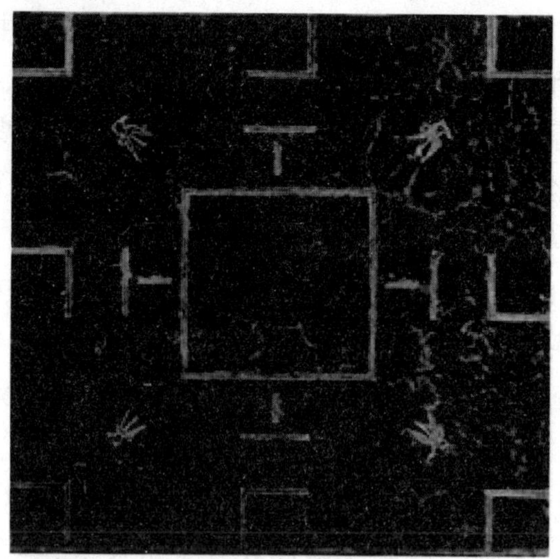

图 3-15　汉墓黑漆朱绘六博具—博局[①]

六、步打球

步打球又称为“步打”，是用徒步形式用杖击球的体育项目。宫廷的步打球由唐朝马球演绎而来，敦煌莫高窟壁画中的步打球，是现代曲棍球的源头的雏形。根据敦煌中唐榆林窟 15 窟所绘，图中童子球杖长度，不难判断出图中所画为五代时期。画中大朵莲花盛开，童子脚踩莲花，两脚开立，右脚在前左脚稍后，右手持杖，左手执球，屈膝的同时上身前俯，欲做抛球打击的动作。球如拳头大小，球杖顶端弯曲如倒握拐杖，同时在周围盛开的莲花烘托下，再现一幅美妙的步打球场景。

童子击球大大渲染了生活中的安逸、休闲、美妙，令人向往。步打球除场地和器材的要求，比赛规则与马球相差无几，球体材质由于地域不同呈现多样化。

步打球是简易版的击鞠。但击鞠对场地、器材要求较高，同时要求参与者马术和球技具有较高水平，盛行于宫廷、贵族、军队中，无法满足普通民众的运动需求，因此步打球应运而生。此图

① 国学复兴网：http：//www.gxfxwh.com/thread-41263-1-1.html.

为我国仅存的一幅步打球图像，无疑给当今销声匿迹的步打球运动提供了生动的历史资料（图 3–16）。另外，步打球和曲棍球在器械、比赛规则、基本技术方面有雷同和相似之处。研究古代步打球运动，有助于对现代曲棍球的历史研究和未来发展，探索二者所蕴含的体育文化。考证步打球的发展风貌，是为了保存、弘扬传统文化，也说明欧亚大陆两个地区在某一时期人类社会文化存在相似之处，因为孕育了极为相似的体育运动。

图 3–16　步打球之击球童子图①

七、舞剑

剑是在中国历史上出现较早的冷兵器。商周时期已出现了青铜制成的剑，剑开双刃，剑脊凸起，形制优美，轻巧灵活，乃“百刃之君”，剑术也随之发展起来。

春秋战国时期，步兵是战争中的主要力量，剑是人们最重视的兵器之一，不仅铸造了不少名剑，剑术得到极大发展，部分统治者的剑术爱好更催促剑客精研剑术，剑术理论得到了很好的总结。汉朝时，骑兵逐渐成为战场上的主力，剑术渐渐退出了战场，转到其他特殊领域。剑轻巧美观，便于携带做装饰，因此成为佩饰。同时高水平剑客的剑术表演颇具观赏性，精妙绝伦的舞剑受

① 搜狐网：http：//www.sohu.com/a/246370356_99906849.

到人们的欢迎（图 3-17）。

图 3-17　敦煌壁画剑舞图[①]

唐代，舞剑极为盛行。杜甫的《观公孙大娘弟子舞剑器行》曰："昔有佳人公孙氏，一舞剑器动四方。观者如山色沮丧，天地为之久低昂。㸌如羿射九日落，矫如群帝骖龙翔。来如雷霆收震怒，罢如江海凝清光。"岑参也作"酒泉太守能剑舞，高堂置酒夜击鼓。"公孙大娘的舞剑闪转腾挪，出神入化，剑术发展似乎成了武术与舞蹈结合的产物。

旷野青山绿水间，林荫下身着深色衣袍的男子右手持剑，左手平推，双腿屈膝，做出迎战对手的姿势；浅色广袖衣袍的图右男子右手挥剑，挥袖间衣袂飘飘，动作一派行云流水，二者步伐轻快，错落有致。画面既有竞技比赛，又有舞蹈艺术的热烈奔放与韵律的节奏美感。

剑术是世界武术锦标赛的比赛项目，中国剑术侧重套路表演，极具观赏性的同时与世界奥运会的击剑有许多相似之处。此幅敦煌壁画画面优美灵动，再现了舞剑这项体育运动的健身性和艺术性，属于"花式体育"中的典型。

甘肃省拥有的丰富岩画群和壁画群，对我们研究远古世界弥足珍贵，对考古学、美术学、人文历史学都影响深远。作为古代"丝

① 搜狐网：http：//www.sohu.com/a/246370356_99906849.

绸之路”的主干道，又是多民族聚居地区之一，颇具民族特色的体育遗存和遗产是中国古代体育的重要内容，也为研究现代体育的源头提供宝贵借鉴。

八、教煌不可遗存文物情况

敦煌自汉元鼎六年（公元前 111 年）建郡后就变成中西方文化交流和贸易的重镇，随着文化的交流和发展，于东晋十六国张天锡三年（公元 366 年），开建敦煌石窟，至民国连绵一千多年，保存了五百多个洞窟和大量的文献资料，历代壁画五万多平方米，塑像二千余身。唐宋木建筑五座，珍贵文献四万多册（卷）。在这浩如烟海、数量惊人的壁画和资料中，有许多古代体育画面、实物和文学资料，这些宝贵的遗产，不仅有很高的艺术价值，而且有不可估量的历史价值，也是研究中华民族体育史的依据，现将部分体育洞窟画、文史、实物、墓葬画和岩画公布于众，供学者、专家们研究（表 3–1）。

表 3–1　甘肃教煌不可移动文物情况一览表

序号	图 名	类别	位置	年代
1	射猎	岩画	肃北石堡城	春秋战国
2	木棍击野羊图	壁画	肃北石堡城	春秋战国
3	标枪击射图	壁画	嘉峪关黑山峡	春秋战国
4	舞蹈	壁画	嘉峪关黑山峡	春秋战国
5	步骑混战图	壁画	285 窟	西魏（公元 439—534 年）
6	游泳图	壁画	257 窟	西魏（公元 439—534 年）
7	力士图	壁画	290 窟	西魏（公元 535—556 年）
8	叠罗汗	壁画	288 窟	西魏（公元 535—556 年）
9	力士舞	壁画	285 窟	西魏（公元 535—556 年）
10	倒立舞	壁画	249 窟	西魏（公元 535—556 年）
11	射猎图	壁画	249 窟	西魏（公元 535—556 年）
12	摔跤举象	壁画	290 窟	北魏（公元 557—580 年）

续表

序号	图名	类别	位置	年代
13	双人散打	壁画	285 窟	西魏(公元 535—556 年)
14	赛箭图	壁画	290 窟	北周(公元 520—524 年)
15	骑马练箭图	壁画	429 窟	北周(公元 557—580 年)
16	骑射图	壁画	428 窟	北周(公元 557—580 年)
17	驯马图	壁画	290 窟	北周(公元 557—580 年)
18	赛马图	壁画	488 窟	北周(公元 557—580 年)
19	蛙游图	壁画	420 窟	隋(公元 581—618 年)
20	骑射与摔跤	壁画	321 窟	初唐(公元 618—705 年)
21	倒立、背桥	壁画	79 窟	唐(公元 618—906 年)
22	吞刀吐火	壁画		初唐(公元 618—905 年)
23	盾枪对练图	壁画	217 窟	盛唐(公元 705—780 年)
24	骑射图	壁画	130 窟	盛唐(公元 705—780 年)
25	坐石射箭图	壁画	217 窟	中唐(公元 781—906 年)
26	戴竿图	壁画	85 窟	晚唐(公元 848—906 年)
27	戴竿图	壁画	156 窟	晚唐(公元 848—906 年)
28	攻战图	壁画	12 窟	晚唐(公元 848—906 年)
29	骑竹马	壁画	9 窟	晚唐(公元 848—906 年)
30	倒立舞与顶竿	壁画	361 窟	晚唐(公元 848—906 年)
31	宋国夫人出行图中的舞蹈	壁画	156 窟	晚唐(公元 848—906 年)
32	骑兵演练图	壁画	98 窟	五代(公元 907—959 年)
33	马术表演	壁画	61 窟	五代(公元 907—959 年)
34	射鹿	壁画	98 窟	五代(公元 907—959 年)
35	摔跤图	壁画	61 窟	五代(公元 907—959 年)
36	练剑图	壁画	61 窟	五代(公元 907—959 年)
37	训练射箭图	壁画	61 窟	五代(公元 907—959 年)
38	爬山图	壁画	61 窟	五代(公元 907—959 年)
39	自由游泳图	壁画	61 窟	五代(公元 907—959 年)
40	射箭图	壁画	53 窟	五代(公元 907—959 年)

续表

序号	图名	类别	位置	年代
41	跪姿射箭图	壁画	346 窟	五代(公元 907—959 年)
42	下围棋图	壁画	61 窟	五代(公元 907—959 年)
43	下围棋图	壁画	31 窟	五代(公元 907—959 年)
44	双人坐地对射与拳术	壁画	36 窟	五代(公元 907—959 年)
45	少儿游泳与力士图	壁画	3 窟	五代(公元 907—959 年)
46	武术器械图	壁画	3 窟	西夏(公元 1036—1226 年)
47	腾空飞跃图	壁画	465 窟	元代(公元 1227—1368 年)
48	武士图	壁画	465 窟	元代(公元 1227—1368 年)

九、甘肃其他地方的不可遗存文物情况

甘肃其他地方的不可遗存文物分布如下(表 3-2)。

表 3-2　甘肃其他地方的不可移动文物一览表

序号	图名	类别	位置	年代
1	赛马、射箭、骑射、摔跤、举起重石	壁画	甘肃夏河县拉卜楞寺院大经堂内	不详
2	举石到肩、举石到顶	壁画	天水麦积山 133 石窟(佛教)	北魏时期(公元 412 年)
3	射箭、骑射、力士摔跤、舞柞、挥剑、耍铲	壁画、彩塑	麦积山石窟	不详
4	骑射、扛鼎、武士	壁画	兰州炳灵寺石窟	不详
5	女前滚翻	墓壁画	酒泉霍去病墓	不详
6	游泳、弈棋、骑射、倒立图	壁画	瓜州县榆林石窟	不详
7	列骑和羊群的猎牧图	岩画	靖远县刘川乡陈家沟岭地区	不详
8	图猎野鸭、猎牛、骑射、集体舞蹈图	岩画	嘉峪关市区西北黑山地区	不详
9	狩猎、放牧、舞蹈	岩画	肃北蒙古族自治县祁连山	不详

第四节　丝绸之路体育遗存之不可移动文物新疆篇

新疆作为古丝绸之路的核心地区，是中西要道，气候暖湿，物产丰富，适宜居住，历来是多民族聚居地，见证了民族文化的融合演进。

新疆岩画大多分布在山地、荒漠和草原。境内有阿尔泰山、天山、昆仑山、喀喇昆仑山和帕米尔高原，其岩画举世瞩目，为全国之首。

岩画以写实为主，极具地区特色，其分布之广博、数量之浩繁、题材之丰赡、画面之壮阔都令人惊叹。它包括刻画和彩绘两类，遗存于高山牧场、山区丘陵、转场牧道、河谷沟堑。岩画多凿刻于黑砂岩和花岗岩、板岩的石面上，采用粗线条的阴刻。[①] 彩绘岩画洞穴中，大多用储石色的矿物做原料，比如黑色、朱红彩、白色，岩画题材包括狩猎、放牧、动物、械斗、场面等。

新疆壁画是古代游牧民族生产、生活、娱乐、休闲的历史写照。分布于石窟洞穴的壁画随着佛教传入而兴起，主要集中于古龟兹和古高昌地区。天山以南的库车、拜城、阿克苏等地分布着古龟兹石窟群，而东部的吐鲁番、鄯善地区分布着古高昌石窟群，境内现存石窟遗址十多处，上千个洞窟，壁画内容丰富，包括佛教内容和劳动生活场景，其中相当一部分出现了现代竞技体育和民族体育的雏形。

位于塔里木盆地北缘的龟兹，是汉初丝绸之路沿线重镇，是连接丝绸之路北道与中道的必经之地，是古印度、希腊·罗马、波斯、汉唐四大文明的交汇之地，囊括飞天、伎乐天、佛塔、佛本生故事、佛传故事、经变图画以及民间故事，这些画作在龟兹石窟一个个菱形格中，层叠向上，直指苍穹。开凿于公元三世纪并被列为

① 张冰河．新疆古代游牧民族岩画艺术探析[J]．西北民族学院学报（哲学社会科学版），2002（3）：110.

世界文化遗产名录的大型石窟群克孜尔石窟，甚至早于国内“四大石窟”，是龟兹佛教文化的艺术圣地，保存较为完整，是中国建造最早、地理位置最西、持续时间最长、洞窟类型最齐全的石窟群，是佛教重要的艺术遗存之一，见证了四大文明的交汇，在艺术上具有西承东启的里程碑作用，其学术价值受到国内外遗址肯定。除此之外，库木土拉石窟、森木塞姆石窟、吐峪沟石窟也是新疆洞窟壁画的典型代表，人物造型丰满，色彩艳丽，体现了西域绘画风格的同时，凸显了民族文化的交流融合。

新疆大学历史系已故教授苏北海先生在他的《新疆岩画》中论述：“中国一直是世界上岩画最多国家之一，而新疆又是中国岩画最多的省区，应该进一步对古代西域岩画进行系统研究。这可以推动新疆人类学、民族学、历史学、民俗学、社会学、生物学、地理学、考古学、哲学、美学、艺术、医学、草原学等多科的发展。因为岩画学已成为世界方兴未艾的一门独立学科，成为智力和学术的万花筒，更是原始社会的百科全书，它揭示了人类的起源和其生产方式、经济发展、文字来源、社会生活、哲学思想、美学观点等。”

一、射箭

在桑株岩画中弓箭狩猎图是其重要的组成部分，弓箭狩猎是古人们重要的生存方式之一，常见画面是猎人拉弓射箭，如撒尔乔湖的一幅狩猎图，一猎人双手握住弓弦，箭已射中逃窜的黑熊，猎人紧追其后，形态颇为逼真。昆仑山岩画作为新疆第三个岩画宝库，主要分布于从皮山县到且末县，共分为 14 组，成不规则阶梯式排列，是古代羌人创造的珍贵文化遗产，桑株岩画是昆仑山岩画的代表之一。桑株岩画刻于新疆和田皮山县城东南 100 多公里桑株乡乌尔其村的一块岩石上，画面正对河滩，这里曾是历史上通往西藏及印度的一条小道。岩画长 3 米，高 1.3 米，在画面中，有人弯弓射箭，有人跟随于马后行走，有人骑马前行。猎物有头上双角的类似大角羊的动物，画面左上方有类似文字的符号，反映古人搭弓射箭的狩猎生活，很有研究价值（图 3-18）。

图 3-18　桑株岩画射箭图[①]

除此之外，北庭西大寺洞窟中也有射箭壁画《攻战图》，图中城墙上下士兵们满弓搭箭，相互对射，战争一触即发，反映出激烈的战争场面。左下角的士兵整个射箭动作完成自如，攻守兼顾，处在且战且退态势，人体半蹲且上体扭转 180° ，下肢自然交叉，整个动作连贯，一气呵成，展现了唐朝军队射箭技术的娴熟程度。

二、狩猎

新疆第二个岩画宝库位于天山，不乏精美画面，尤其是与中亚斯基泰人同族的塞族创造的呼图壁县康家石门子的生殖岩画，用生动的舞蹈艺术表现祈求生育，散发着生命之光，为我们提供了一幅难能可贵的原始社会晚期大型舞蹈场面的珍贵资料。二三百个大小不等的人物分布于一百二十多平方米的岩画画面，或卧立，或舞蹈，身材修长的女性形体秀美轻盈，主要靠手的五指和手腕去表演，男子两腿动作激烈，被流畅线条刻画得形神俱备，雕刻技法相当成熟。新疆天山南麓库车县山谷中也发现带有人掌印图案、动物、狩猎图案的岩画。在分布于巩乃斯种羊场到则克台镇的阿布热勒山岩画群中，其中克孜勒塔斯套岩画画面最

① 新浪网：http：//news.sina.com.cn/o/2018-04-18/doc-ifyuwqfa3766279.shtml.

大，最有特色。画面长约10米、宽约2米，凿刻着各种神态的马、牛、羊驼和各种野生动物。狩猎场面引人注目，猎人将一群鹿团团围住，公鹿雄壮高大，头上的角支叉很多，许多猎手站着向这只鹿弯弓射箭，其他猎人围猎骑马射向鹿群(图3-19)。狩猎场面紧挨着的是一群手舞足蹈的人，似乎在庆祝，整个画面生动逼真。画面旁边还刻着十几个字符，有关学者认为是古突厥文。

图3-19　克孜勒塔斯套岩画狩猎图[①]

三、滑雪

新疆阿尔泰山岩画“长廊”约一千多公里，已探明岩画五十多处，发现岩画万余幅，以阿勒泰、哈巴河和青河县最多，涵盖青铜时代的各种狩猎、饲养、步牧骑牧、舞蹈、咬斗等内容，以匈奴岩画等为代表。以写实主义风格为主，属于青铜时代和铁器时代的程式化动物形是匈奴岩画的特色作品之一，以鹿形为数最多。[②]阿勒泰也根布拉克岩画延伸带的塔合图别克岩画群附近，人们在山区发现一幅滑雪狩猎岩画，它属于阿尔泰山系中最大的古岩画群。此岩画是公元前五世纪赛人时期的岩画。这幅滑雪狩猎图中，狩猎人脚部前部固定，与阿勒泰地区的毛皮滑雪板的穿法十分吻

① 道客巴巴：https://www.sogou.com/link?url=hedJjaC291PtD2zz_-yPKusx7jCq59Lv71trRJ-N7f4XO4rs1SgqbyHmfGkNvdZG.

② 周菁葆.丝绸之路与新疆古代绘画艺术[J].丝绸之路，2011(14)：5.

合，猎人背着弓箭追赶猎物，对考古人类滑雪发祥地和游牧文化的研究具有十分重要的作用（图 3–20）。

图 3–20　阿勒泰岩画滑雪图[①]

四、摔跤

新疆摔跤运动在维吾尔语中称为“且里西”。隋唐时期非常流行。在新疆库木土拉石窟 73 窟绘有一幅约公元 8 世纪的格格斗壁画；克孜尔石窟 175 窟也有一幅公元 6 世纪的角力图，画面近似现代的摔跤运动，图中人物造型略显抽象，其中一人着装写实性较强，上身赤裸，腰系布带遮掩下身，神似于当今在日本盛行的相扑运动着装（图 3–21）。

五、游泳

新疆克孜尔石窟第 8 窟圈顶和 114 窟主室圈顶分别绘有一幅游泳图。唐代西域广袤辽阔，自然环境复杂多变，高山盆地相间，草原和沙漠并存。古人为了生存生活，逐水草而居，同时也学会了游泳这一技能。据记载，人类学会游泳是为了生存生活和劳动的需要。此图是现存德国柏林亚洲艺术博物馆佛本生故事局

① 凤凰网：http：//wemedia.ifeng.com/85958163/wemedia.shtml.

部，三人在莲花飘逸的水里恣意畅游，姿势各异，泳姿相似于现代游泳动作（图 3–22）。

图 3–21　库木土拉石窟壁画且里西图①

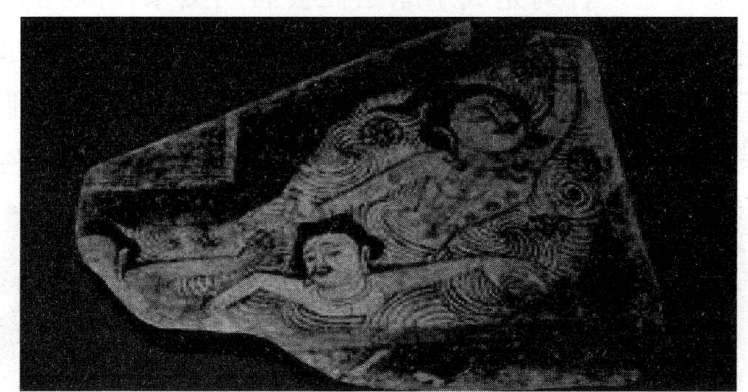

图 3–22　克孜尔石窟壁画游泳图②

六、舞蹈

新疆有广阔的草原牧场，有闻名遐迩的吐鲁番葡萄，更有独具风情的新疆舞。新疆舞最具神秘色彩的民族舞蹈，舞蹈动作欢快淋漓，跳起来让人感觉特别兴奋。乐舞打开了中国体育的神秘

① 中国美术家网：http：//news.meishujia.cn/?act=app&appid=4108&mid=1681&p=view.

② 阿克苏新闻网：http：//www.aksxw.com/aksxw2019/con/2019-06/03/content_1003078.html.

之门，历史上的新疆是以歌舞之乡闻明。自汉朝以来，外国歌舞经丝绸之路传入中国，并与沿线当地的乐舞相融合，对融音乐、舞蹈、角抵、杂技、武术等于一体的中国古代体育形成产生了很大作用。乐舞是早期艺术、体育教育的重要形式，它成为塑造中华理想人格和艺术、体育精神的途径。新疆舞包括高昌舞、琵琶舞等，胡旋舞和胡腾舞是唐代西域精华，旋转如风、扭摆颤动、腾跳转体等高难度技艺流传至今。新疆洞窟壁画中遗存有大量的姿态优美的乐舞图，在克孜尔石窟都有乐舞的描绘。[①] 如图所表现的佛教故事中，飞天舞以双为主，拨动五弦琵琶，灵动飘逸，色彩绚丽，是珍贵的艺术作品（图 3-23）。

康家石门子岩画群位于新疆昌吉州呼图壁县的天山腹地，两条山溪汇流处的西北岸的新第三纪的粉砂岩壁上，是距今三千年人类历史遗存。[②] 岩刻完成于原始社会后期父系氏族社会阶段，是研究新疆原始社会的珍贵资料，属国家一级保护文物。岩画采用浅浮雕的手法，所雕人物的面部均面型瘦长，眉弓发育，大眼、高鼻、小嘴，形象秀丽。头戴高帽，帽著翎毛，作舞蹈状（图 3-24、图 3-25）。

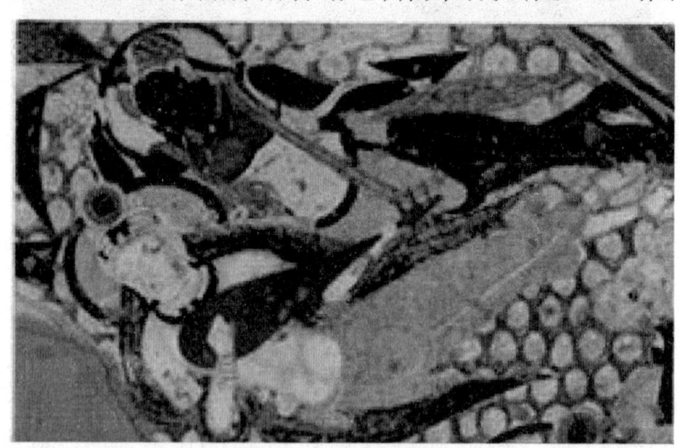

图 3-23 克孜尔石窟壁画乐舞图[③]

① 庞建戎．新疆佛教洞窟壁画中的体育项目研究 [J]. 体育时空，2013（5）：60.
② 杨素玲．浅谈呼图壁县域文化资源的现状与整合 [J]. 中文信息，2017（11）：268.
③ 搜狐网：https：//www.sohu.com/a/337640125_508932.

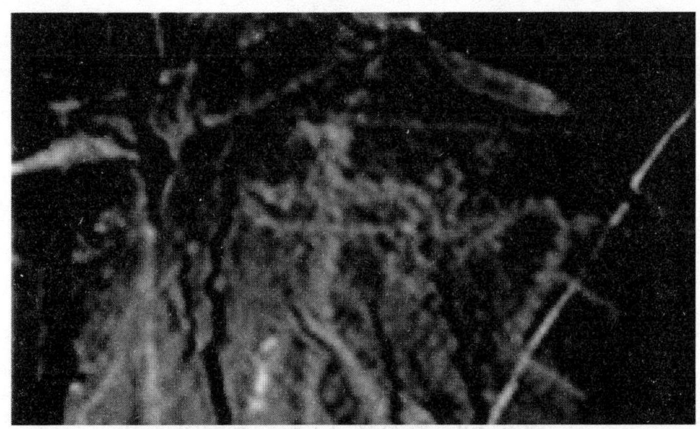

图 3-24　康家石门子岩画买西莱普图①

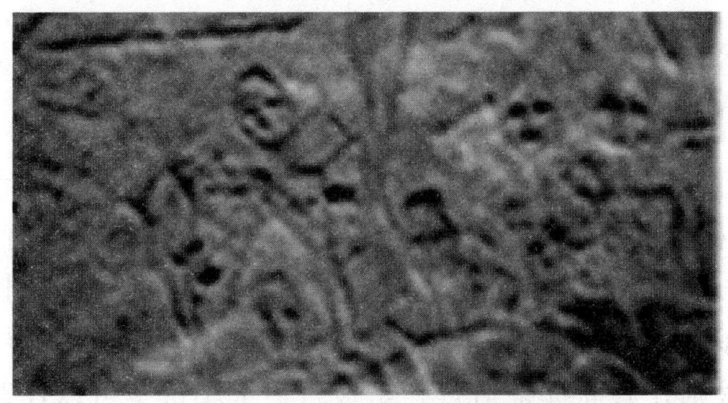

图 3-25　康家石门子岩画群舞蹈图②

发现于 20 世纪 80 年代的天山康家石门子岩画群图案的岩面平整，距地表约 10 米。画面东西长 14 米，上下高 9 米多。上面刻绘着二三百个大小不等、身姿各异的人物和动物。其中以女性形象最为细腻，反映了母系社会的欧亚大陆太阳神崇拜、双马神崇拜、女神崇拜的文化元素（图 3-26）。

栩栩如生的狩猎、射箭、放牧、饲养、征战，以及太阳和生殖崇拜岩画，绚丽多彩的乐舞、射箭、游泳等壁画，不仅是古代游牧民族创造的艺术品，也是新疆境内重要的体育文化遗存。

① 历史故事网：http：//www.lsgushi.com/zhimi/6510_6.html.

② 新浪网：http：//k.sina.com.cn/article_6433332313_17f74dc59001008twb.html.

图 3-26　康家石门子岩画舞蹈图[①]

七、姑娘追

天山康家石门子岩画群刻有岩画姑娘追图案。姑娘追是哈萨克族青年们最喜爱的一种在赛场上追逐的爱情马上体育游戏，多在夏秋季草原上举行。[②]游戏开始，一对对未婚男女青年骑马向指定地点慢行，去的时候小伙子可以向姑娘任意的调侃或求爱，姑娘只能默默倾听，不能生气；返程时，小伙子必须策马急驰，姑娘则在后面挥鞭追打。姑娘若追上小伙子可以任意鞭打，有时还将帽子抽落在地。[③]如果姑娘对小伙子有意，则会鞭下留情，只见鞭子在小伙子头上转圈虚晃不见鞭鞘落身，或者姑娘故意将鞭子抽打在坐骑的马屁股上，追逐嬉闹之间，热烈而妙趣横生（图 3-27）。

八、体操

在克孜尔千佛洞窟中第 77 窟、176 窟、178 窟各有一幅倒立图，汉代称为倒植，东晋时期称为逆行，唐代称作掷倒，宋明清时

① 中国网：http：//guoqing.china.com.cn/2017-08/09/content_41375835_2.htm.

② 阿布都热苏里．胡达拜地．伊犁地区民俗旅游开发研究 [D]. 新疆师范大学，2008：13.

③ 彭金城，胡昌吉，丁璐．新疆岩画与民族传统体育项目特征、起源的探索 [C] 全国少数民族传统体育运动会暨民族体育科学论文报告会 .2007：24.

期称作竖蜻蜓、拿大顶，现代体育称手倒立，以双臂支撑，头朝下，两脚向上而平衡，这是当今体操运动员无论徒手或者各种器械中使用频率都很高的技术动作。

图 3-27　康家石门子岩画姑娘追图[①]

九、剑术

现存于柏林亚洲艺术博物馆的克孜尔 8 窟甬道内壁《十六佩箭者》也证明剑术的存在和发展，图中二人身着翻领衣袍，手持佩剑，腰带上挂着剑鞘，持剑观望，神情悠然放松。

十、骑术

新疆洞窟壁画中也有很多骑马的画面，分为骑乘和骑射。在众多佛本生故事和佛传故事中都有驯马、骑马、舞马的内容，古代新疆各族人民从事畜牧业，盛产良驹，为赛马和马术的开展奠定了基础。

十一、新疆克孜尔石窟体育壁画

新疆克孜尔石窟体育壁画如下（表 3–3）。

① 图片论坛：http：//photo.xitek.com/photoid/207864.

表 3-3　新疆克孜尔石窟体育壁画一览表

序号	图名	位置	时间
1	角力图	175 窟	公元 6 世纪
2	弓射图	110 窟、114 窟	不详
3	骑射图	17 窟	不详
4	射猎图	38 窟	不详
5	射象图	14 窟、206 窟	不详
6	射豹图	14 窟	不详
7	游泳图	8 窟 114 窟	不详
8	倒立图	77 窟 176 窟 178 窟	不详
9	佩剑图	8 窟 80 窟	不详
10	持剑图	188 窟 38 窟	不详

第五节　丝绸之路体育遗存之不可移动文物宁夏篇

宁夏，地处西北黄河上游的河套地区，处在亚欧大陆桥的通道上，是丝绸之路的沿线。[①]“母亲河”黄河自西向东由甘肃进入宁夏，呈“几”字形分布，斜穿宁夏全境 400 公里。流水的冲积塑造了“塞上江南”河套平原，山川沃野，肥美的土地滋养了两岸的优秀民族，如羌狄、西戎、月氏、匈奴、鲜卑、铁勒、突厥、回鹘、党项、吐蕃、蒙古等，他们在这里繁衍生息、劳动生产、狩猎放牧。《山海经》中记载，戎人是宁夏贺兰山一带最早的原始居民和主人，他们在这片古老的土地上创造了远古的文化和神话，岩画艺术就是其中之一。

宁夏的岩画丰富多彩。宁夏分布有贺兰山、灵武二道沟、中卫北山、香山、中宁牛首山等五个岩画区，四十二个岩画点，总数约为 4.5 万幅。岩画的题材包括：狩猎、放牧、械斗、动植物、娱乐等。其中，体育形态岩画是古代先民在岩石和洞壁上创造人体造

① 崔凤祥，单颖，崔星．原始体育文化植根地域性因素考释［J］．山东体育学院学报，2008，24（12）：57.

型艺术，记录了古人的生活，寄托了古人的情感，依靠他们丰富的想象力创作了一部人类运动史的画册，是民族精神的凝聚，集北方中国民族艺术之大成，融合游牧文化和黄河文化，为我国历史发展做出了巨大贡献。

先民们为了生存要追逐野兽、争夺物资、跋涉奔跑、攀登崖壁、跳跃沟壑、抡棒投石，说明古代先民们拥有不亚于现代人的体育才能。也许他们并不需要体育，但体育却始终伴随，这是人本质的一种自然表现。经济基础决定上层建筑，民族体育文化的产生、传承也必然与当时特定的社会生产力和生产关系息息相关。因此，先民们的体育遗存在当代体育价值学中开始占据越来越重要的地位。宁夏的岩画群具有地域特色，融合了中原农耕文化的同时突出了尚武的民族精神，独特的自然地理环境催生了多种与生产、军事等活动交织的体育运动，展现出一幅“史前民族运动会”的画面，揭开了古代北方游牧民族在迁徙、流动、交融中的生产活动，对我们认识图像与体育的联系有重要意义。此外，被称为“宁夏敦煌”的固原须弥山石窟壁画反映了不同历史时期人们的生活，其中更是不乏体育运动的内容，须弥山石窟自西向东、由远而近，各个石窟本地特色渐浓而外来影响渐淡，记录了佛教艺术中国化的三次造型转变，是中国十大石窟之一，也是宁夏地区重要的历史古迹，是中西文化在丝绸之路上宁夏段的碰撞与交流。

位于宁夏和内蒙古交界处的贺兰山，全长220公里，东西宽15~60公里，是中国西北地区重要的地理界限，也是银川平原的天然屏障，也是历史上政治、军事、文化的博弈之地。贺兰山岩画有二十八个岩画点，起始于旧石器时代晚期，终至于西夏时期，经历漫长历史岁月的洗礼，镌刻古代宁夏猎牧民族的生产和生活的历史场景。[①] 总数约为三万幅，岩画之集中、数量之多、题材之广泛、内容之丰富、分布之密集、时间跨度之大、作画民族之多，堪称

① 崔风祥．贺兰山岩画与古代狩猎文化[J]．武汉体育学院学报，2005，39(4)：9.

世界之最，在中国乃至世界上具有特殊影响和地位。贺兰山岩画凝固和浓缩了游牧与农耕生活的场景。岩画带面积约四百五十公里，史前岩画有一万幅以上，大麦地岩画密度相当高，是北山岩画的荟萃之地，有许多传世之作。黄河以南的香山主峰周围也分布数量众多的岩画，古朴的线条展示了古代先民们的狩猎游牧生活。

一、狩猎

宁夏的自然环境及人文环境造就了美丽迷人的塞外风光、丰富的历史遗迹、浓郁的塞上风情。贺兰山岩画以多种动物图案和抽象符号，记录了远古人类在 10000 年前狩猎、争战、娱舞等生活画面。[①] 在南北长 200 多公里的贺兰山腹地，发现了数以万计的古代岩画。

世界上已发现的 2000 万幅岩画中，70% 以上创造于狩猎和采集社会，狩猎伴随着人类的生产与发展，人类以狩猎为特征的方式长达 200 多万年，狩猎和放牧更是游牧民族赖以生存的两大支柱，反映了游牧人对生活的探索，对自身价值的肯定，进而突出了人类的智慧和力量。狩猎活动不断促进增长人类的物质和精神需要，也是人类不断自我完善的过程。宁夏岩画中的数百幅狩猎图，数千个个体图案，繁忙紧张的打猎画面，再现了古人们的生活画面，从各地的岩画中可以看到丰富的狩猎文化和发达的狩猎业。

（一）单猎

根据狩猎人数区分而来的单猎，狩猎规模较小，范围较窄，狩猎对象主要是一些中小型的食草和温顺动物，羊、马、鹿、兔、狗，偶尔也有虎豹等大型动物，射猎姿势有站立、侧身、屈膝、前扑、后仰、跨步等。在狩猎过程中，单猎时可借助弓箭步猎，猎人持弓搭箭，站在羊群后，瞄准羊群，受惊的羊群迅速逃窜；或是骑于马

① 倪德馨．铭刻在大地上的歌谣[J].含笑花，2016（2）：38.

上，手执弓箭，张弓射猎；或是以动物皮毛或者植物做装饰物来捕捉动物。而车猎岩画一般刻绘的只有车轮，没有车身和绳索、拉车动物，这种透视的表现方法展现了人类技术的进步，是生活质量提高的展现。古人驱车行猎多采用徒步随车，使用弓箭射猎。

（二）双猎

双人步猎和骑步猎是狩猎的多种形式。通过双人之间的配合，能提高猎取成功的机率。动物的驯化为狩猎提供了助力，尤其是马的驯化，提高了狩猎时的速度，同时也对猎人的技能有更高的要求。双人猎马图中，一人单手持弓，直射羊的身后部，羊受惊屈膝，也引起旁边动物的注意；另一人箭已发出，直射马前腹，野马受伤跪地。而双人骑射图中，二人在草原上骑马狩猎，有羊、马、牛等多种猎物，甚至有飞禽，搭弓射箭，志在必得。

（三）围猎

围猎是一种大规模的集体行动，从三四人到七八人甚至更多。他们拉开距离，使用不同的工具冲向猎物，常有一人指挥或密切监视猎物行踪，这是有组织、有分工的集体捕猎行为。从最初的步行围猎，利用弓箭、石块等工具面对面袭击猎物，到后来的利用马等驯化动物，这是生产方式的进步，人们通过有效的团队合作，不仅降低了狩猎时先民们受伤的概率，也提高了狩猎的效率。

狩猎，在古代居民的游牧生活中，是非常重要的生活方式之一，是在生产力水平相对低下时民族得以生存繁衍的依托之一。

二、射箭

狩猎作为重要的生存方式之一，随着狩猎工具的发展出现了投矛器，投矛器的改进为弓箭的发明创造了条件。弓箭射程远、速度快、杀伤力大，弓箭的出现对当时的狩猎具有革命性的意义，所以使用弓箭打猎越来越普遍，是物体的弹力和人类的臂力的有力结合,在当时社会来说异常先进。射箭技术的出现之所以如此之早,与远古人类的生产活动有极为密切的关系。农业生产出现以前,远古人类主要靠狩猎和采集为生。一开始,人们靠棍棒和石头与野兽进行近距离的搏斗,不仅容易受伤还会引起猎物警觉,不利于狩猎。人们渐渐发现柔韧性较好的树枝会产生弹力而产生杀伤力,弓箭出现了,射箭日渐受到人们的重视。随着历史的前进,战争出现了,射箭更是发挥了重要作用,在军事上受到人们的重视。射箭是原始社会和封建社会重要的体育运动项目,不仅是生存手段之一,也是重要的作战方式之一。即便到了封建社会末期,弓箭因为洋枪洋炮的引进逐渐退出战场,但仍作为民俗体育活动得以保存下来,成为人们的一种娱乐手段。

此图是一幅步行围猎图,猎手们搭弓拉弦,瞄准猎物的要害部位。右边的猎手屈膝后仰,用尽全力拉弓,离弦的箭射向最近的一头小羊;左边的三位猎手,上者左脚在前,后脚屈膝在后,对准山羊后部,中间者双腿屈膝,面前的小山羊已是囊中之物,下者面对近在咫尺的山羊左脚在前,后腿屈膝下跪;右下角,还有一位双腿屈膝,身体后倾的持弓射箭者(图 3-28)。山羊们有的受惊逃窜,有的受伤蹲下,猎人们可远射,也可近射,可见射箭在狩猎中带来的便利性。

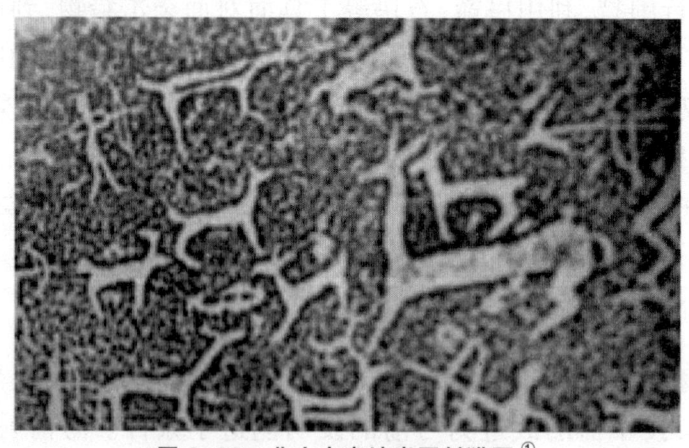

图 3-28　北山大麦地岩画射猎图[①]

① 搜狐网:http://www.sohu.com/a/144197105_775129.

宁夏作为北方游牧民族聚居地之一,射箭不仅是狩猎的重要方式,还是部落之间战争的必备技能,是崇尚勇武的党项人等民族的代表运动项目。射箭成为古丝绸之路沿线上宁夏的重要的体育遗产遗存。

三、乐舞和巫舞

乐舞是一种在空间里展现和时间里流动的艺术,或激烈,或柔美,或深沉,似稍纵即逝的闪电,或是划过天空的流星,是人类生命和炽烈的情感,是人类自身力量的展示。舞蹈作为文化的基本形态,具有一定的特殊含义,通过舞蹈表现人们的丰收、战争、生活等活动。宁夏岩画中,舞蹈内容普遍存在,场面动感、气氛热烈。按舞蹈人数划分可以分为单人、双人和多人等形式;按内容划分可分为羽舞、面具舞、战争舞等。舞蹈的参与者由单人独舞到双人共舞,再到拟兽舞和巫舞,先民们不仅模仿动物起舞,还能和动物马、羊、鹿等共舞,甚至和骑者群舞。独舞者人物下肢两腿叉开,屈膝下蹲,系有尾饰;双人舞者大多肢体舒展,动作配合一致而且造型优美;拟兽舞作为人类最初的舞蹈表现形式,是一种模拟艺术,通过扮演猎人角色和野兽形象,再现狩猎场景,娱乐的同时传授狩猎技艺,具有认识猎物的教育功能以及锻炼猎手体魄的体育功能。

在古代,低下的生产力使人类无法对自然规律作出科学的解释,只能寄托于巫术,以表示对大自然的各种崇拜和供奉。巫舞是习俗活动中的舞蹈,是比较古老的文明形式之一。“舞”和“武”在古代是通用的,中国现代武术的成套动作曾经受到潜移默化的影响,武术的精髓源自巫舞,受益于巫舞。宁夏巫舞岩画细节突出,舞者高大粗壮,又有头饰尾饰的装扮,张牙舞爪,再现了巫术的魅力魔法。

贺兰山岩画记载了当地古人生产生活的场景。图中有马面人的图像,可见先民们丰富的精神生活。同时一人领舞,六人伴舞的连臂舞，舞姿优美，又有面具做装饰，阵容较大，场面热烈。游牧丰收或者战争胜利后，先民们载歌载舞尽情庆祝，感谢上苍宽厚的赐予。通过拟兽舞，更是表达远古人狩猎游牧生产的艰辛和对自然界的强烈占有欲。[①]

古朴而简单的舞蹈岩画，涵盖了语言、音乐、肢体运动以及生活习俗等诸多元素，无不诉说着古代宁夏地区的游牧风情，生动再现了当地的生活场景，体现了当地先民积极乐观的生活态度，诠释了人与舞蹈艺术的有机联系。

四、乘骑与赛马

（一）乘骑

动物的驯化衍生出乘骑，这是人类生产生活方式的进步，进而也产生了一种新的体育运动。早在公元前 4000 年，人类就驯服和利用了马。并用其作为乘骑的工具，马是陆地上快速奔跑的动物之一，马从最初人类猎食的对象，被驯化成为畜牧、农业生产、交通运输、军事活动的主要原动力，我国也因此成为世界上驯化马、饲养马历史最悠久的国家之一，而且始于西北。宁夏岩画中的马，竹叶尖耳，拖地长尾，四肢挺拔，马立山崖时拨动双耳，高昂着头远眺。不乏古代游牧民族与马朝夕相处的生活场景，养成了“驯马”“爱马”“饰马”的传统习俗，以及高水平的马术功夫，豪迈、勇武、彪悍的民族精神和独特的“马”文化得以创造。

宁夏乘骑岩画包括牵骑、单人乘骑、双人乘骑，骑行工具包括马、骆驼、羊等，骑行目的可以是狩猎、放牧、赛马、战争等。狩猎时的骑射，战争时的骑兵，赛马时的骑手，还有放牧等都有乘骑的影子，不仅提供了生产生活的便利，也是锻炼身体的重要方式之一。

① 崔凤祥，崔星．贺兰山史前射艺岩画类型分布考察[J]．山西师大体育学院学报，2009，24（4）：1.

北山大麦地苦井沟敲凿的骑牧放鹿图，画面长59厘米，宽40厘米，再现了游牧民族放牧的情景。宁夏黄河沿线地区土壤肥沃、水草丰美的冲积平原，加上贺兰山山脚，都是先民放牧的绝佳之地，因此农牧业发达。宁夏地区的古代各民族，经历部落的迁徙，放牧牛、羊、鹿、马颇为常见。在山脚下，驯鹿人骑着马匹，右手拍马，姿势挺拔的立于动物群之后。一只麋鹿昂首挺胸，驻足前方，鹿角线条清晰；马匹悠闲站立，羊悠闲吃草 ，或停留，或奔跑，或蹲坐，一幅恣意驰骋、悠闲放牧的画面得以呈现，动静结合，活灵活现，真实再现。

（二）赛马

赛马由乘骑发展而来，其历史悠久，古代称为“驰逐”或“走马”，是我国传统体育项目活动之一。

在青铜峡市贺兰山南端沙石梁，有幅宽60厘米，高41厘米凿刻制作的赛马岩画，再现了先民们赛马的盛况。天气晴好的日子里，先民们聚集起来参加部落的集体活动。年轻力壮的小伙子，骑上骏马驰骋，劲力十足，胜者亦可夺取彩金。四马奔腾呼啸而来，拔得头筹者双手迅速勒紧缰绳，马头高高扬起，前蹄高抬几乎直立，骑手依然稳坐马背；随后的马匹重心后倾，骑手右手拉紧缰绳，左手平抬，稳稳地停住；骑马者双手持缰，马匹下蹲的同时重心后移又似起跑；右上角者左手拍马，闲庭信步。四匹骏马身姿矫健，马尾飘逸，马足敦厚有力，赛马者们骑术水平高超，奔驰急停均能稳坐于马背之上。

乘骑岩画向我们展现了骑术已经渗透于先民们的生产生活之中，既是生存方式的助力，也可娱乐健身。赛马更是传承至今，成为民俗体育的重要内容，也是传统体育项目的代表之一。

五、跑跳投

原始社会时期，如何通过渔猎、采集获得生活必需品是人类的首要问题，人类必须依靠自身的体能和技能不断地同自然界及禽兽作艰苦的斗争，奔跑、跳跃、投掷甚至攀登就成为人类生存的最基本生活能力。在与野兽的搏击中，在战争的拼杀中，跑得快、跳得远、投得准的人往往出类拔萃，引起众人的仰慕与效仿，一种独立于生产、战争的运动形式——田径发展开来。古籍中不乏走、趋、奔这类“跑”的同义词，也不乏踊、逾高、超远这类“跳”的同义词，更不乏“掷”这类“投”的同义词，《夸父逐日》《逾高绝远、轻足善走》《投足超远》等动人的故事证明了跑跳投在远古时期就在人类社会中发挥着重要的作用，是人类体育基础的田径项目。

（一）奔跑

奔跑是人类同大自然和猛兽的搏斗中最基本的活动技能。为了缩短与猎物的距离，不仅需要提高奔跑的速度，还要延长奔跑的时长。奔跑是原始人最外在的特征。为了繁衍生息，奔跑作为人类生存技能世代相传，也是原始教育的重要内容。奔跑也是战争中克敌制胜的一种手段。宁夏岩画中不乏奔跑画面，或是狩猎时，或是战争中，或是起舞时，或在追逐，或在被追逐。走或跑是人最初的本能，随着社会的发展成为人类的体育运动形式。[①]

有幅中卫市北山大麦地新井沟敲凿制作的岩画，画面宽 135 厘米，高 65 厘米，图中一人奔跑赶羊，微抬的双手说明奔跑速度较快。羊群驻足站立，或低头吃草，或悠然远眺，俨然一幅先民放牧图。由此可见，奔跑和古代人类生活息息相关，也考验着古人们的身体素质。

（二）跳跃

跳跃是人类的基本活动方式之一。古代人类在各种斗争中，为了生存必须行走或奔跑很长的距离，在山林或道上路遇溪流、

---

① 俎林平.马克思的实践发展观及对和谐社会理论的价值研究[D].西南大学，2009：5.

沟坎等障碍，必须用敏捷的动作跨越障碍，或连续跑跳踏石过河，或撑杆而过，或跨越不太高的山崖陡壁。跳跃，同样是人类生存不可或缺的基本技能，后来发展成为独立的田径项目。

中卫市北山大通沟老虎嘴凿刻制作的跳跃岩画，画面 15 厘米 ×19 厘米，跳跃者双腿弯曲，双臂施展微收，似起跳时双臂上扬的同时双腿跃起跨过面前的北山羊，也许是集会时的即兴表演，也许是放牧时对动物的追逐，画面逼真。除此之外，画中还包括了跳跃滚石、山坡、沟坎等内容，舞蹈中也有跳跃的动作，画面动作与现今的跳远、跳马颇为相似，展现了古人的体魄。

（三）投掷

投掷是人类不可或缺的基本活动方式之一。它是力量和速度的结合。远古时期，投掷是狩猎的重要方式之一，投掷工具从木棒到石球、飞石索等，并逐渐演变成一种投掷运动。

青铜峡市贺兰山南端砂石梁凿刻制作的围猎岩画，画面 50 厘米 ×43 厘米，猎人们双脚开立，上身微后仰，两臂侧平举，右手拿球做出击打投掷的姿势，用石球投向猎物，引得猎物四处逃窜。

弓箭、石球、木棒、陷阱、绳索是原始狩猎工具，宁夏贺兰山狩猎岩画中的特色是使用石球狩猎的图案题材较多。

石球是早期人类社会典型的打猎工具，可分为原始的以手投掷和复合工具投掷如飞石索等，这都意味着劳动技能的日渐提高。先民们充分利用石球的作用，掷打马、鹿、羊甚至是虎，除了步行投掷还可骑马投掷，飞石索的出现是投掷打猎的进步，有距离的狩猎能在一定程度上降低受伤机率。久而久之，抛掷石球成了先民们的日常生活习惯。将手中的球抛向空中，边抛边接，使其不落于地，递相接续，与现代杂技项目中的抛掷表演颇为相似。尤其进入新石器时期，石球的社会功能发生了变化，小型石球成了用以踢弄的游戏器具。可见石球是狩猎的工具，也是锻炼臂力、增强体质和技能技巧的体育器具。

六、徒手摔跤

摔跤是两人互抓把对方摔倒的竞技运动，它是人类古老的运动之一，起源于氏族部落以渔猎为生时期与猛兽搏斗的自卫活动中，是顺应远古时代原始人类的种种需要而逐渐发展起来的。历史上的摔跤有角力、蚩尤戏等。它运用于健身、军事、娱乐中，是一项经久不衰、不可或缺的体育运动项目。

中卫市北山大麦地的摔跤岩画，画面 38 厘米 ×45 厘米，凿刻画作。摔跤二人抡臂相搏，半蹲后发力将一方摔倒在地而获胜。先民由最初的与猛兽搏斗到后来二人徒手互搏以供娱乐，体现了先民生存方式随着生产力提高发生改变，展现了崇尚勇武的民族精神。

宁夏众多的岩画画面，记录了古代先民们的生活场景，传递着史前的生活信息，具有很高的学术价值，为研究古代体育、发展现代体育提供了丰富的借鉴资料。

第六节　丝绸之路体育遗存之不可移动文物其他地区篇

中国岩画独具特色，古朴自然，简单的线条勾勒出远古人类的生产生活场景，诠释了古人对自然的崇拜和敬畏。在岩画的启迪之下，壁画采用多种绘画方式以及绚丽的色彩讲述远古故事，内容更加丰富，画中形象更加丰满。

在发展“一带一路”的战略号召下，以汉代“丝绸之路”为主的陆上丝绸之路被充分挖掘，其中还包括“草原丝绸之路”以及北宋时绕开西夏的“丝绸之路”等。

一、体育岩画壁画之内蒙古篇

“草原丝绸之路”从中原出发，经过内蒙古后西行直达地中海欧洲地区，其地域因水草分布而更加广阔。这条商贸之路不仅为中西文化交流做出重要贡献，还留下了弥足珍贵的体育文化遗存。

内蒙古岩画包括动物、人物、神灵等内容，十分丰富多彩，其艺术水平精湛，应用敲凿、磨刻、线刻等刻法，堪称世界岩画经典之作。内蒙古三大岩画宝库包括：阴山岩画、乌兰察布山岩画和贺兰山岩画。[①] 阴山岩画的主要题材是狩猎图案，表现了史前民族的社会生活画面。元明清时期的放牧图、舞蹈、征战、原始星图、神灵图像构成了这部北方游牧民族的画史。乌兰察布山岩画分布于乌兰察布各地，以突厥岩画为特色，以家畜和放牧题材为主，记录地区的自然变迁，是极为原始质朴的艺术作品。

内蒙古绵延数千里的辽阔草原上壁画资源丰富，年久脱落和被盗破坏，现有46组57幅，榜题250多项，约700余字，记录了墓室主人的生活和当时的社会信息，在汉代壁画和画像石上记录了北方民族的形象，反映了汉代的政治经济生活，为研究汉代的车马出行制度、城市和官署建立提供了重要的资料。宝山辽墓是目前所知最早的辽代壁画墓，因此内蒙古多个壁画群彰显了内蒙古地区绚烂的民族文化，记录了民族的历史发展足迹和绵绵不绝的文化命脉，是珍贵的民族文化遗产。

（一）骑射狩猎

位于内蒙古阿拉善戈壁深处阿拉善右旗孟根苏木境内的曼德拉山，有一处亚洲最大的岩画群落，岩画群呈走廊分布于山间，也被称作“曼德拉山岩画走廊”。在18平方公里内，岩画众多，堪称“世界第二，亚洲第一”。岩画刻技精湛，图案清新，粗犷古朴，记载了当时的生产、生活、自然、社会情况。[②] 其题材内容众多，堪称中国西北古代艺术画廊，对研究中国古代人类的社会发展史、民族史、畜牧史、美术史具有极高的艺术价值。

---

① 李特，张玉花．内蒙古地区岩画内容及艺术特点探析[J]．中国民族博览，2018(3)：148.

② 陈晨．内蒙古地区岩画中的骑马人形象研究[D]．郑州大学，2012：13.

该岩画群年代跨度从6000年前的新石器时代到清朝，保存岩画4234幅，岩画内容从海龟、鹰到岩羊、北山羊、马匹、骆驼等，记载了这一地区生态的变迁(图3-29)。反映了大量的狩猎、放牧、村落生活，是北方民族造型和文化的露天博物馆。图中是一幅大型集体狩猎岩画，猎人们或骑马射箭，或驱马赶羊，或在一边舞蹈助威庆祝。一幅岩画将狩猎、射箭、骑马、舞蹈等多种远古体育项目呈现出来，足见古人不凡的绘画技术。

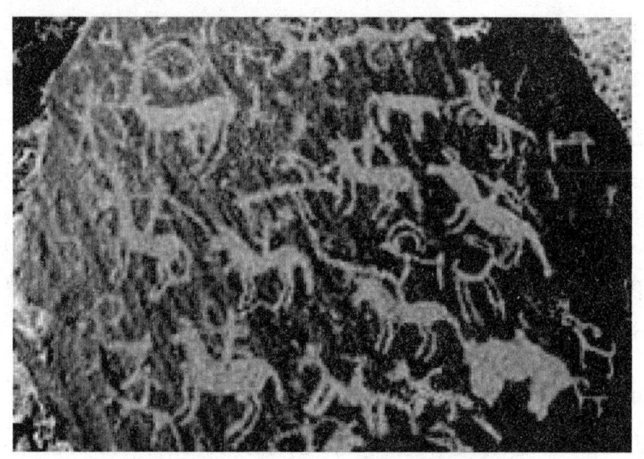

图3-29　曼德拉山岩画狩猎图①

（二）赛马和马术

蒙古高原上的民族多为“马背上的民族”，马匹的驯化不仅用于狩猎征战，赛马和马术更是重要的娱乐项目，丰富了游牧民族的日常生活。由阿拉善右旗的村落岩画中18个帐篷不难看出，在青铜时代甚至更早，人们已经由穴居发展为帐幕居住，反映了狩猎业向畜牧业的发展(图3-30)。村落旁边马匹往来，清晰刻画了马匹身上的各种细节，可见马匹在日常生活中的重要性。

随着畜牧业的发展，骑马放牧越来越普遍，加上蒙古草原得天独厚的地理优势，良马众多。随着生产力的提高，赛马和马术、舞马等以马匹为重要依托的娱乐性体育项目随之发展开来。

① 新浪网：http：//news.sina.com.cn/c/p/2005-10-23/00338083758.shtml.

图 3-30 曼德拉山岩画赛马图①

（三）摔跤

摔跤是游牧民族的传统体育项目之一，内蒙古地区不仅是“马背上的民族”，而且酷爱摔跤类运动。内蒙古清水河塔尔梁五代壁画墓中，在墓室北壁发现一幅力士图（图 3-31）。墓室内砖雕门右侧上下两层壁画，上层右侧为力士图。力士身材壮硕，头发呈牛角状，全身赤裸举起并握拳于胸前，双腿交叉站立，摔跤手的形象十分逼真。

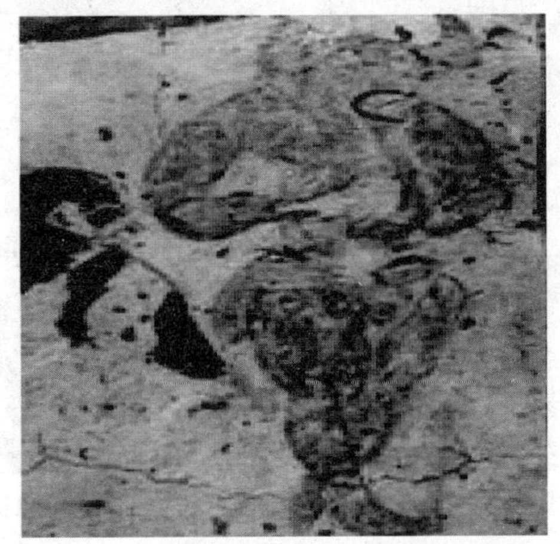

图 3-31 清水河塔尔梁五代墓壁画摔跤图②

① 搜狐网：http：//www.sohu.com/a/314441240_645092.

② 百度文库：https：//wenku.baidu.com/view/3b20b3d2284ac850ac02425e.html.

而敖汉旗娘娘庙辽墓是迄今为止发现的唯一以摔跤为题材的壁画，对于探索辽代摔跤的种类、表现形式，以及外来文化对辽代摔跤的影响提供了一份极为珍贵的实物摔跤岩画资料。

（四）马球

同样发现于塔尔梁五代壁画墓墓室西北壁的马球休憩图和马球用具图可看出，一男子坐于一把靠背椅上，身着暗红色长袍，右手持一马球杆，左手拿马球，呈休憩状。而墓室东南壁采用砖雕与壁画相结合的方式表现娱乐工具与武器。上层为一排砖雕凸出的方形仿木椽头，其下为砖雕凸出的直径约 0.1 米的圆形物，红彩涂抹后又在圆形凸起物外缘画出直径约为 0.3 米的同心大圆盘（图 3-32）。圆盘下方为墨线勾勒的棍棒直抵墓底，圆盘上端的棍棒勾勒出圆拐形状。对比墓室中的马球杆可知其应为一套马球用具，右侧为砖雕的绘有弯弓和羽箭的弓囊。弯弓置于一暗红色的弓囊内，倾斜的箭囊呈长条圆筒状叠压于弓囊之上，以红色条纹装饰。

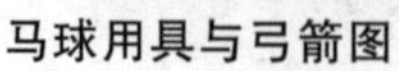
马球用具与弓箭图

马球休息图

图 3-32　塔尔梁五代壁画墓马球工具及休息图[1]

① 百度文库：https：//wenku.baidu.com/view/3b20b3d2284ac850ac02425e.html.

除此之外，在敖汉旗娘娘庙辽墓壁画中也有一幅马球图，以及皮匠沟1号辽墓中的马球图，足以证明辽代契丹人对马球的喜爱，体现了民族之间的体育文化交流。

（五）钓鱼

塔尔梁五代壁画墓墓室西北壁虎形灵兽下部为一幅钓鱼图，一男子身着暗红色长袍，左手持钓鱼竿，竿下有一黄色小鱼，体现了钓鱼这项休闲娱乐的体育项目（图3-33）。

图3-33 塔尔梁五代壁画墓钓鱼图①

二、体育岩画壁画之青海篇

青海岩画主要分布在祁连山南麓、昆仑山以及巴颜喀拉山这三大山系有水源之地，集中分布于青海湖周边及其以西地区，以海西州数量最多，有14处，呈现出由东向西海拔逐渐升高的特点，有敲凿法、磨刻法、线刻法三种工艺。内容多表现狩猎、游牧、战争等，包括人物、动物、车轮、符号几大类，牛、鹿、马、骆驼等动物较为常见，而牦牛成为青海岩画出现年代最早、频率最高的一

① 百度文库：https：//wenku.baidu.com/view/3b20b3d2284ac850ac02425e.html.

种动物，见有独牛、群牛、人骑牛、射牛图、虎噬牛等岩画图，是体育运动在古代的重要体现。

（一）角斗

青海天峻县江河乡卢山岩画角斗图展现了古代人们争斗的场面。画面中两人相对站立，手持弓箭成对峙状态，或个人恩怨，或争抢地盘，或部落冲突。右侧人张弓拉箭先于左侧人。这种先发制人的弯弓动作，使画面突出了一定的动感和古人所表达的处事方式（图 3-34）。

图 3-34　卢山岩画角斗图[①]

（二）狩猎

舍布齐岩画位于海北藏族自治州刚察县吉尔孟乡的青海湖西山舍布齐沟沟口处。岩画刻在沟口北岸板页岩石上。现存画面约 30 幅。舍布齐岩画距青海湖八公里，雕凿于一块高 2.8 米、宽 3.4 米的岩石上，大约为南北朝至唐代。为青海省级文物保护单位。内容包括动物、狩猎等，手法属于垂直打击的方法，图案粗犷豪放，线条纹路简洁，形象古朴生动。舍布齐岩画分三组，第一组有人骑马狩猎以及牦牛、鹿、羊等图案。第二组有牦牛、猎手、

① 搜狐网：http：//m.sohu.com/a/15443688_117866.

羊、狼等图案。画面上方为骑马狩猎图，猎物牦牛形体高大，牛尾末端打制出一环形，牛为小头隆肩，身体造型拙重，非常雄健，猎手骑马射箭，腰悬精心打制的缒杖，蓄势待发。中间一幅兽逐图，即一只狼追逐一匹马和一头羊，为早期先民作品。第三组以制作精细考究的3头牦牛为形象。骑猎图是一幅具有断代意义的画面，腰间长形并以球形物装饰一端的缒杖是中亚乃至欧亚草原游牧部落武士和猎人的标志（图3-35）。缒杖在中亚地区岩画以及我国丝绸之路沿线地区等北方草原岩画中也常见，在青海野牛沟岩画中也有缒杖的形象。

图3-35　舍布齐岩画狩猎图[①]

青海天峻县江河乡卢山岩画的图案造型生动、制作精良、形象丰富，单幅岩画较多，是青海岩画中的精品。它具有较强的写实性，我们甚至可以将它视作古人对生活场景与自然万物的忠实描摹。有一幅车猎图为三匹马驾车，人站在车上正弯弓引箭射猎车后追逐而来的野牛。为了明确表示“射猎”或“射中”的意图，先民还刻意将箭矢疾飞的轨迹也雕凿出来（图3-36）。还有一幅图，一人张弓拉箭对准动物的尾部进行射杀（图3-37）。我们的目光回溯，若干年前，这片草场上的动物要比今天丰富许多，它们与青藏高原的先民们，共同勾画出一幅人与自然和谐相处的生动图景。

① 搜狐网：https://www.sohu.com/a/333823010_459352.

图 3-36　卢山岩画车猎图[①]

图 3-37　卢山岩画单猎图[②]

（三）棋类

青海民和县的寺沟峡岩画“老牛棋”棋盘，它是众多的民族都喜欢的棋类项目。此棋的棋盘及下法各民族都相同，但命名及每个棋子所代表的寓意各不相同。汉族叫老牛棋，是 24 个猎人围攻 2 头野牛的对弈。蒙古族叫围鹿棋，是 24 条猎狗与 2 头野鹿的对弈。藏族叫国王和大臣棋，土族叫皇上棋。大概是“国王”“皇上”在一场战争中的表现。棋子中的围猎与战争来源于生活，反映了生活，是多么有趣的事情。此棋的棋盘纵横交错，变化无穷，所以千百年来这种游戏在草原上一直盛行不衰（图

① 青海省人民政府：http：//www.qh.gov.cn/dmqh/system/2013/12/03/010088939.shtml.
② 青海省人民政府：http：//www.qh.gov.cn/dmqh/system/2015/05/25/010165021.shtml.

3-38）。无独有偶，这种“老牛棋”的图案在青海很多地方都曾出现，如玉树称文镇的查日沟岩画；湟源的石堡城城砖刻老牛棋谱；湟源西石峡大黑沟岩画等。

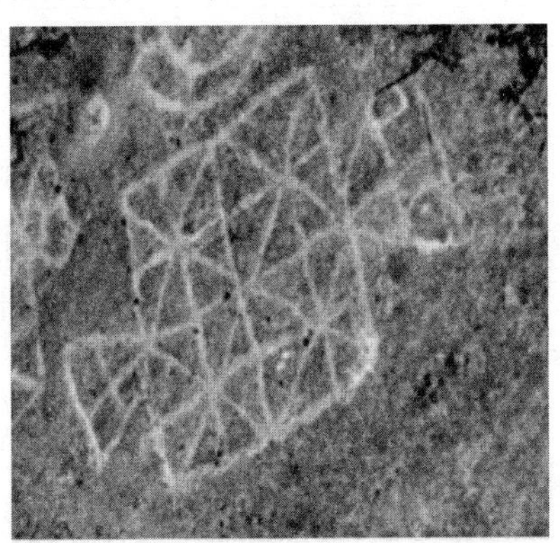

图 3-38　寺沟峡岩画老牛棋棋盘图[①]

青海通天河流域的棋盘岩画共有四处，分布在称多县和治多县境内，大小共计 5 个棋盘。其特点是：棋盘为平面石刻画于地面，岩面较大且离地面高度较低。据判断，棋盘岩画基本具有进行棋子游戏的实用功能（图 3-39）。且分布较广（表 3-4）。

图 3-39　通天河流域岩画棋盘图[②]

① 青海读书：https：//mp.weixin.qq.com/s/UEOJxcEOZaOshVxPmbiNXA.

② 公社网：http：//www.gongshe99.com/travel/803613.html.

表 3-4　青海通天河流域棋盘岩画分布一览表

序号	地点
1	玉树市仲达乡俄其然巴棋盘岩画
2	称多县称文镇的东果棋盘岩画
3	庚卓棋盘岩画
4	尕朵乡的木莫桑朵棋盘岩画
5	拉布乡的白塔渡口棋盘岩画
6	囊谦县香达镇的噶来棋盘岩画
7	多芒秋丁棋盘岩画
8	治多县立新乡的客尤山棋盘岩画

第四章　丝绸之路体育遗存之可移动文物

可移动文物包括实物、艺术品、工艺美术品、手稿、图书资料、化石等。[①] 丝绸之路体育遗存也有丰富多彩的可移动文物。

第一节　丝绸之路体育遗存之可移动文物陕西篇

陕西长安(今西安)是丝绸之路的发源地。2014 年,汉未央宫遗址等七处遗产点被正式列入《世界遗产名录》。它既是开通"丝绸之路"的决策地,也有唐代繁荣鼎盛推动丝绸之路的见证 。在文化的交流与民族的融合过程中,体育文化得以推广发展。

一、蹴鞠

蹴鞠是我国古代的一种"足球"运动,起源于战国时期齐国的都城临淄。到了汉唐,这项运动开始兴盛起来,并分为音乐伴奏的表演性蹴鞠和无音乐伴奏的竞技性蹴鞠。蹴鞠通过和亲等方式向少数民族地区传播,尤其是"丝绸之路"开通后,受中原文化影响的胡人中已有不少蹴鞠好手,这在史书以及唐诗等文学作品中都有记载。宋代,蹴鞠也得到了推广和发展。鞠球的制作工艺大大提高,由原来的六至八张尖皮缝合发展成十至十二张牛皮缝制而成,内充以吹气的动物膀胱,球体更圆,更容易操控,踢起来观赏性更强。宋代的蹴鞠开始向杂耍娱乐方向发展,成了皇帝

① 白书升.舟山海岛文化生态保护研究[D].浙江大学，2014：3.

百姓，老少皆宜男女不限的娱乐活动。随着蹴鞠的普及，当时还出现了专门的踢球组织——球社，如史书记载的“齐云社”“圆社”等球社有严格的社规，教授专门的踢球技艺及道德规范。城市中还有蹴鞠爱好者专门的活动场所，一些大的宴会以及店铺吸引人们前往常伴有蹴鞠表演助兴。当时还出现了很多由于球技水平高而闻名的“球星”，如《武林旧事》中就记载了范老儿等五位高手的姓名。

绥德大弧梁出土的东汉时期蹴鞠击剑图，高 50 厘米，宽 180 厘米。门楣石上刻一组蹴鞠表演，左右二人扬手顿足，各踏一球上并且两肘抵一大球进行表演。汉代出土的画像石不乏蹴鞠内容，《西京杂记》中还记载新丰城的由来是由于汉高祖刘邦孝顺父母而建。东汉时期已经出现较完备的足球比赛，球场、球门、队员、裁判和比赛规则日趋成熟。汉代的“鞠”为四片兽皮拼接而成，塞满动物毛发的实心球，而唐代的“鞠”为八片，放入动物膀胱制成充气球，更有技术含量。碑林博物馆藏蹴鞠纹画像石、耀州窑出土的宋蹴鞠纹陶瓷器、扶风蹴鞠纹银饰带等都再现了蹴鞠运动的场景（图 4-1）。

图 4-1　门楣石刻蹴鞠击剑图[①]

二、马球

陕西白陶打马球俑共四件，是陕西地区出土的陶制马球俑之一，非常珍贵。从制作的风格和样式判断，属唐朝天宝年间的遗存。马球俑通高 7 厘米，通长 10 厘米，造型精巧、细致、逼真，十分罕见。马全结尾，四蹄凌空，双耳直竖，头向前伸，嘴略张开，鼻

① 网易博客：http：//rrenhuaien.blog.163.com/blog/static/95160668201612815055527

孔似在喷热气，整体上留下一种球场上拼搏奋击的场面。马上击球队员头戴幞头，身着长袖衣，有直身的、侧身的、伏身的，均以右手持球杖，作抢球和击球状，坐骑动作配合得惟妙惟肖，堪称唐代文物的精品（图 4–2）。

图 4–2　打马球白陶俑①

唐代彩绘打马球俑于 1981 年在陕西省西安市临潼区关山挖掘出土。此俑高 8.5 厘米，长 14 厘米。骑手上体前倾，伏身马背，双膝夹紧马肚，左臂前伸，右臂似挥球杖，马四蹄腾空，飞驰向前，具有强烈的动感形态（图 4–3）。

图 4–3　彩绘打马球陶俑②

① 四川在线：https：//sichuan.scol.com.cn/cddt/201608/55606661.html.
② 新浪博客：http：//blog.sina.com.cn/s/blog_5d22737b0100cbdn.html.

1959年在陕西省西安市长安区南里王村唐韦炯墓挖掘出土了彩绘打马球俑。通常单个马球俑高30 ~ 33.5厘米，材料为陶质彩绘。双马昂首挺胸，光彩夺目，马上击球者，头发挽成髻，身穿翻领外衣长裤裤，双足登靴，神情专注地打马球（图4–4）。

图4–4　彩绘打马球陶俑[①]

马球纹图案铜镜系西安大唐博物馆藏文物，镜面边缘呈八角菱形，填补了陕西唐代铜镜反映马球活动的空白，镜背以四名骑手打马球素材，有高举球杖、抢球、伏身击球动作，并以蝴蝶、绿草烘托，场面激烈又充满欢乐（图4–5）。由此可见，马球运动在唐代十分盛行，受到统治者的推崇并在民间普及开来。

图4–5　马球纹图案铜镜[②]

① 昵图网：www.nipic.com.

② 搜狐网：http：//www.sohu.com/a/101418902_260616.

三、捶丸

捶丸作为我国古代三大球类运动之一，文献上最早见于《丸经》，捶丸由步打球发展演化而来，大约成熟于北宋徽宗时期，大盛于宋金元三代，类似今天的高尔夫球，也与曲棍球相似，球以硬木制成，球杖为木竹合制，场地上设有球洞，击球入洞多者为胜。

陕西博物馆藏的捶丸画像砖，制作于宋代，风行于宋元明三代。砖上二人专注于捶丸运动。右者右手高举，左手下放，屈膝击球，左者左手在上右手在下，双手执杖屈膝抢球，尽力击球入洞，展示了捶丸时奋力抢球的画面（图 4-6）。除此之外，陕西唐绞胎瓷捶丸图案也展示了该运动在关中地区的盛行。

图 4-6　捶丸画像砖[①]

四、射箭与弩

射箭是体育运动的重要内容，是古代军事和狩猎的重要方式，在中国古代北方民族体育中占据重要地位，是中国古代体育项目的鼻祖。

西汉彩绘射姿立俑于 1950 年在陕西省咸阳市韩家湾狼家沟挖掘出土，俑高 50 厘米，俑面部轮廓清晰，神情专注，直盯目标。

① 大众点评：http：//www.dianping.com/photos/23872326/photocenter.

头戴赤色头巾，身穿长袍，足登靴，身后倾，双腿分开站立保持身体平衡稳定，双手呈射箭拉满弓姿态，表现的是一个“西北望，射天狼”的勇士形象。表现出汉代军人藐视一切的气概（图 4-7）。

图 4-7 彩绘射姿立俑[①]

唐代彩绘胡人骑马射猎俑于 1960 年，陕西省乾县永泰公主墓挖掘出土，俑高 33 厘米，长 27 厘米。马俑伫立，膘肥体壮。马鬃修饰精致，马上骑士，头扎巾，身着淡绿色大翻领胡服，足登靴，脚踩马蹬，上体左转，注视前上方天空飞翔的猎物，双臂呈张弓搭箭的骑射姿势。将静马与动射的形象表现得淋漓尽致，并形成了强烈的对比（图 4-8）。

彩绘跪射俑是 1999 年 9 月在秦陵二号陪葬俑坑中挖掘。它是秦俑中惟一的绿脸俑。俑的脸部、颈部均为黄绿色，黑色的眉毛和胡须，眼睛黑白分，表情威严。跪射俑的姿态为单膝下跪，凝视前方，徒手做出左手持弓，右手持箭的等待下达指令状态（图 4-9）。秦始皇陵兵马俑的铜弩机，由牙、钩和悬刀组成，用铜枢安在木壁框槽中，属于“臂张弩”。它和秦始皇陵兵马俑坑出土的其他兵器一样，都是秦军攻灭六国时使用的武器。早期的弩机多用手力张弦，叫“擘张弩”，有效射程仅 80 米左右（图 4-10）。以后

① 陕西历史博物馆：http：//www.sxhm.com/web/bgscn.asp?ID=7554.

又出现了用脚踏之力张弦的弩机，叫“蹶张弩”，以及用腰力引弦的“腰引弩”，成为一种强劲有力的武器。铜弩机是一种强劲有力的射远武器，它出现于战国早期。

图 4-8　彩绘胡人骑马射猎俑①

图 4-9　彩绘跪射俑②

① 汉丰网：：http：//www.kaixian.tv/gd/2014/0813/8175365.html.
② 扬子晚报网：http：//www.yangtse.com/app/zhongguo/2017-09-17/461663.html.

图 4-10 铜弩机[①]

五、乘骑

在骑射生活为基础的同时，马匹的骑术驯养和骑术受到了重视，马的调教和驾驭称为“御”，是“六艺”之一。[②]乘骑是古代贵族常见的出行方式之一，后来“御车”逐渐演变为一种体育运动。赛马与古代游猎生活密切相关。《史记·孙子吴起列传》中就有田忌赛马的故事，早在公元前 4 世纪中叶，中国古代赛马在齐国就已经流行推广了，至少有三千年的历史。古丝绸之路沿线游牧民族较多，骑马、赛马也成为他们的重要活动内容流传至今。汉代以来，还衍生出以骑术为基础的多种多样的马上技艺即马术。唐代赛马与马术非常盛行，也成为了军事训练的内容之一。宋代汴梁马术技艺高超，元代蒙古赛马成为国家赛事，清代以木兰围场为宫廷赛马场地，这些体育运动都成为古丝绸之路上各民族的宝贵的体育遗存。

秦始皇陵铜车马是秦陵大型陪葬铜车马模型之一，1980 年出土于陕西临潼秦始皇陵坟丘西侧。共两乘，一前一后排列。经复原，大小约为真人真马的一半。制作年代约在公元前 221 ~ 前

① 扬子晚报网：http：//www.yangtse.com/app/zhongguo/2017-09-17/461663.html.

② 黄平，张俊宇，赵燕．高考语文论述类文本专题训练 [J]. 广东教育（高中版），2016（9）：2.

210年间的陵墓兴建时期。[①]是目前发现年代最早、形体最大、保存最完整的铜铸车马，对研究中国古代车马制度、雕刻艺术和冶炼技术等，都具有极其重要的历史价值。被编号为1号的战车是立车、单辕双轮，车厢为横长方形，车门在车厢的后面，车上有圆形的铜伞，伞下站着御官，双手驭车，前驾四匹马。二号车为安车，也是单辕双轮。车厢为前后两室，二者之间有窗，上车的门在后面，上有椭圆形车盖。车体上绘有彩色样。车马均有大量金银装饰。这两铜车马都是事先铸造而成，后马2号又经过细部加工的，工艺水平非常之高，展示了古代乘骑的方式（图4–11）。

图4–11　秦始皇陵铜车图[②]

元代灰陶骑马女俑于1950年在陕西省西安市长安区韦曲耶律世昌墓挖掘出土。俑高43厘米，长35厘米。马俑的长鬃下垂，马鞍配饰齐全。马尾粗大并下垂。马体雄健，比例恰当。马上的女子骑手面庞轮廓眉清目秀，头发扎脑后，身穿长袍，足蹬靴，束腰带，配行囊。左手握缰，右手后甩似正扬鞭策马疾行。人物造型优美，动作干练（图4–12）。

① 李霜平．广汉三星堆青铜人面具巫文化内涵研究[D]．广西师范大学，2016：9.

② 语文备课大师：http：//www.xiexingcun.com/cihai/q/q0481.htm.

图 4-12　灰陶骑马女俑[①]

六、投石

西安半坡文化遗址中发现了石球和陶球，有的石球见于墓主人腰侧，旧石器时期蓝田也有石球用于狩猎。投掷石球是古代狩猎的方式之一，随着生产力水平的提高，投掷石球慢慢演化为带娱乐性的体育运动项目。同时，从战国末年起，投石还是古代的一种军事训练活动（图 4-13）。

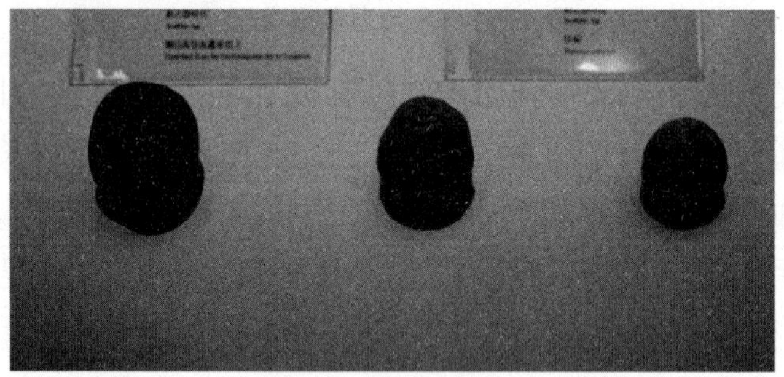

图 4-13　石球[②]

① 陕西历史博物馆：http：//www.sxhm.com/index.php?ac=article&at=read&did=12088.
② 新浪网：https：//k.sina.cn/article_1945677474_73f8aea2001002hgd.html.

七、投壶

《左传》中记载的投壶是为国礼，战国后期逐渐成为了娱乐游戏，仅在皇家宴席或士大夫文人等阶层宴饮雅集时举行。《礼记·投壶》中记载："投壶者，主人与客宴饮讲论才艺之礼也。"可见投壶有四义：须分主宾，更当饮酒，理论才艺，讲究礼仪，甚是古雅。

投壶是在春秋时期出现的一种兼具礼仪与娱乐功能的活动，具体玩法是：以酒壶为器皿，把去掉箭头的箭从距酒壶几尺远的地方向壶中投掷，投中者得分，不中者罚酒。[①] 陕西作为汉文化发源地之一，从汉魏时期到宋代，投壶运动比较流行。陕西省内馆藏多件汉唐时或铜投壶，证明了这项运动在宴饮时颇为受欢迎（图 4–14）。

图 4–14　磁州窑彩绘投壶[②]

八、举重

古代不乏举重达人，如战国时的乌获、秦汉时"力拔山兮气盖世"的项羽、唐武则天时的汪节、明末起义军首领李自成等。秦汉

① 刘净贤．中国古代盏托类器物研究[D]．南开大学，2010：6.

② 搜狐网 http：//m.sohu.com/a/207557611_415387/?pvid=000115_3w_a.

时期扛鼎十分流行，唐代举重运动颇受朝廷重视，甚至成为武举考试项目之一。

陕西博物馆藏的民国石锁，见证了历史的遗存。相传石锁起源于唐代的军营，士兵们常用石锁、石担子来锻炼力量，后流入民间演变为集力量、技巧、健身于一体的传统竞技项目，清道光年间十分盛行（图 4-15）。

图 4-15　石锁[①]

当然，古代的青铜鼎也是重要的举重器材。中国古代的青铜不仅可以烹煮食物，还能用来锻炼体力、显示力量。鼎很笨重，重量较大，通常有三足或四足，两侧有耳，供把扛鼎是一种显示体力的运动，古人扛鼎分为单手举和双手举，秦汉时期更是出现不少扛鼎好手，直到唐宋以后石锁、石担出现，扛鼎才渐渐成为一种历史活动。

九、相扑

中国古代的角力，又名角抵、相扑，后来定名为摔跤。在历史上，它是融军事格斗训练和社会娱乐活动于一体的一个项目。陕西渭南出土的金代相扑泥俑，两位力士威风凛凛，身材健硕。陕西体育博物馆内的隋朝青瓷相扑俑，是该馆镇馆之宝。从动作上

① 百度：http：//baijiahao.baidu.com/s?id=1595363763994170570&wfr=spi.

看，两人分次上下，弓步俯身，一人在上左手抱腰，正在发力；一人在下双目圆睁，竭力奋争，再现了一千多年前角抵运动的激烈场景，增进了对丝路上体育文化发展的了解（图 4–16）。

图 4–16　相扑泥俑[①]

金代相扑俑浮雕砖是陕西历史博物馆馆藏文物。浮雕有两位力士赤裸上身，紧握双拳，目瞪闭唇，似乎是进行一场角逐前的亮相。反映了那个时代相扑的精神状态与真实形象（图 4–17）。

图 4–17　相扑俑浮雕砖[②]

① 齐敏．用历史讲述陕西体育 [N]. 文化艺术报，2017–4–7（A04）．

② 陕西历史博物馆：http：//www.sxhm.com/index.php?page=29&ac=article&at=list&tid=218.

十、狩猎

中国古代狩猎内容的图案也曾在战国青铜器、汉代壁画和画像石、魏晋砖画中遗存下来。

古代狩猎图的意义是再现猎获动物、帝王贵族生活、士兵操练习武、军事检阅活动。

唐代彩绘胡人骑马带犬狩猎俑于1960年在陕西省乾县永泰公主墓挖掘出土。俑高30.5厘米，长32.5厘米。骑手为一胡人，用布巾裹头，高鼻梁，深眼窝，满脸胡须，身穿翻领袍服，外披坎肩，身体向左侧转，左手呈握缰绳状，身后马屁股处蹲坐着一只猎犬，胡人右臂高举挥拳或握鞭状挥或猎驱叱猎犬行（图4–18）。

图4–18　彩绘胡人骑马带犬狩猎俑①

唐代狩猎纹高足银杯系西安大唐西市博物馆馆藏文物。该杯共两个，一个高8.2厘米，口径5.5厘米，另一个高6.3厘米，口径4.8厘米。银质材料。杯口沿略外倾，像花朵一样呈展开状。杯体直身，深腹，底座呈喇叭形支撑高足，外观整体刻画着一幅人、马、动物及自然风景的群像图案：骑马狩猎；飞马狂奔；搭弓

① 陕西省图书馆：http：//www.sxlib.org.cn/dfzy/sxdwljgb/tddl/tddltk/ty/201704/t20170426_700645.html.

射箭,捕杀猎物;狐兔奔逃;禽鸟惊飞,鱼子纹底。空间还以折枝蔓草和花朵修饰。整体纹饰生动现象,做工精致,是唐代贵族骑猎生活的真实写照(图 4–19)。唐代银器上的狩猎图是中国传统题材的延续,也受外来风格影响。

图 4–19 狩猎纹高足银杯[①]

十一、乐舞

陕西地区出土了青铜编钟、鼓、乐佣等一系列乐舞遗存。1957 年,唐代陶骆驼载乐舞三彩俑出土于陕西西安唐右领军卫大将军鲜于廉墓中。胎质为高岭土,质地洁白坚硬,釉色莹润。三彩骆驼高 59 厘米,身披多色相间绿色镶边的坐毯,乐佣身着绿色、蓝色、橙色衣袍,其二高鼻深目,头戴束帽配上浓密的胡子,足登靴,正是西域艺人的形象。器物整体人物塑造比例适度,以其精美的造型、艳丽的色彩、逼真的形象生动表现了唐代汉胡文化的娱乐生活。三彩骆驼背上乐佣手持琵琶、笙和笛子是典型的西域乐器,展现了丝绸之路畅通以及统治者对乐律的推动下,西域艺人来到长安献艺的社会情境(图 4–20)。唐代彩绘釉陶乐舞俑是陕西历史博物馆馆藏文物。这组由两件站立的舞俑和五件跪坐的乐俑组成。两站立舞俑的头发都挽成双髻,表情温和委婉,双手执帛巾,左手上举,右手下垂,翩翩起舞,体态优美,动作整齐

① 北方网:http://news.enorth.com.cn/system/2012/07/08/009597382.shtml.

划一。五件跪坐的乐俑中有一人头梳单螺髻，双手呈吹笛状，其他四人均头梳双螺髻，一人击鼓，另外三人呈演奏状，但乐器已消失。她们呈弧形而跪坐。构成了一幅全神贯注为舞蹈者伴奏的动态画面（图 4–21）。

图 4–20　骆驼载乐舞三彩俑[①]

图 4–21　彩绘釉陶乐舞俑[②]

十二、杂技

丝绸之路不仅是一条中西贸易通道，也是文化交流的桥梁，杂技艺术的魅力更是引人入胜。杂技在中国已经有 2000 多年

① 中国社会科学院考古研究所：http://www.kaogu.cn/html/cn/kaoguyuandi/kaogubaike/2014/0715/46831.html.

② 陕西历史博物馆：http://www.sxhm.com/index.php?ac=article&at=read&did=10653.

历史，是珍贵的民族文化遗产。杂技在汉代称为"百戏"，隋唐叫"散乐"，它是古代表演性娱乐项目的通称，其内容非常丰富，源于先秦时期的"讲武之礼"和公卿贵族节日的表演，秦和西汉时期称为"角抵戏"，东汉时称为"百戏"，比较典型的表演节目有蹴鞠舞、跳剑、弄丸、履索、跳丸、马戏、盘鼓舞、叠案等。战国时竞技类项目形成，杂技表演助兴已成为统治阶级的时尚；秦朝统一六国后，十分注意对艺术的搜集结合，杂技百戏已登上秦皇宫的大雅之堂；两汉时期杂技技艺得到进一步发展，包括倒立、柔术、顶竿、走绳、跳丸剑、顶竿、傀儡戏等技艺，极为兴盛。隋唐时期杂技种类、技艺均有所发展，内容更加丰富多彩，是上至宫廷下至民间举行庆典、宴饮的助兴娱乐节目。

西汉百戏俑于西安市西郊挖掘出土，高约 20 厘米，此俑为三人一组图案。中间的人俑头盘高椎髻发型，面部滑稽，大笑张口，舌头外露，两臂前平举，穿喇叭口裤。左右两人俑头包巾，穿长袍。左侧人俑上体左倾，双臂前伸张，呈舞蹈状。右侧俑人右手上举，左手叉腰，长袍底部呈圆形扩张形态，表现了人体舞蹈的旋转或动感状态。陶俑塑造手法简洁、表现了图案的经典动作、优美形态和人物神情，将手舞足蹈的"百戏"俑人刻画得惟妙惟肖、活灵活现、富有动感(图 4-22)。

十三、舞马

舞马作为骑术的一种演化，是骑马与艺术相结合的表现形式。现代的马术比赛中的盛装舞步等项目均有舞马的影子。据文献记载，舞马只会参加大型的宴会，与坐部伎、立部伎相次表演。张说有诗"更有衔杯终宴曲，垂头掉尾醉如泥"，1970 年西安南郊何家村出土的金银器中的鎏金舞马衔杯纹银壶与诗中描绘十分相似，银壶通高 14.4 厘米，口径 2.2 厘米，底径 8.9 ~ 9.2 厘米，重 547 克，舞马通体健壮，脖系彩带，蹲坐于地，马尾轻扬，正是舞马表演的其中动作之一。此银壶造型采用类似我国北方游牧民族常用的皮囊壶形状，壶腹两面以模压方法锤击出两匹舞马形象，是唐代银器中的珍品，也是国宝级文物。舞马也是特定历史时期重要的体育运动项运动项目(图 4-23)。

图 4-22 百戏俑[①]

图 4-23 鎏金舞马衔杯纹银壶[②]

十四、棋艺

中国古代棋艺主要分为象棋、围棋、六博等，相传尧舜发明了围棋，春秋中期围棋活动普遍盛行，琴、棋、射、御是当时常见的

① 搜狐网：陕西历史博物馆：http：//www.sxhm.com/index.php?ac=article&at=read&did=10653.

② 中国作家网：http：//www.chinawriter.com.cn/news/2014/2014-11-15/224525.html.

休闲方式，战国时期围棋快速发展，并出现教授围棋的专业人士。创建于先秦时代的象棋，棋局里正好代表军队制度，是模仿当时兵制的游戏。

陕西绥德园子沟出土的东汉迎宾客六博图，高40厘米，宽139厘米。此长方形门楣石上，刻着由双阙合成的二层楼阁，呈现着主客欢聚的场面。

室外有车马侍从，主人与接踵而来的宾客握手相迎，屋正中竖立一高竿，上覆盖瓦顶，顶下挂着各种风干猎禽兽，似反映了佳肴美味，宾客盈门的富贵生活。二室内各有二人，左二人正在对语寒暄，右二人正在作“六博”之戏，案上置六枚竹箸，宽衣跽坐，双手前伸，作对博的姿态，形象生动逼真（图4-24）。这块画像石内容丰富，布局严谨，层次清新，富于表现力，为陕北东汉画像石珍品之一。除此之外，陕西出土的汉六博纹画像石、汉博局纹砖和罐以及博具、唐代弈棋纹铜镜也表明棋类在关中地区的盛行。

图4-24　门楣石刻迎宾客六博图[①]

十五、武术及养生体育

武术是古人在生存生活和与大自然搏斗中演变而来的技艺。它以技击为表现特征，而武术器械由兵器发展而来，从石器、骨角器到青铜兵器的出现，催生了剑、弓矢等的产生，剑术由此发展起来。而产生于先秦时期的拳术是后来武术的主要形式，在汉代获得第一个大发展，包括徒手单练和对练，并形成了一系列如猴拳、

① 360doc个人图书馆：http：//www.360doc.com/content/18/0507/12/19795605_751844836.shtml.

螳螂拳等象形类拳术。武术还包括刀术、枪术、棍术等。汉代以后，武术活动从民间与军事中分离而来，民间武术经改变与建立成为后来中华武术的主要表现形式。

陕西清代的练功石，展示了该地区武术的发展的历史见证（图 4-25）。拳术发展至今，陕西红拳更是颇有名气，是关中地区拳术的重要代表之一。

图 4-25　练功石[①]

除此之外，战国时已有行气铭，东汉时期道教的产生成为研究和推动养生学发展的主要动因，对导引、行气等养生术进行了深入探索实践，出现了很多著名的养生专家和著作。

魏晋南北朝时期，养生得到很多研究者的认可，奠定了中国传统养生学的很多基本思想和原则，其中最为重要的是重人贵生思想、形神兼养思想和众术合一思想等，《黄帝内经》等书籍已经提出了较为完整的养生思想体系。中原地区的五禽戏、八段锦更是为养生体育注入了更多新内容。

十六、民俗节令

随着古人们生产生活条件的改善与发展，休闲、娱乐的体育

① 陕西体育博物馆：http：//www.sxtybwg.cn/Home/Zhanlan/detail/id/94.html.

运动项目也逐渐增加。在新石器时期，出现了石制和陶制材料的陀螺。春秋时期，古代西北地区民族创造的秋千传入中原地区，汉代以后清明节、端午节等节日的习俗活动流传至今。

宋代的政治与经济繁荣，使人们的娱乐活动也得以丰富发展。藏于陕西历史博物馆的宋代扭秧歌画像砖所绘场景十分欢乐喜庆（图 4-26）。

图 4-26　扭秧歌画像砖[①]

宋代腰鼓画像砖系安塞区文化馆藏馆藏文物，于 1981 年在延安市梁村乡王庄村挖掘出土。它是该地区民俗节令的重要历史遗存的佐证材料。在秦汉时期，腰鼓作为人们守家护院驻防与交战的工具，像刀枪、弓箭一样不可缺少。遇到外来人突袭时，就击鼓报警，传递信息；两军对阵交锋，就击鼓助威。后来，安塞腰鼓逐渐演变成一种民间娱乐性表演。[②] 该砖高 27.15厘米，宽 24.8 厘米，翻模铸胚，烧制而成。两块砖上共有两个人物，右边一人左脚着地，右脚前跨，腰间挂细腰鼓，右手做打击状，头微侧，眼向下俯视，腰间飘带飞扬；左边一人右腿前跨着地，左腿提起，手执锣。打起鼓来刚劲有力，栩栩如生。[③] 现在陕西安塞的腰鼓已

① 陕北网：http：//www.cnshanbei.com/v-1-781.aspx.

② 李世荣，马莉．陕北安塞腰鼓的旅游利用探析 [J]. 价值工程，2012，31（7）：297.

③ 闫旭．浅析陕北民歌起源 [J]. 青春岁月，2015（2）：140.

经走出“黄土地”,打出“新特色”,陕西秧歌和腰鼓是陕西民俗文化的重要遗产,与陕西民歌一起互相增色。古丝绸之路上的民俗活动丰富多彩,而且极具民族特色,是各民族文化交流的成果,在娱乐身心的同时锻炼身体,是重要的体育文化遗存。

十七、陕西其他的可移动文物

陕西其他的可移动文物分布见表4-1。

表4-1 陕西其他的可移动文物一览表

序号	图名	类别	位置	年代
1	唐明皇夜打马球图	画	故宫博物院	唐代
2	一双武士持长剑而立、一对相扑俑	画像砖	陕西博物馆	北宋 960—1127)年
3	象棋盘及残子	铜制实物	陕西博物馆	北宋 960—1127)年
4	狩猎纹,骑马武士手持弓箭驱赶兽群	画像砖	咸阳宫三号宫遗址	秦代
5	射箭	实物	宝鸡金台观博物馆	不详
6	弈棋	囊金茶盒刻	法门寺宝塔下地宫文物	不详
7	骑马射箭、歌舞百戏、顶竿扛鼎。	墓转画	嘉峪关墓葬	魏晋

第二节 丝绸之路体育遗存之可移动文物甘肃篇

甘肃是中国古文化的典型地之一,马家窑文化、齐家文化、四坝文化、辛店文化、沙井文化等在这块土地上传承发展,而体育作为文化的重要组成部分,早已渗透在先民的生产生活中,这点在遗址和遗物中得以体现出来。经考古发现,石器等已出现在古人类和旧石器时代的遗址遗物中,彩陶文化以及青铜、陶鼓等许多杰出的发明创造更是新石器时代和青铜时代的重要发现，青铜器、西周墓葬遗址、秦西垂陵园等大批文物讲述了先秦的故事，万里长城、秦汉简牍、铜奔马、木六博等记录了秦汉时期的历史，鎏金银盘、众多石窟、“甘肃画廊”以及关于少数民族文化的遗址遗物见证了魏晋南北朝和隋唐时期“丝绸之路”和佛教艺术的繁荣，羌人政权“西夏”的石窟、墓葬、遗址的发掘为研究现代许多少数民族的形成十分重要。甘肃的河西走廊更是丝绸之路的咽喉要道，甘、凉、肃、沙等州是汉唐时期对外开放的窗口，从汉代的经营西域，到唐朝的对外交通，在甘肃留下了大量古迹，包括了彩陶、青铜器、早期秦史、古代建筑、简牍文本、古代佛教书籍等，积淀了丰厚的体育遗存。

一、蹴鞠

甘肃敦煌马圈湾汉代烽燧遗址发现的西汉中期的球形实物“内填丝绵，外用细麻绳和白绢搓成的绳捆绑成球形”，结实有弹性又耐用。这枚球大约 10 厘米，因此我们可以了解到蹴鞠的出现和甘肃关系密切(图 4-27)。

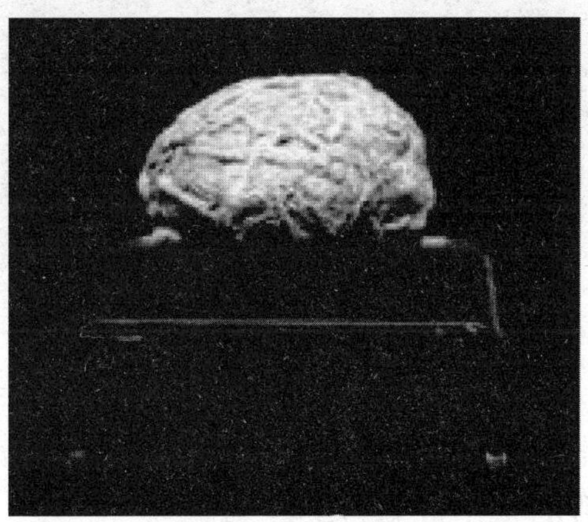

图 4-27　球形实物[①]

① 兰州新闻网：http：//rb.lzbs.com.cn/html/2012-11/25/content_388870.htm.

二、乘骑

铜车马人仪仗队系甘肃省博物馆馆藏文物，于 1969 在甘肃省武威县雷台古墓出土。此墓葬挖掘出文物 231 件，最受人瞩目的是乘骑铜俑文物 39 匹马，1 头牛，14 辆车，17 个武士，28 个奴婢。经考证，这是东汉晚期作品。铜车马人仪仗队为首的这匹铜奔马高 34.5 厘米，长 45 厘米，宽 13.1 厘米，它三蹄腾空，左足下踏飞鸟之背。身姿矫健，疾足奔驰，具有很强的飞驰动感。此作品构思巧妙、造型生动，姿态绝伦，整个重心落在一只小小的飞鸟身上，其浪漫的想象力和从力学角度出发的平稳构造以及精湛的青铜铸造工艺，都令人叹为观止。这尊铜奔马俑又命名马踏飞燕、马超龙雀。1983 年，被确定为我国旅游标志（图 4–28）。

图 4–28　铜奔马[①]

铜车马人出行仪仗队的群铜作品，气势恢弘、铸造精湛，显示出汉代群体铜雕的杰出成就（图 4–29）。

① 凤凰网：https：//guoxue.ifeng.com/a/20171117/53338862_0.shtml.

图 4-29 铜车马人出行仪仗队[①]

“驿使图”壁画砖，出土于嘉峪关新城魏晋(220—420年)墓葬群5号墓前室北壁东侧，现藏于甘肃省博物馆。砖的长为35厘米，宽17厘米。颜色为米色底，黑色轮廓线，一信使头戴黑帻，身穿皂缘领袖中衣，左手持棨传文书，跃马疾驰；马为黄色，上有红色的斑块。驿马四足腾空飞奔，马尾飘扬，信使稳坐马背，反衬出驿马速度的快捷与信使业务的熟练，反映出描绘者抓住了生活中的细节，观察入微。[②]邮驿是古时传递信息的信使，相当于现代邮政行业中邮递员的前身之一，这幅图是我国发现的最早的古代邮驿图片资料(图4-30)。由此可见，骑马不仅是体育运动，也是古代重要的通信联络方式。在甘肃还有金塔县内出土的树下拴马木板画，都体现了骑马在甘肃地区的流行。

三、狩猎

历史文化名城天水是历史上粟特人的聚居地之一，粟特人是伊朗系统的中亚一带的古老部族，魏晋隋唐时期广泛活动于丝绸之路一带。优美的屏风画，不管是“亭下夫妇对饮图”还是“车马出行图”等都在一定程度上揭示了粟特人的神秘生活。“狩猎图”中，一男子手提戟，戴头盔，着头盔，着甲胄，披披风，骑马在山林

① 壹号收藏网：http：//www.1shoucang.com/portal.php?mod=view&aid=44986.

② 朱霞.魏晋墓壁画砖浪漫意境探析[J].丝绸之路，2016(2)：14.

中寻觅猎物；中部为一位身着紧身短袖的猎人正拉弓隐射迎面扑来的老虎，下部有一男子站在山谷口正拉弓射向奔逃回首的鹿。一幅幅屏风画再现了粟特贵族家庭的生活场景，狩猎、对饮、乐舞、酿酒等画面具有浓厚的粟特文化和祆教色彩，有助于对北朝时期胡风汉俗交融的研究，是中西文化合璧的艺术精品之作，也是中古时代中西文化交流的丝商贸往来的历史见证(图 4-31)。

图 4-30 驿使图壁画砖[①]

图 4-31 石棺床屏风狩猎图[②]

① 每日甘肃网：http：//culture.gansudaily.com.cn/system/2016/02/23/015904913.shtml.

② 搜狐网：http：//history.sohu.com/a/218204518_501362.

四、乐舞

甘肃临洮马家窑文化是仰韶文化向西发展的分支，出现于距今 5 700 多年的新石器时代晚期，有石岭下、马家窑、半山、马厂等四个类型，马家窑遗址出土了大量上古时期代表华夏文化的彩陶器皿，是珍贵的文化艺术瑰宝。1986 年甘肃省兰州市永登县乐山坪出土长 36.9 厘米，一头粗径为 29.2 厘米，另一头细径 9.3 厘米的漏斗形彩陶鼓，此鼓粗端呈喇叭口状，口沿外侧分布一周鹰嘴形的倒钩。另一端形似罐状，口部朝向外侧，通过鼓身中部的圆筒与粗端的喇叭口相通。粗细两端对应位置各有一个扁桥形器耳，既可穿绳悬挂携带，也可背挎表演。彩陶鼓属于单面鼓，使用时敲击粗端的皮革鼓面进行发声，罐形一端可共振扩音还能保持鼓身平衡。鼓身还布满花纹，粗细两端均以多道平行的色彩不同、间距不等的折线纹装饰，是远古时期生存习俗、乐舞甚至征战狩猎的常用神器，更是新石器时代的打击乐器，是马家窑文化的体育及艺术遗存之一（图 4-32）。

图 4-32　彩陶鼓①

彩绘木六博俑系甘肃省博物馆馆藏文物。与甘肃武威市磨嘴子汉墓出土，俑高 29 厘米。刻画了两男相向跪坐，全神贯注地

① 中音在线：http：//www.musiceol.com/news/html/2017-7/20177261761936276223.html.

博弈场面。其举止动作、五官、发髻、胡须、衣领、袖口等，表情生动，惟妙惟肖（图 4-33）。

甘肃木雕多采用简洁古拙、粗犷奔放的雕刻手法，着意刻画大的体块造型，并将彩绘纹样与立体造型完美结合，尤其是武威磨嘴子汉墓出土的木雕，反映了当时河西走廊木器制作工艺的最高水平，堪称是西汉晚期至东汉中期木雕艺术的代表作品。

图 4-33　彩绘木六博俑[①]

五、敦煌古代体育可移动文物

敦煌古代体育可移动文物分布见表 4-2、表 4-3。

表 4-2　敦煌古代出土的体育器材及文物一览表

序号	实物名称	地点	朝代	出土年代
1	球	玉门关马圈湾	汉	1982 年
2	弩	玉门关马圈湾	汉	1982 年
3	箭头	玉门关马圈湾	汉	1982 年
4	剑	敦煌吃塔井	五凉	1979 年
5	箭簇	敦煌悬泉镇	汉	1999 年

① 搜狐网：http：//www.sohu.com/a/303524203_279363.

续表

序号	实物名称	地点	朝代	出土年代
6	围棋子	阳关,寿昌城	唐	1980年
7	金丝甲衣	西藏,敦煌博物馆	不详	1974年
8	棋经一卷(围棋哲理)	敦煌博物馆	北周(公元560年左右)	不详
9	围棋子	敦煌博物馆	唐(公元618–906年)	不详

表4–3　敦煌古代墓葬出土的体育画及画像砖一览表

序号	实物名称	地点	朝代	出土年代
1	李广射虎画像砖	敦煌佛爷庙湾古墓	前凉	1988年
2	力士举重	酒泉果园西沟村古墓	盛唐	1990年
3	倒立舞	酒泉丁家闸古墓	北周	1987年
4	骑射与步射	嘉峪关一号墓	晋	不详
5	军式骑射练习	嘉峪关三号墓	晋	不详
8	狩猎骑射画像砖	嘉峪关四号墓	晋	不详
7	武术演练	嘉峪关五号墓	晋	不详
8	围棋画	嘉峪关七号墓	晋	不详

第三节　丝绸之路体育遗存之可移动文物新疆篇

新疆毗邻中亚和北亚,是多民族聚居地,是“丝绸之路”的必经之地,也是高昌古国、龟兹古国的诞生地。民族的融合,“丝绸之路”的带动下产生了克孜尔石窟、苏巴什古城、交河故城、楼兰遗址、克孜库尔干遗址、阿克塔木遗址、尼雅遗址等重要的古遗址,加上弓箭、陶器、铜镜、锦、漆器、玉石斧、各种铜镞、木器等众多的出土文物,不仅描绘了先民们的生活场景,也是珍贵的古代体育资料。

一、马球

新疆吐鲁番洋海古墓出土的马球和球杖，是距今2 800至2 400年左右的马球实物，将国内马球记录推前了400至800年，吐鲁番有可能是国内最早的马球发源地。[①] 出土的三件皮囊由羊皮制作而成，拳头大小，椭圆形束口，底部绘有红色“十”字形图案，由碎皮革、毛线等杂物填充，与甘肃敦煌马圈湾汉代烽燧遗址中发现的马球基本一致，与陕西富平唐高祖李渊墓中马球图壁画所绘也基本一致。[②]

同时洋海墓地其他墓葬出土的8件完整木旋镖，与唐章怀太子李贤墓壁画中球为相似，杖形象极出土的殉马及其挽起的辫状马尾，与史料记载的马球规则不谋而合。也就是说，早在春秋战国时期，马球运动已经在吐鲁番地区流行起来（图4–34）。

图4–34 马球和球杖[③]

在吐鲁番市的阿斯塔那古墓群出土的唐代打马球俑。这件俑中的人，骑在马上，留着八字胡，身穿圆领紧身绛色长袍，足踩马镫，两眼紧盯地上，手臂挥动球杆，好像一个真实的人正站在你面前挥杆击球（图4–35）。还有马球服装（图4–36）。西域良马配上好装备以及彪悍的骑手，也证明了马球运动在新疆地区的开

① 周泓．中古汉地之西域文化[J]．民族学刊，2017，8（5）：21.

② 周泓．中古汉地之西域文化[J]．民族学刊，2017，8（5）：21.

③ 典藏：https：//www.baidu.com/link?url=CQFDktM3oZg4kZD3euZwHPMPmJ1kJiGaNDQwPv9NT-pSr-j5hYRm6-nEykMRxplELJc5GviCeuGK8LjrvNMyTa&wd=&eqid=e54d2d110012b9c1000000035d8b1250.

展状况。

图 4-35　马球俑[①]

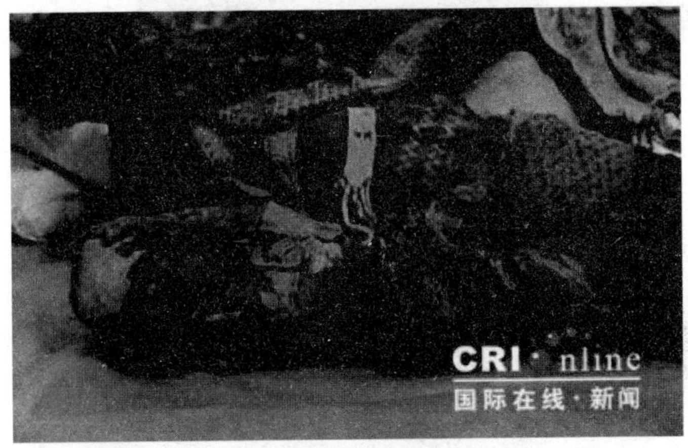

图 4-36　马球服[②]

二、乘骑

古代的西域盛产良驹，在汉代时被称为“汗血宝马”。新疆吐鲁番阿斯塔纳墓出土的唐代仕女骑马泥俑，用彩绘的方式突出西域良驹的壮硕矫健。女子头戴帷帽，身着浅黄色薄衫，下着绿色带花长裙，面涂唐妆，可见骑马在古高昌地区甚至整个西域地区

① 腾讯网：https：//2010.qq.com/a/20100323/000123_1.htm.
② 南海网：http：//www.hinews.cn/news/system/2006/12/21/010060277.shtml.

的流行(图 4-37)。

图 4-37　女子骑马俑[①]

新疆维吾尔自治区博物馆馆藏的吐鲁番出土的唐代骑马俑。年轻的女子头挽高髻,骑于马上,俯身看地,似在奋力拼抢什么。这说明了,在唐代,女子不仅可以抛头露面,还可以像男子一样,外出郊游、踏青,从事体育活动(图 4-38)。

图 4-38　女子骑马俑[②]

① 新浪博客:http://blog.sina.com.cn/s/blog_724374e10100o91f.html.
② 搜狐网:http://www.sohu.com/a/329209811_120237207.

三、杂技

在新疆，杂技是非常古老的艺术形式，它萌芽于新石器时期，春秋战国时期初具雏形，汉唐时期兴盛并推广至民间。据史料记载，新疆古代杂技大致有缘竿、筋斗、狮子舞、马舞、口技、昆仑奴表演等，演化至今如“达瓦孜”“顶碗舞”都是杂技的精髓。西域杂技艺人的表演，通过群众性娱乐活动得到了世代传袭，成为新疆各民族体育娱乐的重要内容。1960年新疆阿斯特纳336号墓出土一件木雕顶竿倒立俑。顶竿人与竿末倒立童子组成。顶竿人身着短衫短裤，腰间系带，两足分开直立，双臂左右平伸以便于保持头顶立竿平衡。[①] 竿顶倒立童子赤身，着红色犊鼻裤，竿高26.8厘米。展现了西域地区高超的杂技水平。新疆地区的杂技俑以木质为主，也体现了竿木杂技在唐代杂技中的地位（图4-39）。

图4-39 顶竿倒立俑[②]

① 岳敏静.唐墓出土的竿木杂技俑[J].文物世界，2016（1）：26.

② 搜狐网：https：//www.sohu.com/a/333888122_734978.

四、舞蹈

新疆吐鲁番阿斯塔纳206号墓出土的唐代彩绘木胎舞蹈俑，只见女舞者腰系黄红相间的长裙，身姿窈窕，上着锦衣，外罩一覆肩短衫由双面锦剪裁而成。额间贴有花子，口唇旁点朱丹，面部两颊涂盛唐流行的月形妆的妆面。舞蹈俑以木雕头部，彩绘面庞，纸捻成臂膀。与另一个滑稽逗乐的彩绘木胎宦官俑组成了歌舞表演、娱乐世俗的角色（图4-40）。此外，新疆地区埙和木箜篌的发现，也展示了丰富的乐舞文化生活。用整块胡杨木挖刻而成的木箜篌，距今有2 500年的历史。被认定为世界出土年代最早的拨弦古乐器，通过乐器对乐舞的伴奏，为乐舞增添了更大的吸引力，弥足珍贵。

图4-40　彩绘木胎舞蹈俑①

新疆维吾尔自治区博物馆收藏的新疆古代舞乐文物异彩纷呈，展览描绘了三千年的新疆舞乐的文化图景，使人们领略了西域舞乐艺术的深邃精华，探寻丝绸之路上文化交流盛况（图4-41、图4-42）。

① 中华人民共和国驻纽约总领事馆：http：//newyork.chineseconsulate.org/chn/whsw/t156646.htm.

图 4-41　彩绘木胎舞女佣①

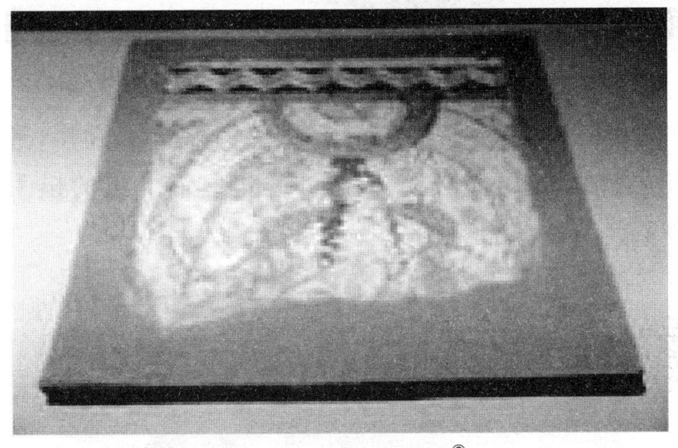

图 4-42　天宫伎乐图②

五、棋艺

吐鲁番出土的唐代模仿真正围棋盘的冥器，棋盘带方形底座，底座的每个边均有两个壶门，四周以象牙镶嵌边条。表面纵横各 19 路棋道，共有 361 个交叉点，形制与现代棋盘一致，为研究当时的围棋提供了珍贵资料（图 4-43）。1972 年出土于吐鲁番

① 大众网：http：//www.dzwww.com/yule/zy/201607/t20160717_14633098.htm.

② 网易新闻：http：//news.163.com/16/0725/06/BSQ30H4B00014AEE.html.

阿斯塔纳 187 号的弈棋仕女图，画中唐代的贵族妇女雍容华贵，头梳云髻，额贴花钿，轻点朱唇，身着宽袖唐装对弈，这些都表明唐代围棋已定型于纵横各 19 道并传入西域地区，在民间流传开来。

图 4-43　仿围棋盘冥器[①]

唐代我国中原地区的上层社会，不但盛行下围棋，还实行了“棋待诏”制度，即唐翰林院中专门陪同皇帝下棋的棋手，《弈棋仕女图》就是当时人们对弈的一个见证(图 4-44)。

图 4-44 弈棋仕女图绢画[②]

① 搜狐网：http：//www.sohu.com/a/21566385_210068.

② 和讯新闻：http：//news.hexun.com/2015-02-06/173126545.html.

六、剑术

由伊犁哈萨克自治州博物馆藏的镶嵌红宝石包金剑鞘，是公元 5 ~ 6 世纪南北朝时期的产物，剑鞘长 21.4 厘米，宽 4.3 ~ 5.8 厘米，重 66 克。在 1997 年出土于伊犁哈萨克自治州昭苏县波马古墓，剑鞘一面有纹饰，一面素面。纹饰面的中间以细金点焊出 3 列宝石嵌座，内嵌宝石，在镶嵌的宝石之间及鞘身边缘点焊出细金珠拼组的三角形、菱形、线性等图案，非常华贵精美（图 4–45）。波马古墓位于西域民族大迁徙走廊的重要位置，见证了伊犁河谷金戈铁马时期草原文化的发展，见证了公元 3 ~ 7 世纪古代游牧民族的威武，对重塑西域历史文明、追索草原文化有重要意义。

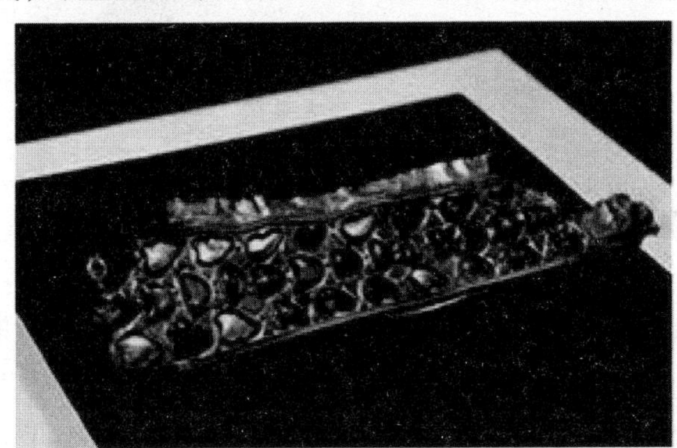

图 4–45　镶嵌红宝石包金剑鞘[①]

七、飞去来器

1986年，新疆文物考古工作人员在吐鲁番市哈密五堡墓葬里发掘出土了距今 3 000 多年前的飞去来器，此器长 45 厘米，自然弯用木头制成，一头粗，一头细，看上去并不起眼，但却充满了童趣。2003 年，新疆考古工作者发掘吐鲁番地区鄯善县洋海墓葬时，再次发现了几件 2 500 多年前的木质的飞去来器，其形制

① 360 个人图书馆：http：//www.360doc.com/content/18/0105/08/9165926_719195427.shtml.

与哈密五堡墓葬中发掘出土的飞去来器基本相同(图 4–46)。飞去来器是古人使用的狩猎工具。它简单而巧妙地用来捕获猎物。玩法是,把飞去来器瞄准鸟儿投出去后,如果没有击中目标,它就会绕一圈,重新飞回到投掷者身边。投掷飞去来器是否能飞回投掷者身边,它取决于投掷者的用力与技巧。古时候,人们一边用飞去来器狩猎,一边享受着狩猎带来的刺激与快乐,后来,有了箭和枪等,它便被人们渐渐淡忘。

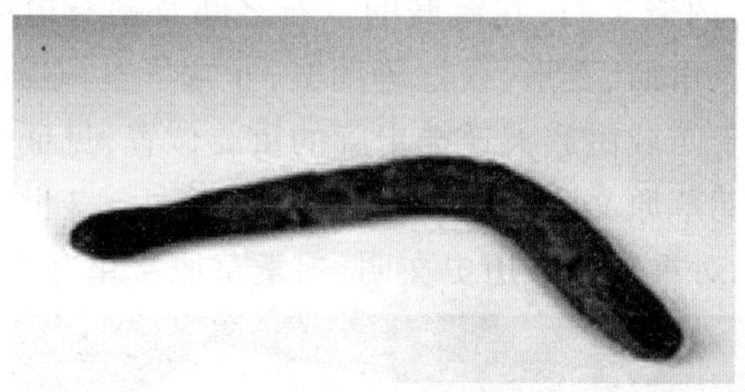

图 4–46 飞去来器[①]

八、陀螺

新疆哈密地区博物馆历史展厅,珍藏着木质的石制陀螺,它距今 3 000 多年。陀螺是中国古代流传下来的一种儿童玩具,材质有木制、陶制、竹制、石制等。陀螺一般为圆锥形的,上大下小,锥部加了铁钉或钢珠,以便在地面上进行旋转。玩法就是先把鞭绳缠在陀螺上,将陀螺放在手中或地面或冰面上,同时将鞭子甩出去,并松开手中的陀螺,让它在地上旋转。陀螺一边旋转,人们不断用鞭子抽打它,使其旋转不停。“陀螺”这个名词,最早出现在明朝的记载中(图 4–47、图 4–48)。

① 腾讯网:https://cul.qq.com/a/20150515/042334.htm.

图 4-47　石质陀螺[①]

图 4-48　木质陀螺[②]

第四节　丝绸之路体育遗存之可移动文物宁夏篇

宁夏背靠繁荣的古代关中地区，北接“草原丝绸之路”的内蒙古大草原，黄河水哺育了沿岸的氏族儿女，唐朝时更有“贺兰山下果园成，塞北江南旧有名。水木万家朱户暗，弓刀千队铁衣鸣。”的美誉，素有“关中屏障，河陇咽喉”之称。宁夏是古代中原通往西域的重要通道，它留下了大量的文化遗存。羌族在此创立西夏，留下了灿烂的古代文明遗址遗物，例如西夏王陵、镇北堡遗址等，展示了西夏诸如舞蹈、射箭、御马、相扑、象棋、泛舟、蹴鞠等体育运动。在固原市原州区南塬寇庄北朝、隋唐墓地，出土了鎏金银壶、玻璃釕碗等众多与丝绸之路相关的国宝级文物。丝路重镇固原、灵州的出土文物再现了中国与世界文化交流的印迹，揭示出宁夏在丝绸之路上曾有过的辉煌及其重要性。

① 腾讯网：https：//cul.qq.com/a/20150515/042334.htm.
② 腾讯网：https：//cul.qq.com/a/20150515/042334.htm.

一、蹴鞠

宋代蹴鞠十分盛行，宁夏隆德县官庄宋墓出土的宋代蹴鞠纹铜镜直径 10.6 厘米、厚 0.6 厘米。镜背为高浮雕男女四人共同蹴鞠娱乐的场景：左侧一个高髻女子在踢球，右侧一个头戴幞头的男子看似在防守，其他两人在旁边观看，场景非常生动（图 4-49）。[①]

图 4-49 铜镜蹴鞠图案[②]

二、射箭

宁夏灵武市水洞沟藏兵洞，是目前迄今保存最完整的古代军事防御建筑与设备，发掘了包括弓箭在内的诸多战争工具。作为明长城和红山堡的辅助军事堡垒，它功能相对完备，并设施诡秘的地下兵城，曾在防御鞑靼、瓦剌人（明时分属蒙古东西部族）的袭扰中，它具有稳定和保护西北边境的重要作用。

三、乘骑

1977 年出土于宁夏银川西夏陵区的石马，粗犷的风格雕饰出西夏马的矫健。西夏作为传统的游牧民族之一，骑马射箭是其基本技能。西夏畜牧业发达，马匹是重要的特色畜牧资源和军需

① 刘静．宋代铜镜艺术研究 [D]．东南大学，2014：7.

② 中国新闻网：http：//life.chinanews.com/cul/2015/01-14/6967641.shtml.

物资，马是西夏三大牲畜之一。[①]西夏马腿短小精悍，身体雄健，耐力较好，擅长奔袭，是朝贡贸易的重要商品，以“凉州”为代表的河西右厢地区是西夏最大的官营马场、骑马场。骑马在西夏政治、经济、军事、交通中均占有重要地位。在杂木寺摩崖石刻中也有马的身影，武威西郊林场墓葬中也有牵马的木板画。由此可见，骑马对宁夏地区各民族生产生活的重要性（图4–50）。

图4–50　石马[②]

四、狩猎

2006年宁夏盐池县青山乡古峰庄出土的隋朝射猎图金方奇，正面饰正中铸刻射猎图，中心上方刻一位头戴插羽宝冠、身着铠甲、足蹬靴、腰插箭袋、满弓待发的武将形象，胯下坐骑鞍鞯俱全，健步奔驰；武将左右下方各有一位戴胄着甲、挽弓跪射的勇士，三组人物与形态各异、大小不同的虎、豹、猿等猛兽构成一幅生动激烈的追捕画面（图4–51）。

五、角抵

在宁夏博物馆，展现了国家级文物石雕力士志文支座。支座即俗称的“碑座”。在西夏陵区出土的11件支座中，是唯一一件刻有西夏文的支座，弥足珍贵。此石雕力士志文支座长68厘米，

① 卜凯悦.2014年西夏文物考古研究综述[J].西夏研究，2016（1）：122.
② 蚂蜂窝网：http：//360.mafengwo.cn/travels/info_weibo.php?id=6517145.

宽 65 厘米,高 62 厘米。一男子屈膝跪坐,俯首前视,面形浑圆,脸部肌肉发达,双目圆睁,微带笑意。高颧骨,塌鼻梁,双手抚膝支撑。令人惊叹的是大力士双目圆睁而外突,仿佛正在竭力将背上的石碑背起。两颗獠牙外露,使大力士显得勇猛威武,有一种力拔山兮气盖世、威风凛凛的气概和雄风。大力士的下颚顶在胸前,除胸前的肚兜外几乎赤身裸体,展示着他雄健的体魄,以十分夸张的雕刻手法再现了大力士生动而逼真的神态,以及角抵运动在党项族内的盛行,再现了西夏崇尚勇武的精神。支座顶端清晰刻着西夏文和汉字。西夏文说了它的功能,是用来做副碑的,汉字告诉我们,这是一个叫“高世昌”的砌垒匠制作的(图 4-52)。

图 4-51 金方奇射猎图[①]

图 4-52 石雕力士志文支座[②]

① 凤凰网:http://sports.ifeng.com/a/20151017/45443443_0.shtml.

② 新浪网:http://travel.sina.com.cn/china/2010-04-27/1803134606_3.shtml.

六、乐舞

1985 年盐池县苏步井乡唐墓出土的石刻胡炫舞墓门，单扇长 89 厘米，宽 43 厘米，厚 5 厘米，圆柱门枢高 13 厘米，直径 10 厘米。每扇门均呈长方形，上下有圆柱状图榫，两门闭合处各有一孔，配有铁锁锁扣。[①] 石门正中均浅刻一个胡旋舞胡人男伎，其面部表情生动自然，体态轻盈，健康健美，舞姿奔放，迅疾洒脱，充满欢乐的生活画面。整个画面人物身着圆领紧身窄袖衫，下着紧腿裙，足蹬长筒皮靴，站立于一块精美的小圆毯上，双人对舞。左边舞伎侧身回首，左脚站立于圆毯，右腿后屈，左臂抬起而后扬，右臂屈至头顶；右侧男伎右脚立于毯上，左腿前伸，双臂上屈，至头顶上方合拢。两人均手举长巾，熟练挥旋。四周剔地浅浮雕卷云纹，似舞伎腾跃于云气之上，造成流动如飞的艺术效果。[②] 墓室主人为隋唐时期的何姓粟特人，一同出土的文物还包括木佣、石鼎、墓志铭等，胡炫舞墓门的发现反映出中西亚乐舞对宁夏地区的深刻影响，是西域文化艺术与中原雕刻艺术的结合（图 4-53）。

图 4-53　墓门石刻胡炫舞 [③]

① 冯国富，程云霞．固原北朝隋唐文物考古述略［J］．宁夏师范学院学报，2011，32（4）：103.

② 陈永耘．论丝路北方国际重镇灵州地理位置及其遗存［J］．文博，2010（3）：55.

③ 腾讯网：https：//cul.qq.com/a/20150429/027487.htm.

第五节　丝绸之路体育遗存之可移动文物其他地区篇

除了陕西、新疆、甘肃、宁夏四省区外，还有“草原丝绸之路”的重要通道——内蒙古，以及古“丝绸之路”所辐射的青海地区都发现了重要的遗址遗物，包括西夏古都要塞黑城遗址、托托城遗址、敖伦苏木城遗址、元上都遗址、辽墓、汉代墓葬、喇家遗址等，出土了古籍、骨笛、玉器、石制品等珍贵文物。黑城遗址是古丝路上现存最完整、规模最宏大的一座古城遗址，为研究对应历史时期的文化提供了宝贵的资料和佐证。

一、内蒙古体育遗存之可移动文物

（一）乘骑

1999 年在内蒙古赤峰市敖汉旗挖掘出了辽代“鹰军图”彩色木版画，这幅画长 0.99 米，宽 0.79 米，是一具木棺的残板。上面用铁线描的技法，描绘出一队契丹重甲骑兵，共有 7 人骑马，一名契丹男子牵马。这 6 匹战马都披戴着铠甲，马鬃与马尾紧束，马眼、鼻、额部也用甲片保护，马腿较短，属于内蒙古草原上的蒙古马。骑马的军人共 7 人，其中一人为军官，骑行在队前，由契丹男子牵马，军官头戴三叉戟式皮帽，身穿长袍，足蹬长靴、束腰带、蓄短须。后面 6 个人全副武装，戴头盔，穿铠甲，腰挂箭袋。分为前排三骑、后排三骑两列。前排第一名武士双手握一面大旗，旗上绘有一只展翅飞起的雄鹰，鹰的翅和尾形看似扇面，身体向前，头部回视，两爪下伸作捕猎状。第二排的武士 3 人每人执一面迎风招展的方旗，第三人的旗帜上绘有太阳和月亮，即“日月旗”。每面旗帜上下均饰有飘带，旗杆顶上有矛尖和缨穗，整个部队气势雄健，十分威武。在骑兵队的远方，绘有一座木制敌楼，分为两层。

楼为殿庑式，正脊上绘有鸱吻，两侧各绘一鸟，屋沿顶端绘龙首。上层楼悬挂一钟，有一男子正在撞钟，右侧悬挂一面横鼓，另一男子正在击鼓。下层楼有一斜梯与楼上相连，梯子上有一头戴展角幞头的人正在登梯。下层楼有方形台座，绘有两名髡发契丹男子正在抬头向上望，一人双手击钹，另一人击拍板。这幅小图不足10平方厘米，但刻画极细，是辽代的“微型”图画。这座敌楼用木料搭成，可以拆卸，是随同大部队行军中的指挥塔楼。纵观全图：整个构图精美，内容丰富，全面展示了《辽史》上记载的皇家御林军——“鹰军”的出征场景。内蒙古敖汉旗发现的这幅“鹰军”图，即是一位指挥鹰军的将军木棺上的图画（图 4–54）。因此我们不难看出，骑马射箭是内蒙古地区由来已久的体育运动项目，传承至今而兴起的“那达慕”大会，是“草原丝绸之路”的体育文明的重要代表之一。

图 4–54　鹰军出行木版画①

（二）投掷

蒙古族的布鲁是猎户非常喜爱的狩猎放牧工具，产生于蒙古草原的狩猎时代，基本上是每家每户必备。现代布鲁分为投远和投准两种，投远的“海木勒布鲁”为扁形，前端一般用金属丝环绕，射程远力道大，用力掷出后可以穿透野兽的身体，以远近距离

① 搜狐网：https：//m.baidu.com/tc?from=bd_graph_mm_tc&srd=1&dict=20&src=http%3A%2F%2Fm.sohu.com%2Fa%2F113146222_462101&sec=1569406941&di=35058ae10e6057bf.

定胜负；投准的布鲁被称为“图拉嘎”，考验投掷者的力量和准确度。由此可见，投掷运动在内蒙古地区由来已久，从狩猎放牧的谋生手段发展为现在民族体育的传统项目(图 4-55)。

图 4-55　布鲁①

（三）狩猎

1956年内蒙古自治区包头市郊出土的西汉时期狩猎纹骨饰，用兽骨制成，呈圆筒状，一端平齐，另一端斜口。匈奴以射猎禽兽及牧畜为生。外壁用针刻画出飞鸟、奔跑的野猪、搭弓射箭的猎手等图案，技法娴熟，造型生动，是反映汉代匈奴族游牧生活的一件艺术佳作(图 4-56)。

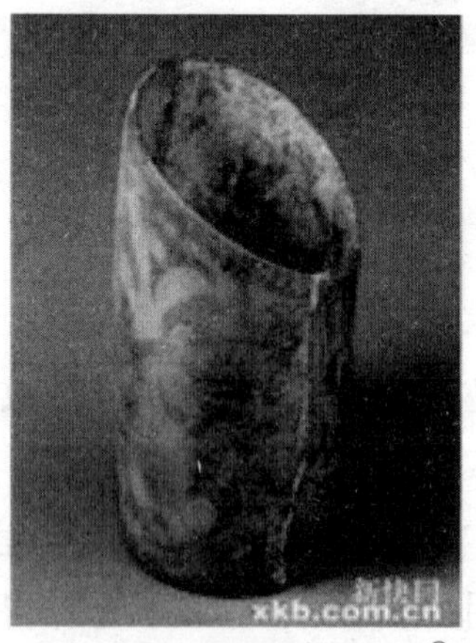

图 4-56　狩猎纹骨饰纹②

① 搜狐网：http：//www.sohu.com/a/151996407_772510.

② 经网：http：//www.cnjjwb.com/consumption/Collection/2017-09-18/35588.html.

（四）角抵

内蒙古地区也发现了摔跤相关的瓦当。“孩童摔跤游戏”的瓦当发现于内蒙古和林格尔县土城子古城遗址，呈圆形，灰色陶质，直径 13 厘米，边缘饰有花纹，外侧为缠枝纹，内侧为连珠，瓦当的中间部位饰有网格底纹，正中间有两个胖乎乎的儿童的浮雕像。两个人均为短平头，上身着露臂的小褂儿，下身穿小短裤头，正在进行摔跤游戏，右边的儿童抱住左边儿童的头用力往下压而左边的儿童则弯腰抱住右边儿童的左腿，双方相持不下。整个浮雕造型生动活泼，趣味盎然，展现了古代内蒙古地区摔跤盛行。

（五）棋艺

一向骁勇善战的人在围棋上也颇有建树。辽代银丝网格围棋盘，棋子为瓷质。棋盘整体为一个正方形小矮桌形状，做工细致考究，以楠木制成，棋盘表面由银丝镶嵌成纵横各 19 道，四角用镂空花纹银片包裹，端庄古雅，展现出了当时契丹人高超的雕刻技艺。白釉棋子 51 枚，酱黑釉的棋子 45 枚，共 96 枚。棋子直径 2 厘米，厚 0.6 厘米。黑白棋子表面雕刻出人脸图案，显得十分生动，是反映辽代生活的精品，可谓稀世之宝（图 4–57）。

图 4–57　白釉棋子[①]

① 搜狐网：https：//www.sohu.com/a/341425922_149159.

银丝网格围棋盘出土于内蒙古自治区赤峰市的阿鲁科尔沁旗，虽然年代久远，但这副围棋保存非常完好，棋子表面光滑明洁，子粒均匀，色彩鲜明，在目前国内发现的古代围棋中，品相之好令人惊叹，可谓是表现辽代社会生活的精品。这些围棋棋盘棋子说明，契丹人已经跟宋朝一样使用的是19路棋盘。

（六）武术

辽代墓彩棺，于2003年挖掘出土于内蒙古通辽市科左后旗吐尔基山，棺体最长处2.31米，最宽处1.31米，最高处0.9米。彩棺由柏木质棺床、外椁、内棺和双层棺床构成。棺床呈上小下大的须弥式，上为栏杆及“回”纹栏板。基座与栏杆间饰一周泡形鎏金铜钉，中以薄木板挖锯，镶贴成一周壶门，并以黑红两色彩绘图案。棺床上沿垂挂鎏金铎式铜铃，栏杆柱脚顶端饰六只蹲踞状铜狮。此彩棺最为华丽的部分当属棺椁。内棺彩绘贴金飞凤纹，外椁遍饰缠枝蔓草纹。椁顶饰三只铜鎏金宝珠，周缘垂挂鎏金铎式铜铃。

椁壁两侧各钉有三个鎏金衔环铺首，前部中央彩绘对开小门，门以鎏金铜质锁匙锁合，左右两侧各绘怀抱骨朵的髡发长袍武士，两武士身后彩绘出栏杆式窗户。武士的出现，证明了武术在辽代的发展（图4-58）。

图4-58　辽墓彩棺[1]

---

① 搜狐网：http：//www.sohu.com/a/305161593_100024635.

（七）狩猎

随着古代私有制的萌发，出现了古人之间的争斗、仇杀、猎取等。一些用于狩猎业及农业的生产工具，也开始具有了武器的出现，逐渐应用到武装争斗中去，如棒、斧锤、刀等。穿孔石器和星形穿孔石器，前者呈扁圆形或扁球体，直径约为 10 ~ 20 厘米，中间一圆形穿孔。[①] 在内蒙古赤峰夏家店等文化遗址中均有发现，因其形状，又名“多头斧”。这类器物在甘肃武威皇娘娘台齐家文化遗址、甘肃马家窑文化遗址等地均有出土。这类石器主要是安装在种硬木棍的顶端，以增加杀伤力。

二、青海体育遗存之可移动文物

（一）骑射

唐代骑射形金饰片于青海海西蒙古族藏族自治州都兰县热水墓群挖掘出土。该金饰片长 13.5 厘米，高 9.8 厘米，厚 0.04 厘米。只见马匹四蹄腾空，飞驰向前。马背骑手张弓搭箭，射向前方目标。骑手的辫子、八字须、大耳坠以及佩剑、皮靴、马鞍、马镫轮廓清晰，刻画精致。表现了动感十足的狩猎场景，弥足珍贵（图 4–59）。

（二）弓箭

元朝的弓箭，箭头有着特殊的鸣镝，就是响箭。其原理是当箭射出时，由于受力面积大，在与空气的摩擦当中箭头相当于哨子一样会发出尖锐的叫声，古代响箭多运用于战争，当人们将响箭从四面八方射向敌方阵营。一时之间万箭齐下，可以削减对方

① 崔乐泉. 原始形态体育器械的考古学分析——史前劳动工具与原始形态的体育器械[J]. 南方文物，2010（3）：82.

士兵的士气，从精神上起到威吓的作用。用智慧守卫了他们的家园（图 4–60）。

图 4–59　骑射形金饰片[①]

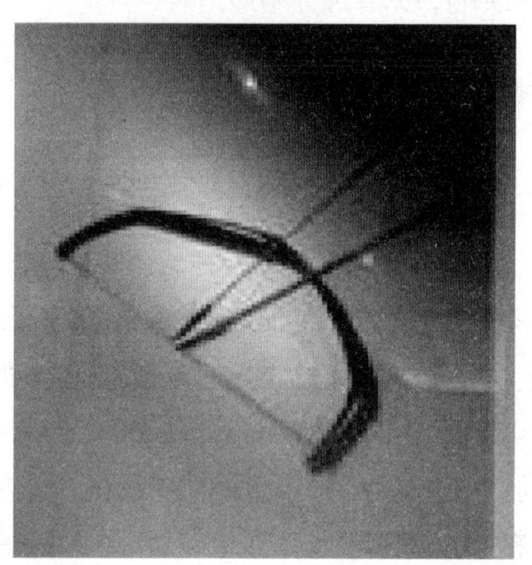

图 4–60　弓箭[②]

（三）舞蹈

舞蹈纹彩陶盆水器于 1973 年青海省大通县上孙家寨挖掘出土，该盆高 14.1 厘米，口径 28 厘米，是新石器时代晚期马家窑文化的代表作之一。此彩陶盆呈橙红色，上腹部弧形，下腹内收成小平底，口沿及外壁以简单的黑线条作为装饰。内壁饰三组舞蹈

① 骑射形金饰片：http://www.cnarts.net/cweb/news/read.asp?id=431319&kind=%B9%F6%B6%AF.

② 汽车之家：https://club.autohome.com.cn/bbs/thread/f295a93022011fa5/79442238-1.html.

图,图案上下均饰弦纹,组与组之间以平行竖线和叶纹作间隔。舞蹈图每组均为五人,舞者手拉着手,面均朝向右前方,步调一致,似踩着节拍在翩翩起舞。人物的头上都有发辫状饰物,身下也有飘动的斜向饰物,头饰与下部饰物分别向左右两边飘起,增添了舞蹈的动感。每一组中最外侧两人的外侧手臂均画出两根线条,好像是为了表现臂膀在不断频繁地摆动的样子。[①]舞蹈者形象以单色平涂手法绘成,造型简练明快。[②]三组舞人绕盆一周形成圆圈,脚下的平行弦纹,像是荡漾的水波,小小陶盆宛如平静的池塘。[③]欢乐的人群簇拥在池边载歌载舞,情绪欢快热烈,场面也很壮阔。[④]青海同德县宗日遗址也出土了舞蹈盆,整个画面饱满充实,生动再现了先民在重大活动时的群舞场面(图 4-61)。

图 4-61 舞蹈纹彩陶盆水器[⑤]

(四)乘骑

唐代红地中窠对马纹锦系海西州民族博物馆藏文物,于青海海西蒙古族藏族自治州都兰县热水墓群挖掘出土。此锦片长 21 厘米,宽 13 厘米,红底,间以黄、蓝两色分区换色,图案为两个完

① 曾玲.试论原始彩陶的装饰纹样[J].艺术科技,2015(7):126.

② 申桂红.结合各方面研究河南地方戏曲的唱腔及音乐发展[J].美与时代:城市,2014(7):101.

③ 孔维娴.试析艺术考古与一般考古的关系[J].大众文艺,2015(20):266.

④ 郭新生,刘东霞.浅析中外彩陶人物图案的美学差异[J].大众文艺,2016(5):83.

⑤ 搜狐网:http://www.sohu.com/a/322536429_100031567.

整的连珠纹椭圆形团窠,团窠内为对马图案。马站立于莲瓣状花台之上,两两相对。[①]马鬃与翼翅呈条带状。颈后有两条结状飘带,翼翅如卷草般向上弯曲。团窠之间以八瓣小团花为中心,形成四方连续的团窠图案,团窠外布置对称的十字花,四向伸出花蕾。四方连续的团窠图案在青海地区仍保留了中亚的传统式样,并发展为新的双向连接的团窠图样出现,在文化交流过程中起到了积极的促进作用(图 4-62)。

图 4-62 红地中窠对马纹锦[②]

唐代黄底对马饮水纹锦系青海省海西自治州民族博物馆藏文物,于青海海西蒙古族藏族自治州都兰县热水墓群挖掘出土。此锦片长 50 厘米,宽 21 厘米。此件锦片以红、黑两种色调织出两匹左右对称图案的马在低头饮水,翼卷曲,脖、腹、臀有黑色斑纹。马鬃剪花的做法在中亚到北方草原文化马的造型中都能见到。马佩绶带源自波斯皇室的披帛,飘带向上飞扬。膝、尾部进行了系结处理。三足站立、前足弯曲造型的马,整体状态稳定协调,一足蹬地微抬又在静态中增加一分动感。从这幅织锦可以看出马神圣而特殊的地位,备受草原民族的喜爱(图 4-63)。

唐代鞍后桥片、金鞍翼片系青海省海西自治州民族博物馆藏文物,于青海海西蒙古族藏族自治州都兰县热水墓群挖掘出土。该文物长 56 厘米,宽 54.5 厘米,高 32 厘米,厚 0.04 厘米。这组

① 赵海燕.高家崖与其它地区建筑装饰砖石雕植物纹的比较研究[J].艺海,2015(12):146.

② 和讯网:https://news.hexun.com/2019-03-25/196609058.html.

具有粟特风格的马鞍饰片由后桥片和两侧侧护翼片组成，后桥饰有对称展开的双狮和双马，动感十足。这个历史遗存，同样反映了青海马业的兴盛和马匹具有神圣而特殊的地位以及备受草原民族的喜爱（图 4-64）。

图 4-63　黄底对马饮水纹锦[①]

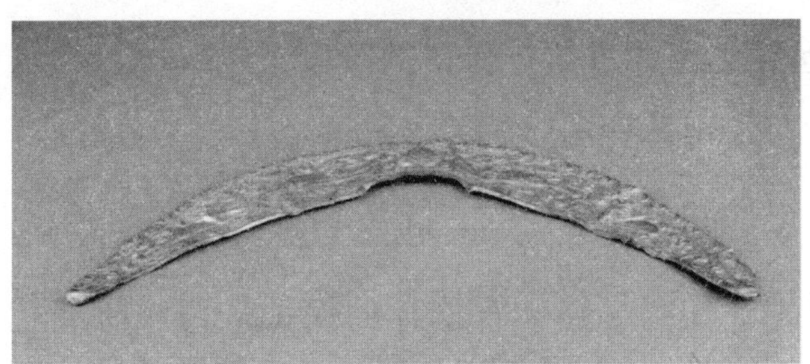

图 4-64　金鞍后桥片、金鞍翼片[②]

① 光明网：http：//m.gmw.cn/2019-06/28/content_1300473335.htm.

② 艺术头条：https：//m-exhibit.artron.net/works/678851.html.

第五章　丝绸之路体育遗存之保护

第一节　丝绸之路体育遗存保护概述

一、丝绸之路体育遗存保护的阶段

（一）古代时期

我国对于丝绸之路体育遗存的保护从西汉时期就已经开始了。据史料记载，在西汉时汉王朝已经成了文化遗产保护的有关机构，尤其是对诗歌等内容进行过系统的收集和保护，如汉代的"采诗观风"制度，从民间和官府中收集各种与丝绸之路有关的诗歌。班固的《汉书·艺文志》曰："古有采诗官，王者所以观风俗。"这些都是对丝绸之路民间文化的保护，一直沿袭到今天。但由于受当时的环境、战争、文化的限制，对于丝路体育遗存、遗产的保护并未受到重视，对其管理也相对模糊以至于在体育遗存与遗产的保护上相对空白。

（二）近代时期

我国在 1930 年出台《古物保存法》，1931 年出台了《古物保存法施行细则》《禁止珍贵文物图书出口暂行办法》《古文化遗址及古墓葬之调查发掘暂行办法》。在革命战争时期，出台了许多对遗存的保护规定，开始注重对民族风俗、习惯的保护，加大了对于保护民族文化重视的力度。其中1948年出台《中共中央为华北第三兵团起草的安民布告》等。这些规定的出台，不同程度地规范了人们的行为。由于当时的社会及生活条件所限，文物保护存在一定的局限性。

（三）现代时期

新中国成立以来，我国对文化遗产的保护措施日益加强。1952年中央人民政府批准《中华人民共和国民族区域自治实施纲要》。20世纪60年代，关于文物保护管理、历史纪念建筑、古建筑、古窟寺修缮、古遗址、古墓葬调查、发掘等方面的管理办法出台。20世纪70年代，从文物商业管理及保护政策和刑法等方面进行了强化和约束。20世纪80年代，从宪法、文物保护法、古建筑消防管理、博物馆藏品管理、传统工艺美术保护方面出台了相关管理办法。21世纪以来，随着时代发展修订了以往文化遗产及文物管理方面的文件。还把文化遗产的抢救、保护、公约、推广、评审、传承人等从法律、法规、措施、方法等方面进行了规范，促进了我国文化遗产保护的发展。

近年来，随着我国经济、文化的发展，国际化地位的提高以及习近平总书记提出的“一带一路”，我国对于体育文化遗产的保护及重视程度更为凸显。2013年以来，随着习近平总书记提出一带一路倡议，它成了连接世界和平、发展合作、共享共赢的纽带，承载着丝绸之路沿线人民的梦想，以崭新的时代特色与内涵，面对新的挑战和机遇，对弘扬我国传统体育文化、保护体育遗存起到了一定的推动作用。

千百年之后当我们的子孙再去看这些文化遗产的时候，他们不仅将会无比的珍惜，更会为中华民族的富有感到深深的自豪，所以当前对这些遗存、遗产进行有效的、科学的保护和传承势在必行，具有深刻的历史意义和浓郁的社会及民族意义。

二、丝绸之路体育遗存保护的启示

党的十八大以来，习近平总书记多次对传承发展中华优秀传统文化作出重要指示。国家实施了一系列非物质文化遗产保护工程，出台了若干相关政策去指导如何进行非物质文化遗产的传承与保护。这其中有许多内容也涉及与体育相关遗存的保护，这为保护传统体育文化遗产提供了指导思想和启示。

（一）健全保护政策

近年，国家对非物质文化遗产的保护政策日趋健全，其主要的政策法律涉及自然遗产、非物质文化遗产、文物等法律法规。此后，各地方也相继出台了若干政策文件配合国家的相关政策。这些政策文件对如何引导体育类非物质文化遗产传承和保护的方向和给予了启示。

（二）建立保护机构

2006 年 9 月，我国成立“非物质文化遗产保护中心”。该中心承担着相关具体工作，内容包括：政策咨询、普查实施、保护措施、理论基础、学术会议、展览展演、公益活动、交流推介、宣传政策、经验交流、成果交流、人才培训等工作职能。此后，各地方也相继成立文化与文物相关的保护中心。通过这些机构的建立，为非物质文化遗产的保护增强了实力，为体育文化遗产的挖掘与保护指引了正确的方向。

（三）统一保护意识

思想永远是动作的先行者，有正确的思想认识才能有正确的动作指引，对于非物质文化遗产的保护也不例外。以保护为前提，抢救为首要因素把这些珍贵的文化遗产进行全面的保存以免它们再受到更为严重的破坏。对于体育类非物质文化遗产而言，也应当以该意识为蓝本尽量拯救这些濒危的历史遗迹和先民留给我们的体育文化遗产。对于体育类的文化遗产而言,它们存在于各民族之间其发展水平也存在不同,但在意识上各民族各地区的人们应统一意识,坚持依法和科学保护,正确处理经济社会发展与体育文化遗产保护的关系。

(四)扩大保护范围

目前,联合国教科文组织非物质文化遗产代表作的评选为每两年举行一次,且每次一个国家只能独立申报一项。国家级非物质文化遗产代表作两年评选一次,[①]各省市也有自己的评定办法,经过这些年的评选已经有越来越多的项目入选到非物质文化遗产的目录中。

通过非物质文化遗产的评选,体育类的遗产逐渐增多,这对它们开展更为有效的保护从政策上给予了鼓励,从经济上给予了支持,从人员上给予了专业指导。因此,这为体育类非物质文化遗产的保护提供了先决条件,为探索如何更为有效的保护体育类的非物质文化遗产提供了更多的启示。

第二节　丝绸之路体育遗存保护的困境

一、众多体育类非物质文化遗存流失严重

体育运动在人类的生存和发展中具有重大的意义和价值,它是通过人类在生产劳作和社会实践中发生、发展起来的,并在不同时期社会的进步中不断完善。就我国来说,传统体育项目众多,各民族、各地区都有许多不同的体育项目和民间运动是我国珍贵的物质文化遗产,但由于它们产生时间久远有些运动已经消失或

① 新疆木垒县乌孜别克族游牧社会文化变迁研究[D].中央民族大学,2009:7.

正在消失，因此对这些遗产与遗产的保护迫在眉睫。因此，梳理那些已经消失或正在消失的体育运动对今后保护工作的有效开展具有借鉴的意义。

（一）球类运动

1. 蹴鞠

蹴鞠的"鞠"，可联想到石球。在丁村和许家窑文化遗址出土的迄今十万前的许家窑石球是最早的记录。石球最古人的狩猎工具。在原始社会后期曾出现了用脚踢的石球及镂空的陶球。[①]传说蹴鞠由先秦黄帝制造，明《太平清话》记载："踏鞠始于轩后，军中练武之剧，以革为元囊，实以毛发"。说的是蹴鞠源于黄帝，最初用于军事训练。此外也有战国帛书记载黄帝杀死蚩尤以后，"充其胃以鞠，使人执之，多中者赏"的记载（图 5-1）。[②]

目前多数历史资料披露蹴鞠起源于我国战国时代，是民间流行的一项娱乐活动。秦汉时期又作为军队中士兵所进行训练项目。它是现代足球运动的前身和雏形。2006 年 5 月 20 日，蹴鞠列入了我国第一批国家级非物质文化遗产名录。

图 5-1　儿童蹴鞠运动[③]

① 高鹏飞．论三大球项目起源 [J]. 体育文化导刊，2012（11）：131.

② 夏成龙．生态视角下民俗体育发展研究 [D]. 厦门大学，2014：8.

③ 中国国学网：http：//www.confucianism.com.cn/html/A00030007/28240353.html.

2. 木射

木射,又名十五柱球,是游戏者轮流以木球撞击十五根笋型立柱的一种室内的活动形式,产生和兴盛于唐代。

对于木射的记载主要在唐代,其中唐朝人陆秉曾为此专门著《木射图》一书,该书十分详实地介绍了此运动,但此书已经失传。此后宋朝人晁公武读此书后对该书进行了解释,他说:“为十五笋以代侯,击地球以触之。饰以朱、墨,字以贵贱之。朱者:仁、义、礼、智、信、温、良、恭、俭、让。墨者:慢、傲、佞、贪、滥。仁者胜,滥者负,而行一赏罚焉。”其主要大意为,用木削成笋形,作靶子,上缩下扩底平,立起来不易翻倒,总计十五根。这十五根笋分为两大类:一类通体涂为红色,分别刻上仁、义、礼、智、信、温、良、恭、俭、让等字,共十根;另一类涂以黑色,分别刻以慢、傲、佞、贪、滥等字,共五根。活动时,将十五根笋立在平坦的场地一端,投抛者在另一端,用木球去击打另一端的木笋,以击中朱色笋者为胜,以击中墨者为最后看谁击倒的朱色笋多,就是终胜者。[①]目前,该运动已经几乎失传(图 5-2)。

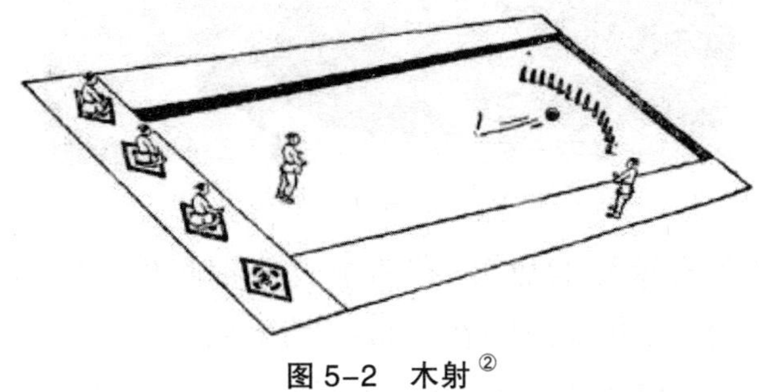

图 5-2　木射[②]

(二)跑跳运动

1. 走及奔马

走及奔马指的是跑步。作为现代正式体育比赛项目的跑步

① 可可英语:http://www.kekenet.com/hangye/201508/394258.shtml.

② 王德洪.健身柱球研发与应用[J].文史月刊,2012(11):225.

在我国始于20世纪初。跑步是国际体育大赛中极为重要的项目，有短跑、中长距离跑、马拉松跑、接力赛跑、跨栏跑、越野跑、竞走等诸多内容。

许多人认为跑跳运动是起源于欧洲，但是在我国悠久的历史中该运动在商代已经出现，在出土的殷墟甲骨文中，可以见到“先马其海雨”“马其先”之类的记载，这里的“先马”或“马其先”就是对跑步者的一种称谓。因为商代在君主出行或进行战争时，在马拉的车前都会有步兵开道，而当马车奔跑时，这些开道的步兵也要一起奔跑，并保持原有的队形。因此，这些步兵应当是训练有素的奔跑能手（图 5-3）。

图 5-3　殷墟走及奔马[①]

在周代曾有这样的故事，有两个人分别叫作“令”和“奋”，他们是跑步的能手，常常跟随在周成王的左右。一次周成王乘马车去淇田春耕，令和奋步行跟随。在回宫的路上，周成王让马车快速奔跑起来，并对令和奋说，如果你们能跟上我的马车，就赏赐你们10家奴仆。结果，令和奋与马车同时到达了王宫。后来令利用周成王的赏赐铸了一个鼎，并把这件事的经过刻在鼎上，称为《令鼎》。[②]由此可见，令和奋是有历史记载的最早的能走及奔马的人。

① 华语广播网：http：//news.cri.cn/gb/1321/2008/05/08/542@2049985_1.htm.

② 李伟．古今之间：连坐制度的表达、实践与价值解释[J]．兰台世界，2012（36）：40.

2. 逾高超远

逾高超远类似于现代的体育项目跳远，该运动也是起源于我国古代的一种军事技能训练。先秦时期的《吴子》记载，著名军事家吴起根据士兵的不同素质组织队伍，其中逾高超远出众者被认为是具有特殊素质的一类。在古代战争的时候，那些具有超高跳远能力的士兵往往在攻城、追敌、保存自身等方面相比其他士兵更具身体优势。因此，唐代的《太白阴经》和宋朝的《宋史·岳飞传》中都提到把逾高超远的人用重金吸收到军队中来并让他们穿上双重铠甲做跳战壕的练习。

现代，逾高超远已经变成了奥运会中的跳远项目，我国与之相关的历史参考文献和遗产的保存也较少。近年随着非物质文化遗产的保护体系逐步建立，对体育运动的历史资料收集也在逐步完善中。

（三）投掷运动

1. 投壶

投壶起源于我国春秋战国时期，它是诸侯宴请宾客时的礼仪之一，在贵族阶层中开展广泛。它是射箭运动类似的替代项目。投壶流传了两千多年，几经演变，曾一度兴盛，在官吏或较有声望、地位的知识分子中玩得热火朝天。它也是一项“古礼”，这一阶层的人们认为它是雅致的娱乐项目，符合他们的生活方式，并乐于接受（图 5-4）。这一娱乐项目可以修身养性性。这一项目在战国时代比较普及，在唐朝时期发扬光大，但到了清末，随着西方现代体育的传入，投壶退出了历史舞台。

2. 击壤

“击壤”在《辞海》的解释为“击”是击打、投击之意，“壤，泥土的通称”。它是一种投掷土块的娱乐游戏。该运动最早记载在东汉王充《论衡·艺增》篇中，是一项古老的投掷土块娱乐游戏。

该运动源于原始时期人类的生活与生产，在先人进行捕猎的时候人们会用土块、石块、木棒击打猎物，之后随着战争的发展有了弹弓和弓箭，不再依靠土块、石块、木棒掷击野兽，这种投击练习便演变成了一种游戏并改用木屐、砖块等物作为该游戏的工具。

图 5-4　投壶[①]

（四）举重运动

1. 扛鼎

“力拔山兮气盖世”这句话许多人都听过，描写的内容就是西楚霸王项羽力大无穷的句子。扛鼎类似于现在的举重活动。该运动最早起源于战国传至汉代都以“扛鼎”作为举重练习之法，后来，“扛鼎”还演变成一种杂技项目，历史曾有过记载。

2. 举石锁

举石锁与扛鼎有异曲同工之处都是将重物举起来，与扛鼎不同的是石锁是用石料制成，利用石头凿成形似古铜锁的运动器具进行锻炼。举石锁的方法多种多样包括了举、掷、接等，在古代一般学武之人、将军等都通过该方法进行臂力练习。目前，扛鼎和举石锁两种运动已经基本消失，没有人再会去扛鼎或举石锁而被杠

① 第一星座网：https：//www.d1xz.net/wenhua/minzu/art149520_4.aspx.

铃所代替,并且在现代举重项目一直是奥运会的比赛项目之一,也是我国夺取金牌的重要组成部分,其中既有科学的训练方法的原因,也有我国在该项目中具有的悠久历史和文化的原因。

（五）摔跤运动

1. 角抵

角抵即以角抵人,它是两人互握对方并将其摔倒在地的娱乐活动。它起源于上古时代,在古时代打仗时战士头上装备着刀剑一样的尖状物,好像有角的公牛一样,打仗时手脚并用,还可以头上之角抵人,敌方对此很难防御。这种“以角抵人”的方式,后来演变为“两两相抵”的类似摔跤的活动(图 5-5)秦汉以后角抵盛行,晋代以来,出现了“相扑”一词。唐代,角抵与相扑二名混用。明代以后,这一项目以摔跤统称。进入清代,北京的跤场遍布全城。

目前,角抵在中国已经几乎灭绝,但是与之并行的相扑却在日本依旧盛行。

图 5-5　角抵[①]

2. 手搏

在春秋战国时期手搏即“拳勇”。《汉书·艺文志》的兵技巧

① 百度：https：//zhidao.baidu.com/question/1789525331 25044604.

类中，记有“手搏六篇”，但目前已经失传。手博，即徒手搏击之意，后来的拳术、摔跤、角力，就是在此基础上发展起来的。曹丕《典论·自叙》中曾介绍了当时有徒手与短兵交手的“空手入白刃”的一个项目，可知其技艺已达到相当高的水平。[①]

（六）其他运动

1. 杂技

古代一种杂技叫作“弄丸飞剑”，为汉代百戏之一种。张衡的《西京赋》曰“跳丸剑之挥霍，走索上而相逢”，说的是有两个艺人在舞丸弄剑，或在悬空的长绳上行走，待二人相逢时，错身而过，行动十分从容。该节目由于危险性较高后来演变为“打花棍”，既好看，又没有危险性，但现在也逐渐消失不见。

“缘竿”也是古代百戏杂技中的一种爬杆项目，表演者在固定的竿子上做各种高难度、惊险和优美动作的一种娱乐活动。历史文献都对该项目都有记载（图 5-6）。

图 5-6　杂技缘竿[②]

① 邓霞．南阳汉画像中持器械技击图像解析[J].景德镇高专学报，2011，26（4）：51.

② 腾讯体育：https：//m.baidu.com/tc?from=bd_graph_mm_tc&srd=1&dict=20&src=http%3A%2F%2Fsports.qq.com%2Fa%2F20121205%2F000398.htm%3Fg_f%3D6730&sec=1569654731&di=7b91e01b7300ad0c.

2. 武术

武术同京剧一样作为中国“国粹”一直被国人引以为傲，被外国友人所崇拜。但我国许多的传统武术都已经消失了，如《汉书·艺文志》的“兵书”类的“兵技巧”部分中介绍了武术，共有13家、199篇；《五杂俎》中所记载的部分少林寺拳法；《续文献通考》中所记载的枪、刀、弓、弩、棍、杂器等各派武术；《三才图会》所记载的“马箭图”“拳法图”“枪法图”“棍法图”“旁牌势图”等；《阴符枪谱》所记载的枪法；《玄机秘授穴道拳诀》和《拳经拳法备要》所记载的拳法等。[①] 这些武术文献有些已经完全消失或部分消失。

中国培育出了璀璨的文明和纷繁复杂的体育项目，有些体育项目经过千年的演化已经转变为现代体育的其他形式如举重、赛马等；有些体育项目经过几经周转虽然在我国消失匿迹但是在国外却广泛传播，如蹴鞠和相扑；但更有许多体育项目尤其是少数民族的体育项目在历史的长河中随着时间的推移、种族的消亡、环境的变迁随而之而去，有些在文献典籍中有所记载能顺着蛛丝马迹找到他们的历史痕迹，但是也有很大一部分永远消失在历史的长河之中。

当今，习近平总书记对非物质文化遗产有重要指示。在建设有中国特色社会主义新时代的起点上，中国非物质文化遗产要肩负起时代赋予的使命，在传承与保护、机制与体制、创意产业上要取得一批开拓性、引领行、标志性的成果，铸就中华民族文化的新辉煌。因此在这样大机遇的环境下保护体育类非物质文化遗产的重要性不言而喻，意义也更为重大，这不仅是国家的使命更是人类文化传承的使命。

① 吉灿忠，邱丕相．明清太极拳演变的因素及其特征分析［J］．成都体育学院学报，2009，35（9）：35.

二、体育类非物质文化遗存受各种变迁影响保护存在一定局限性

人们的生产生活方式和思维价值观念随社会环境的改变也产生了一定的变化。正是因为由于存在这种不同,因此当先民失去了故有而且熟悉的自然与社会环境时,他们无法将原有的体育运动带到别的自然和社会环境中去,因此这就会导致与其环境和文化密切相关的体育运动消失,因此体育文化遗产受到其变迁的影响存在一定局限性。

(一)自然环境的影响

1. 自然地理环境

由于自然地理环境、疆域宽广,地势西高东低,呈阶梯状分布,山地、高原面积广大,造就了不同的环境。中国这种自然环境的特点就决定了会有不同生存环境的人,进而又决定了不同文明的诞生,再进而决定了有不同的文化和体育活动,不同的体育活动所代表的意义又各不相同。也正是基于上述原因,当一种文化在某一地方形成后很难再移植到不同地区的自然环境中去,如北方的民族喜欢摔跤,而南方的民族却喜欢舞龙舞狮。

2. 农耕文明与游牧文明

在我国,由于受自然环境和地理环境的影响,主要可分为农耕文明和游牧文明。这两种不同的文明又分别孕育出不同的体育运动和体育文化。先民们生活在山地草原、荒漠绿洲,尚武尚力,吃苦耐劳是他们的本质。因此,体育往往锻炼人们的耐力和蛮勇精神,具体项目以骑马狩猎为主,而且这些地方的先民从小就要参加各种军事化训练,由此产生了与军事训练和战斗技能培养有关的体育运动,如举鼎、射箭、叼羊等等。农耕文明的民族是以农业生产,农业文化为家族、村落、国家为基础的所构建的,他

们相对于游牧民族来说更加的宁静、谐和、温顺，在从事体育运动中也选择相对以娱乐健身为主的体育活动，如蹴鞠、投壶、杂技等。

（二）社会环境的影响

1. 社会生活方式的局限

经过千年的传承和发展，当今人们的生活方式与古时候存在巨大的差别，比如在器皿的使用上古人使用的是陶瓷品而现代人习惯使用玻璃杯；古人的生活仪式被现代科学方式所替代。因此，这种生活方式的差别使许多非物质文化遗产，尤其是体育类的非物质文化遗产逐步丢失。

马，曾几何时作为古人最重要的交通工具无论是在战争中作为战马的使用还是在生活中作为脚力的工具，它们与人们的战争、生活及其文化密切相关。古代中很多诗句就是把马作为重要的交通工具来描写的。因此与马有关的各种体育运动尤为丰富，马球、赛马、走马、马术等等，因此遗存下来的文化遗产也非常丰富。但随着社会的发展，现代人们很少用马来出行了，而是用汽车、火车、飞机。现代化战争中更不用马作为骑兵冲锋了，因此这些生活方式的变化都使其大范围的保护受到了一定的局限性。

2. 经济因素的局限

在现代市场经济发展的进程中，人们的日常生活与商品经济密切相关。如果保护传统文化与市场经济相分离就使得文化发展举步维艰。在这个大环境下，人们往往把申报文化遗产当做旅游开发、兴办产业、谋取利润的途径。它有违初衷、改变了性质。这种文化与商品画等号的现象可导致保护主体对其保护的积极性和主动性可能就会大打折扣。

3. 知识产权保护的局限

关于文化和文物的知识产权保护研究的成果较多，但体育类的知识产权保护研究只是在较少的成果中涉及。知识产权制度的引入必将带来商业化的开发,而过度开发将造成文化遗产的断裂,如市场经济中的商业专利,与传统文化的传承是有一定矛盾的。[①]专利等知识产权的保护是基于个体的保护,与普及和推广有明显冲突,某些传统体育文化内容或器材工艺在申请专利保护后如何进行推广与发展就是必须及早予以关注的问题。[②]然而,为了扩大影响、扩大传承,而不去保护知识产权,会使得当事人的积极性很难得到提高,也很难防范国内、国际的文化侵权和文化剽窃,这也是在保护中难以协调的困境。[③]

丝绸之路体育文化的保护取得了一定的成效,同时也面临着很多工作亟待完成,特别是那些易消亡、不易复制的传统体育文化,其保护形势更加紧迫。纵观目前,我国传统体育文化保护正面临着新的挑战,各级政府和广大民众也都意识到传统文化的重要性。因此,此阶段保护工作的重点之一便是制定出切实有效的保护措施和方法,使得不再有更多的优秀传统文化流失。

第三节 丝绸之路体育遗存的保护措施

一、丝绸之路体育遗存的记录保护

丝绸之路体育遗存是指该中华民族千百年间用双手和心血所凝结而成的文化遗存,它是中华民族精神瑰宝。它包含着马背游牧文化、角力文化、鹰文化、民间游戏文化、民俗节庆文化等众多内容,它不仅展示了我国各民族生活和休闲的片段,更是继承了历史发展过程中人们对待生命的态度和热情,这是文化历史的

① 林顺治.从体育强国视角论中国民俗体育文化的发展[J].山东体育学院学报,2010,26(3):28.

② 白晋湘.非物质文化遗产与我国传统体育文化保护[J].体育科学,2008,28(1):3.

③ 米永忠.巴渝武术文化研究—非物质文化遗产视野下民族传统体育研究个案[D].西南大学,2009:9.

"活化石"。要保护丝绸之路体育遗存体育文化，首先必须要弄清楚保护的对象，这是保护工作的先决条件。所以，这需要我们首先对丝绸之路沿线散居分布各处的体育文化进行一次详尽细致的普查，这样的调查必须深入到体育文化有可能分布到的每一个乡镇、街道和村落。在调查过程中通过询问、登记、分类、整理、建立数据库等手段，对所获取的信息进行提炼和甄别。归根结底，保护工作就是以对现状的了解为开始，而对现状的了解就是通过普查作为最基本的手段，而记录则是普查工作的主要方法。

近年来，体育文化结合"全民健身与奥运同行"等活动来继承和保护传统文化，以继承和发扬体育项目为特色，以促进体育文化事业的健康发展为目标。丝绸之路沿线省区开展了对民族传统体育的普查工作，以全面掌握体育的历史和现状，制定体育发展规划。[①]其中还包含很多濒临失传和已经失传的项目，这对进一步挖掘、整理和推广优秀的中华民族体育项目起到了极大的作用。通过这样系统的普查工作，可使有关部分对体育文化的发展现状有了整体性的了解，编制了体育普查报告、体育发展和保护规划、体育项目基地的方案等一些系列方案和建议。

所谓普查，就是按照规范要求对丝绸之路体育遗存资源、形态、现状等进行全面调查，主要包括：物质层面的文化、精神层面的文化、制度层面的文化三大部分。通过普查获取一个地区的丝绸之路体育遗存的蕴藏量、分布状况、形态种类以及传承人和传承的数据、资料、信息，尽可能做到普遍、真实、准确。[②]普查结果可作为丝绸之路体育遗存资源数据、出版材料或文化交流与研究的素材，也可成为丝绸之路体育遗存开发和再利用的珍贵资源。[③]普查的目的主要分为四点，第一，是全面挖掘、整理新疆的体育遗存。经过多年努力，丝绸之路体育遗存体系已逐步形成，但还对有一些散见于民间或已失传的项目挖掘不深；一些遗存虽然得

① 于杰．新疆塔吉克族传统体育的传承研究[D]．新疆师范大学，2009：4.
② 阿热爱依・努尔塔依．哈萨克族非物质文化遗产研究[D]．山东大学，2012：6.
③ 樊传庚．新疆文化遗产的保护与利用[M]．中央民族大学出版社，2005：26.

到挖掘，但尚未整理，急需进行科学论证。因此，普查工作的首要任务是对丝绸之路体育遗存做全面挖掘搜集、准确描述、科学归类，以便于更好地进行研究和开发。第二，是深入研究丝绸之路体育遗存的历史与现状。中华民族传统体育的一个项目往往反映出一个民族的人文历史，特别是民族学、历史学、民俗学等方面的内容，反映出该民族历史文化的传承关系。丝绸之路体育遗存普查所汇集的丰富资料，对于深入研究中华民族历史文化具有重要的促进作用。第三，是制定发展规划。根据普查所搜集和积累的大量素材，经过科学论证，可以为制定切实可行的发展规划提供依据，对于规范建立科学管理体制具有基础性和指导性作用。第四，是开展普查和研究，制定发展规划，其对于促进丝绸之路体育遗存认识的普及与提高，倡导健康文明的生活方式，为物质文明、精神文明、政治文明建设服务有着十分重要的作用。根据樊传庚先生关于文化遗产普查和记录方面所提出的观点，我们认为普查工作大致可以分为以下几部分。

（一）普查步骤

普查步骤主要由三部分组成：第一，普查培训工作。按普查制定的统一标准，设计普查表格与提纲，培训普查人员，建立普查队伍；第二，实地普查工作。组织一批不怕艰苦、热爱文化事业的人员深入民间，深入各个农村乡镇进行调查，进行全面式、地毯式的搜索调研；第三，记录整理。对普查的材料进行注册、登记、记录、分类、整理和存档。丝绸之路体育遗存的普查工作应是体育、文化、民委、旅游等系统以及部分高校学生都参与调查中来。

（二）记录方法

中国民间文艺家协会就传统文化也制定了相应的规范、标准和表格样式，其中全国政协常委、著名作家冯骥才在其主编的《中国民间文化遗产抢救工程普查手册》中言简意赅地提出了民间传统文化的保护原则可以概括为："分类严格，记录清晰，文字、图片、录像齐全"。在文化记录过程中一定要注意保持文化本体的原真性。当所记录的对象不同时，则采用不同的记录方法，如记录一些丝绸之路体育遗存相关古典资料文献资料时，则需要以文字记录为主、摄像为辅；而当记载一些民俗活动或体育文化表演时，则需要以视频、图片以及文字相结合，动态的、可视的、立体的、全方位地保存下来。通过搜集、记录（录音、图片、乐器、文字、图像、图书）等方式记录丝路的体育遗存。如由甘肃教育出版社出版的《丝绸之路体育图录（全彩版）》，记录了从文物的产生演变入手来阐释文物的价值和意义；从对文物的探索、认识上来努力概括今天的学术成果；从对体育图像的分析中来激发人们对体育的认识的追求。由甘肃教育出版社所出版的《从长安到雅典》展现了丝路沿线不同地区、不同时代的体育遗存，以及作者对体育文化的诠释。

通过以上这些措施逐步完成丝绸之路体育遗存的全部记录工作，建立、健全丝绸之路体育遗存资料的数据库，并最终构建系统的丝绸之路体育遗存的保护工程。

二、丝绸之路体育遗存的法律法规保护

任何一项体系的建设都需要以法律和法规的建设为护航条件，只有具备完善的法律、法规基础才能为该工作的实施提供依据和保障。目前，我国对于丝路体育遗存保护的相关法律法规只有个别单项条例和地方性条例，覆盖范围相对较窄，而且法律法规文书规定的各项内容也不尽人意。因此需要建立完善相关的法律、法规体系，将法规、行政和民事法规、综合性和单项性法规互为补充。将丝绸之路、体育遗存、文物、自然遗产、非物质文化遗产作为法律体系建设融会贯通，这样才能更好地为丝路体育的文化遗产传承提供有力的法律和法规保障。

(一)保护世界文化和自然遗产公约

1972年11月16日,联合国教科文组织大会第17届会议在巴黎通过了《保护世界文化和自然遗产公约》(简称“公约”)。《公约》主要规定了文化遗产和自然遗产的定义,文化和自然遗产的国家保护和国际保护措施等条款。《公约》规定了各缔约国可自行确定本国领土内的文化和自然遗产,并向世界遗产委员会递交其遗产清单,由世界遗产大会审核和批准。凡是被列入世界文化和自然遗产的地点,都由其所在国家依法严格予以保护。[①]列入世界文化遗产的条件有四个:具有突出普遍价值;有充足的法律依据;历史比较久远;现状保护较好。

根据《公约》的规定有形文化遗产包括:历史文物、历史建筑、人类文化遗址等各种物质文化遗产,物质文化遗产主要的呈现作品有古遗址、古墓葬、古建筑、石窟寺、石刻、壁画、近代现代重要史迹及代表性建筑等不可移动文物等。[②]具体到体育遗存、遗产古代将体育活动表现于岩画、壁画、石雕等都属于物质文化遗产。

(二)人类口头和非物质文化遗产代表作名录

联合国教科文组织在2000年设立了《人类口头和非物质文化遗产代表作名录》,非物质文化遗产应涵盖五个方面的项目:1. 口头传说和表述;2. 表演艺术;3. 社会风俗、礼仪、节庆;4. 有关自然界和宇宙的知识和实践;5. 传统的手工艺技能。《公约》指出,非物质文化遗产概念中的非物质性的涵意,是与满足人们物质生活基本需求的物质生产相对而言的,是指以满足人们的精神生活需求为目的的精神生产这层涵意上的非物质性。[③]所谓非物质性,并不是与物质绝缘,而是指其偏重于以非物质形态存在

① 高洁.世界文化遗产保护与旅游开发研究[D].山东大学,2006:6.
② 张云薇.《日本文化财保护法》日译汉翻译实践报告[D].河北大学,2017:8.
③ 曾妍.社工视角下的非物质文化遗产保护研究[D].苏州大学,2012:10.

的精神领域的创造活动及其结晶。[1] 中国的昆曲、古琴艺术、木卡姆艺术等列入其中。

（三）中华人民共和国刑法

中国十分重视打击文物犯罪行为，在《刑法》中列出独立章节规范对文物犯罪的刑罚。依据《刑法》有关条款，对于一切妨害文物管理的犯罪行为，如故意损毁国家保护的珍贵文物或者被确定为全国重点、省级文物保护单位的文物；[2] 故意损毁国家保护的名胜古迹情节严重；过失损毁国家保护的珍贵文物或者被确定为全国重要和省级文物保护单位的文物而造成严重后果的；将收藏的国家禁止出口的珍贵文物私自出售；以牟利为目的、倒卖国家禁止经营的文物；国有博物馆、图书馆等单位将国家保护的文物藏品出售或私自送给非国有单位或者个人；盗掘具有历史、艺术、科学价值的古文化遗址、古墓葬等，都须承担相应的刑事责任，情节严重的，可以被处以无期徒刑或死刑。[3] 这充分表明，中国政府打击文物犯罪的态度是坚决的，力度也愈来愈大。《刑法》的实施，为文物保护事业的发展提供了强有力的法律武器，有力地震慑了文物犯罪活动。

（四）中华人民共和国文物法

《中华人民共和国文物法》内容包括：总则、不可移动文物、考古发掘、馆藏文物、民间收藏文物、文物出境进境、法律责任。《中华人民共和国文物保护法》第六十四条规定，有下列行为之一，构成犯罪的，依法追究刑事责任：（1）盗掘古文化遗址、古墓葬的；（2）故意或者过失损毁国家保护的珍贵文物的；（3）擅自

① 张向东，王心田．陆夫子祠考略[J].荆楚理工学院学报，2009，24（6）：26.
② 鄢斌．从吉沙问题看我国世界自然遗产的法律保护[J].中国环境法治，2007（1）：92.
③ 邱玉梅．妨害文物保护犯罪研究[J].政法论坛，2001（3）：39.

将国家馆藏文物出售或者私自送给外国有关单位或者个人的；（4）将国家禁止出境的珍贵文物私自出售或者送给外国人的；（5）以牟利为目的倒卖国家禁止经营的文物的；（6）走私文物的；（7）盗窃、哄抢、私分或者非法侵占国有文物的；（8）应当追究刑事责任的其他妨害文物管理行为。[①]

（五）中华人民共和国非物质文化遗产法

《中华人民共和国非物质文化遗产法》由2011年6月1日起施行。非物质文化遗产包括：（1）传统口头文学以及作为其载体的语言；（2）传统美术、书法、音乐、舞蹈、戏剧、曲艺和杂技；[②]（3）传统技艺、医药和历法；（4）传统礼仪、节庆等民俗；（5）传统体育和游艺；（6）其他非物质文化遗产。《中华人民共和国非物质文化遗产法》全文包括：总则、代表性项目名录、传承与传播、法律责任。违反相关规定的将给与行政处分、治安管理处罚、罚款或依法追究刑事责任。

（六）中华人民共和国关于文物相关文件及举措

20世纪30年代以来，我国颁布和制定了文物相关的物政策、法令、规定、办法、条例等文件。国家司法机关对文物法规的执行负主要监督责任，其他国家机关、社会团体、公职人员和全体公民都有义务监督文物法规的实施（表5-1）。

表5-1　中华人民共和国关于文化遗产和文物相关文件及举措一览表

序号	年代	相关文件名称
1	1930	古物保存法
2	1931	古物保存法施行细则、禁止珍贵文物图书出口暂行办法、古文化遗址及古墓葬之调查发掘暂行办法

① 全国人民代表大会常务委员会．中华人民共和国文物保护法[M]．中华人民共和国文物保护法，2008：2.

② 刘坚．云南省少数民族传统体育非物质文化遗产保护与传承研究[D]．北京体育大学，2012：5.

续表

序号	年代	相关文件名称
3	1961	文物保护管理暂行条例
4	1963	文物保护单位保护管理暂行办法、革命纪念建筑、历史纪念建筑、古建筑、古窟寺修缮暂行管理办法
5	1964	古遗址、古墓葬调查、发掘暂行管理办法
6	1974	关于加强文物商业管理和贯彻执行文物保护政策的意见
7	1979	中华人民共和国刑法
8	1982	中华人民共和国宪法、中华人民共和国文物保护法
9	1984	古建筑消防管理规则
10	1986	博物馆藏品管理办法
11	1997	传统工艺美术保护条例
12	2002	中国民间文化遗产抢救工程
13	2003	中华人民共和国民族民间传统文化保护法、保护非物质文化遗产公约、中国体育非物质文化遗产保护与推广5年工作计划、中国体育非物质文化遗产保护和推广项目和单位评审暂行办法、中国民族民间文化保护工程实施方案
14	2004	中华人民共和国非物质文化遗产保护法
15	2005	关于加强文化遗产保护工作的通知、关于加强我国非物质文化遗产保护工作的意见、全国非物质文化遗产普查工作
16	2006	国家级非物质文化遗产保护与管理暂行办法
17	2007	中国非物质文化遗产标识管理办法
18	2008	国家级非物质文化遗产项目代表性传承人认定与管理暂行办法
19	2010	非物质文化遗产法(草案)
20	2011	中华人民共和国非物质文化遗产法
21	2013	中国体育非物质文化遗产保护与推广管理办法

2006年起,每年6月的第二个星期六为我国的“文化遗产日”。随后,采取了多种形式相关举措,如非物质文化遗产的专题展、遗产节、展示演出、论坛讲座、书籍论文、科普知识、技艺培训等。通过新闻媒体、互联网、博物馆、群艺馆、文化馆、图书馆、学

校、社区、公共文化机构对非物质文化遗产举行广泛宣传。[①] 在理论与实践方面，围绕非物质文化遗产的管理机制、保护立法、文化多样性、抢救和保护、传承人保护、生产性保护、文化生态保护区建设、保护经验等问题进行深入研究、交流和探讨，有力推进了非物质文化遗产的理论建设与实践运作。[②]

二、丝绸之路体育遗存的数字化技术保护

2013 年 9 月和 10 月，习近平总书记在出访中亚和东南亚国家期间，提出共建“丝绸之路经济带”和“21 世纪海上丝绸之路”的倡议，得到国际社会的认同。[③]“一带一路”建设中的“五通”是重点，民心相通是发展途径。可以说，“一带一路”建设不仅促进丝绸之路的历史文化呈现，为民众提供了丝路历史文化的了解渠道，还促进不同文化相互融通。

古丝绸之路给人们留下了无数的历史遗迹、遗产资源和文化元素。同时，“丝绸之路经济带”覆盖区域内，地理和人文环境各异又极具魅力。通过梳理丝绸之路历史文化遗存，可以呈现出各区域历史发展的脉络，以及政治、文学、艺术等的发展历史，为丝路文化认知提供了重要的文化资源基础。但是，大量历史和丰富内容已经消失，或留存在片断之中。新媒体数字化传播为丝绸之路文化传播提供了穿越历史、跨越时空的新契机。经过梳理“丝绸之路经济带”的历史遗存，并将其数字化集成，通过数字化技术、网络技术、虚拟现实技术、三维图形图像技术等一系列先进技术，实现文化遗产的数字化集成和博物馆的数字化展示，是融文化与现代科技为一体的重大系统工程。

---

① 吴姗．青海省非物质文化遗产保护问题研究——以法律保护为中心 [D]. 青海民族大学，2010：6.

② 宋建林．中国非物质文化遗产保护现状（二）[J]. 美与时代（下），2013（4）：31.

③ 赵晶晶．区域发展战略视角下的职业教育空间布局优化研究 [J]. 职教论坛，2016（36）：11.

（一）丝路体育遗存数字化保护的价值

1. 提供展示“丝路经济带”各区域文化的大数据综合数字平台，呈现丝绸之路的文化魅力

数字传播的优势在于其容量大、数据广和多媒体。丝绸之路作为沟通东西方国家、民族之间经济、政治、文化的大动脉，绵延搏动千余年，如此巨大的时空跨度，赋予其内涵本质、兴衰演变具有极为丰富的历史蕴含，也使它长期维系着的国际关系、民族关系和经济文化的交融冲突，表现出极其错综复杂的状况。数字化传播所具备的数据集成优势恰恰可以容纳和囊括这些大数据，它不仅包括文化遗产，还可覆盖区域内各国、各区域的地理环境、风土人情等，通过数据动态集成和多媒体展示，更有利于深入了解各国、各区域文化的源流、内涵，及其产生和发展。

2. 作为补充文化遗产的存储与保护形式，为后代和未来留下历史文脉

丝路体育文化遗产遗迹多为实体物品，保存与保护需消耗大量人力、财力和物力。通过现有技术对文化遗产进行数字信息采集、存贮，一方面节省了传统模式下的陈列空间，同时保留文物早期风貌，避免时间及其他外部因素对文物风貌造成的损坏。数字化既作为传统展览形式的补充，为文物的实体保护提供了充足的时间和空间条件，又能够还原和展示文化遗产遗迹的原始风貌，以更加科学的形式为后代和未来留下历史文脉。

3. 打破传播时间与空间上的局限，集成丝路信息，展示丝路风貌

数字化传播的优势包括两个方面。首先，打破文物信息空间分散带来的限制，“丝绸之路经济带”覆盖区域内分布着丰富的人文、历史遗产，各具规模，通过数字信息采集，进行汇总，实现统一管理，最大程度避免了地理因素的影响。同时，消除受众在信

息获取上的时间空间局限。例如,数字博物馆可以集中展示国内相关联文物信息以及“丝绸之路经济带”覆盖区域内相关联信息,并提供数字形式的博物馆、网络与出版物等展出形式,受众可以在任意获取文物的信息。

4. 以数字博物馆丰富传统文化遗产的展示形式,呈现相关联文化遗产的体系性、完整性

数字博物馆不仅能将文物数字化呈现,并可以根据受众的需求进行缩放,再现、再现历史场景。例如,秦砖汉瓦在传统博物馆中展示大多是实物陈列,而数字博物馆则可以便捷地还原其在建筑中的位置、制造过程等,通过虚拟现实系统进行情景重现,帮助受众了解其具体功用及属性。同样,对于文物的传统注释多为文字阐释,而在数字博物馆中可进行多媒体视像化解读。丝绸之路历史悠久,各个时期遗留的文物之间存在着种种关联,通过这些关联的呈现,对于理解具体文物并对其进行历史定位具有重要意义。通过数字博物馆放大展示历史遗产的文化属性,将碎片化的信息进行关联,以不断实现若干文化系统的整体性。

5. 实现文化传播过程的实时交互,提升文化遗产观赏的受众体验

“丝绸之路”体育遗存数字博物馆实体馆的建设可打破传统展示的单向传播模式,在设立公共展厅对文化遗产进行数字化展示之外,可同时设立交互展厅,参观者可根据自身需求选取某个历史时期或某类遗存,进一步了解历史背景、文化背景等附属信息。同样,这种多元化的展出方式可移植到网络数字博物馆和数字出版物之中,不同的仅仅是接受信息的感官体验。数字博物馆提供了历史遗存的数字化实地展示和网络呈现,更提供声光等丰富的呈现形式,受众可置身虚拟化的任意历史时期,亲身体验当时的环境,这种沉浸式体验交互大大丰富了受众的体验。数字博物馆需要的虚拟现实、网络等技术经过二十年的发展,已日渐完备。在近几年各类技术进入快速发展期时,虚拟现实技术、3D 技术等已被应用到包括展馆、演出舞台等很多领域,这为数字化呈

现丝绸之路历史文化提供了技术保障。

（二）“丝绸之路”体育遗存数字化传播的着力方面

1.“丝绸之路”体育遗存历史文化资源数据库建设

将历史文化资源加以数字化集成。数据库不仅包括区域内博物馆等大型展馆藏品，同时要将自然环境中的文化遗存、非物质文化遗产、自然环境与人文环境进行收集并数字化处理，将所有文化遗产通过数字化信息采集实现汇总，统一管理、呈现。与传统博物馆不同的是，为实现最终的呈现形式，数据采集需借助专业设备，与呈现形式进行技术互通。

2.“丝绸之路经济带”学术研究资源智库建设

“丝绸之路经济带”建设是一项涉及历史久远、范围广阔的系统工程，丝路是人类文明史最重要的文化基因库和资源富集区，是促进中华文明和世界各民族文化交流融合的主要渠道，更是当代不同国家经济与社会发展合作，以及东西方文化和不同的民族、文化、融合的重要领域。世界各国为此所展开的学术探讨和研究，无疑会为现实建设和决策起到重要的智库作用。因此，通过数字化丝绸之路经济带智库建设搭建学术平台，也是传播优秀文化的途径之一。

3.基于虚拟现实的多维、体验式数字博物馆呈现系统构建

虚拟现实技术运用于数字博物馆，可以利用计算机模拟呈现三维空间的虚拟世界。同身历其境的形式对人们的视觉、听觉、触觉等感官给予强烈的震撼。参观者可欣赏“大漠孤烟，长河落日”，亦可置身希腊神庙、东干村落……高科技的数字化技术浓缩了时空，又拓展了时空，将千年丝路呈现于21世纪的现代人面前。

将数字化信息通过网络进行传播，并发行数字出版物以适应不同用户的信息接收习惯。丝绸之路数字博物馆可在全国数字

化网络建设的基础上，以建设丝路特色数据库为平台，逐步完善信息的提取，并提供更丰富的形式。同时，为了更好地传播，数字博物馆可定制符合所要传播信息的终端产品，附载具备与实体数字博物馆相同内容的数字出版物，用户根据需求从数字博物馆网站下载存储相关资料。移动终端的使用将极大地推动信息的传播效率，用户足不出户就可以获取第一手资料。人机交互系统的应用也体现在终端设备的使用过程中，根据用户浏览及下载资料的类别数据，归纳其研究方向及兴趣方向，针对预测的用户需求提供、推送更多相关信息，推送的准确性将随着数据的增长而增强。

总之，以数字技术将历史文化资源和文化要素，结合创意转化成为数字内容，是当代文化与科技结合的主要领域，也是世界范围内文化遗产数字化集成的前沿领域。以数字化促进丝绸之路文化传播，不仅在技术上突破了传统的历史文化传播模式，更重要的意义在于，通过数字化的集成实现文化信息传播的大容量化、资源的大数据化、展示的多媒体化，得以总览千年丝路历史、审视万里丝路风云、探究丝路国家气象、融汇丝路学者智慧。这将是一项功在当代、利在千秋的宏伟工程，也将为中华文化的对内、对外传播，以及“丝绸之路经济带”内区域间交流和文化的国际传播提供有力保障。

三、丝绸之路体育遗存的分级保护

（一）世界文化和自然遗产

世界遗产委员会（WHO）隶属于教科文组织的政府间组织（UNESCO），它是联合国的专门机构之一，负责《保护世界文化和自然遗产公约》的实施。世界遗产委员会会挑选录入《世界遗产名录》的自然和文化遗产地，并在遗产大会上进行决议。截至2019年，中国的世界遗产共有54处。其中世界文化遗产36项、世界文化与自然双重遗产4项、世界自然遗产14项，在世界遗产名录国家排名位居第二位（表5-2）。

表5-2 中国的世界文化遗产一览表

序号	类别	项目名称	所处省区	批准年代
1	中国的世界文化自然双重遗产	泰山	山东	1987
2		黄山	安徽	1990
3		峨眉山和乐山大佛	四川	1996
4		武夷山	福建	1999
5	中国的世界自然遗产	武陵源风景名胜区	湖南	1992
6		九寨沟风景名胜区	四川	1992
7		黄龙风景名胜区	四川	1992
8		三江并流	云南	2003
9		四川卧龙熊猫保护基地	四川	2006
10		中国南方喀斯特一期 中国南方喀斯特二期	重庆武隆、云南石林、贵州荔波 贵州施秉云台山、广西桂林喀斯特、重庆金佛山喀斯特和广西环江喀斯特（荔波喀斯特拓展地）	2007 2014
11		三清山风景名胜区	江西	2008
12		中国丹霞	贵州赤水、福建泰宁、湖南崀山、广东丹霞山、江西龙虎山（包括龟峰）、浙江江郎山	2011
13		云南澄江化石地	云南	2012
14		新疆天山	新疆	2013
15		湖北神农架	湖北	2016
16		青海可可西里	青海	2017
17		贵州梵净山	贵州	2018
18		中国黄（渤）海候鸟栖息地（第一期）	江苏	2019
19		周口店北京猿人遗址	北京	1987
20		长城	北京	1987

续表

序号	类别	项目名称	所处省区	批准年代
21		敦煌莫高窟	甘肃	1987
22		明清皇宫(北京故宫沈阳故宫	北京 辽宁	1987 2004
23		秦始皇陵及兵马俑坑	陕西	1987
24		承德避暑山庄及周围寺庙	河北	1994
25		曲阜孔府、孔庙、孔林	山东	1994
26		武当山古建筑群	湖北	1994
27		布达拉宫(大昭寺、罗布林卡)	西藏	1994
28		福建土楼	福建	2008
29		丽江古城	云南	1997
30		平遥古城	山西	1997
31		苏州古典园林	江苏	1997
32		颐和园	北京	1998
33		天坛	北京	1998
34		大足石刻	重庆	1999
35		明清皇家陵寝(明显陵) 清东陵 清西陵 明孝陵 十三陵 盛京三陵	湖北 河北 河北 江苏 北京 辽宁	2000 2003 2004
36		皖南古村落(西递、宏村)	安徽	2000
37		龙门石窟	河南	2000
38		都江堰—青城山	四川	2000
39		云冈石窟	山西	2001
40		高句丽王城 王陵及贵族墓葬	吉林 辽宁	2004
41		澳门历史城区	澳门	2005
42		安阳殷墟	河南	2006

续表

序号	类别	项目名称	所处省区	批准年代
43		开平碉楼与古村落	广东	2007
44		登封“天地之中”历史建筑群	河南	2010
45		元上都遗址	内蒙古	2012
46		云南红河哈尼梯田	云南	2013
47		中国大运河	北京	2014
48		丝绸之路中国段（中国、哈萨克斯坦、吉尔吉斯斯坦跨国联合申报）	河南、陕西、甘肃、新疆	2014
49		中国土司遗址	湖南、湖北、贵州	2015
50		厦门鼓浪屿	福建	2017
51	中国的世界文化景观	庐山	江西	1996
52		五台山	山西	2009
53		杭州西湖	浙江	2011
54		广西左江花山岩画	广西	2016

（二）非物质文化遗产

非物质文化遗产的宗旨是“保护为主、抢救第一、合理利用、传承发展”。它分为世界、国家、省、市、县共5级保护体系，各个级别都建立了自己的非物质文化遗产保护名录，并履行相应职责。

1. 世界级

我国入选联合国教科文组织的非遗名录（含“急需保护名录”和“优秀实践名册”）的项目已达40个，也是目前世界上拥有世界非物质文化遗产数量最多的国家。① 人类非物质文化遗产代表作名录（表5-3）：

① 姚伟钧，王胜鹏．完善中国非物质文化遗产名录的思考[J]．浙江学刊，2013（1）：37-43.

表 5-3　我国入选联合国教科文组织的非遗名录一览表

公布年代	项目
非物质文化遗产代表作名录的项目	
2001	1. 昆曲
2013	2. 古琴艺术
2015	3. 新疆维吾尔木卡姆艺术；4. 蒙古族长调民歌
2009	5. 中国篆刻；6. 中国雕版印刷技艺；7. 中国书法；8. 中国剪纸；9. 中国传统木结构营造技艺；10. 南京云锦织造技艺；11. 端午节；12. 中国朝鲜族农乐舞；13. 妈祖信俗；14. 蒙古族呼麦歌唱艺术；15. 南音；16. 热贡艺术；17. 中国传统桑蚕丝织技艺；18. 龙泉青瓷传统烧制技艺；19. 宣纸传统制作技艺；20. 西安鼓乐；21. 粤剧；22. 花儿；23. 玛纳斯；24. 格萨（斯）尔；25. 侗族大歌；26. 藏戏
2010	27. 中医针灸；28. 京剧
2011	29. 中国皮影戏
2013	30. 中国珠算
2016	31. 二十四节气
2018	32. 藏医药浴法
入选急需保护的非物质文化遗产名录的项目	
2009	1. 羌年庆祝习俗；2. 黎族传统纺染织绣技艺；3. 中国编梁木拱桥传统营造技艺
2010	4. 麦西来（热）甫；5. 水密隔舱福船制造技艺；6. 中国活字印刷术
2011	7. 赫哲族伊玛堪说唱
入选优秀实践名册的项目	
优秀实践名册（2012）	1. 福建木偶戏后继人才培养计划

2. 国家级

国家级非物质文化遗产名录是经中华人民共和国国务院批准，由文化部确定并公布的非物质文化遗产名录。[①] 国务院自2006 年以来先后公布了五批国家级非物质文化遗产代表性项目（表 5-4）。国家级非物质文化保护遗产作为世界级非物质文化遗

① 王燕艳．只有民族的，才是世界的——关注国家级非物质文化遗产中的花卉园艺项目[J]．中国花卉园艺，2010（15）：8-10.

产的积极储备，对于将来的申报世遗有着不可替代的作用。我们在从事国家级传统体育文化遗产保护时，各级部门一定要按照国家的有关原则和要求，努力做好各项遗产的普查工作，为申报世遗打好基础。

表 5-4　丝绸之路沿线国家级非物质文化遗产一览表

第一批国家级非物质文化遗产			
序号	类别	名称	申报单位
1	民间文学	玛纳斯	新疆维吾尔自治区克孜勒苏柯尔克孜自治州、新疆文联民间文艺家协会
2		江格尔	新疆维吾尔自治区和布克赛尔蒙古自治县、博尔塔拉蒙古自治州、巴音郭楞蒙古自治州、新疆维吾尔自治区文联民间文艺家协会
3		格萨(斯)尔	青海省、甘肃省、内蒙古自治区、新疆维吾尔自治区等
4	传统音乐	新疆维吾尔木卡姆艺术	新疆维吾尔木卡姆艺术 新疆维吾尔自治区、鄯善县、哈密(十二木卡姆、吐鲁番木卡姆、地区、麦盖提县哈密木卡姆、刀郎木卡姆)
5	民间舞蹈	安塞腰鼓	陕西省延安市安塞区
6		洛川蹩鼓	陕西省洛川县
7		兰州太平鼓	甘肃省兰州市
8		锅庄舞	青海省玉树藏族自治州等
9		达斡尔族鲁日格勒舞	内蒙古莫力达瓦达斡尔族自治旗等
10		蒙古族安代舞	内蒙古自治区库伦旗
11		塔吉克族鹰舞	新疆维吾尔自治区塔什库尔干塔吉克自治县
12	曲艺	陕北说书	陕西省延安市
13		新疆曲子	新疆维吾尔自治区昌吉回族自治
14		乌力格尔	内蒙古自治区扎鲁特旗、科尔沁右翼中旗等
15		哈萨克族阿依特斯	新疆维吾尔自治区伊犁哈萨克自治州
16	杂技与竞技	维吾尔族达瓦孜	新疆维吾尔自治区
17		达斡尔族传统曲棍球	内蒙古自治区莫力达瓦达斡尔族自治旗
18		蒙古族搏克	内蒙古自治区

续表

19		蹴鞠	山东省
20	传统技艺	凤翔木版年画	陕西省凤翔县
21		夜光杯雕	甘肃省酒泉市
22		保安族腰刀锻制技艺	甘肃省积石山保安族东乡族撒拉族自治县
23		蒙古族勒勒车制作技艺	内蒙古自治区东乌珠穆沁旗
24		兰州黄河大水车制作技艺	甘肃省兰州市
25	民俗	锡伯族西迁节	新疆维吾尔自治区察布查尔锡伯自治县
26		塔吉克族引水节	新疆维吾尔自治区塔什库尔干塔吉克自治县
27		太昊伏羲祭典	甘肃省天水市等
28		那达慕	内蒙古自治区锡林郭勒盟
29		维吾尔刀郎麦西热甫	新疆维吾尔自治区麦盖提县
第一批国家级非物质文化遗产扩展名录			
序号	类别	名称	申报单位
30	传统技艺	维吾尔族模制法土陶烧制技艺	新疆生产建设兵团
31		花毡、印花布织染技艺	新疆维吾尔自治区且末县、塔城地区、英吉沙县
32		弓箭制作技艺(锡伯族弓箭制作技艺)	新疆维吾尔自治区
第二批国家级非物质文化遗产			
序号	类别	名称	申报单位
33	传统技艺	传统棉纺织技艺	新疆维吾尔自治区伽师县
34		毛纺织及擀制技艺	东乡族擀毡技艺 甘肃省东乡族自治县
35		新疆维吾尔族艾德莱斯绸织染技艺	新疆维吾尔自治区洛浦县
36		维吾尔族卡拉库尔胎羔皮帽制作技艺	新疆维吾尔自治区沙雅县
37		维吾尔族传统小刀制作技艺	新疆维吾尔自治区英吉沙县

续表

<table>
<tr><td>38</td><td rowspan="2">民族乐器制作技艺</td><td>蒙古族马具制作技艺</td><td>内蒙古自治区科尔沁左翼后旗</td></tr>
<tr><td>39</td><td>维吾尔族乐器制作技艺</td><td>新疆维吾尔自治区疏附县、新和县</td></tr>
<tr><td>40</td><td rowspan="6">营造技艺</td><td>土碱烧制技艺</td><td>新疆生产建设兵团</td></tr>
<tr><td>41</td><td>窑洞营造技艺</td><td>山西省平陆县,甘肃省庆阳市</td></tr>
<tr><td>42</td><td>蒙古包营造技艺</td><td>内蒙古自治区文学艺术界联合会、西乌珠穆沁旗、陈巴尔虎旗</td></tr>
<tr><td>43</td><td>哈萨克族毡房营造技艺</td><td>新疆维吾尔自治区塔城地区</td></tr>
<tr><td>44</td><td>俄罗斯族民居营造技艺</td><td>新疆维吾尔自治区塔城地区</td></tr>
<tr><td>45</td><td>撒拉族篱笆楼营造技艺</td><td>青海省循化撒拉族自治县</td></tr>
<tr><td colspan="4">第三批国家级非物质文化遗产名录</td></tr>
<tr><td>序号</td><td>类别</td><td>名称</td><td>申报单位</td></tr>
<tr><td>46</td><td rowspan="4">民间文学</td><td>蔡伦造纸传说</td><td>陕西省汉中市</td></tr>
<tr><td>47</td><td>珞巴族始祖传说</td><td>西藏自治区米林县</td></tr>
<tr><td>48</td><td>阿尼玛卿雪山传说</td><td>青海省果洛藏族自治</td></tr>
<tr><td>49</td><td>祝赞词</td><td>内蒙古自治区东乌珠穆沁旗,新疆维吾尔自治区博湖县、和布克赛尔蒙古自治县</td></tr>
<tr><td>50</td><td rowspan="2">传统音乐</td><td>哈萨克族民歌</td><td>新疆维吾尔自治区伊犁哈萨克自治州</td></tr>
<tr><td>51</td><td>哈萨克族库布孜</td><td>新疆维吾尔自治区伊犁哈萨克自治州</td></tr>
<tr><td>52</td><td rowspan="4">传统舞蹈</td><td>巴当舞</td><td>甘肃省岷县</td></tr>
<tr><td>53</td><td>安昭</td><td>青海省互助土族自治县</td></tr>
<tr><td>54</td><td>萨玛舞</td><td>新疆维吾尔自治区喀什市</td></tr>
<tr><td>55</td><td>哈萨克族卡拉角勒哈</td><td>新疆维吾尔自治区伊犁哈萨克自治州</td></tr>
<tr><td>56</td><td rowspan="2">传统戏剧曲艺</td><td>河州平弦</td><td>甘肃省临夏市</td></tr>
<tr><td>57</td><td>端鼓腔</td><td>山东省东平县、微山县</td></tr>
</table>

续表

58	传统技艺	维吾尔医药(维药传统炮制技艺、木尼孜其·木斯力汤药制作技艺、食物疗法、库西台法)	新疆维吾尔医学高等专科学校、新疆维吾尔自治区和田地区、新疆维吾尔自治区莎车县、新疆维吾尔自治区维吾尔医药研究所
59	民俗建筑技艺	诺茹孜节	新疆维吾尔自治区塔城地区
60		婚俗(达斡尔族传统婚俗、裕固族传统婚俗、回族传统婚俗、哈萨克族传统婚俗、锡伯族传统婚俗)	甘肃省张掖市,宁夏回族自治区,新疆维吾尔自治区伊犁哈萨克自治州,新疆嘎善文化传播中心
61		诺茹孜节	新疆维吾尔自治区塔城地区
62		柯尔克孜族驯鹰习俗	新疆维吾尔自治区阿合奇县
63		塔吉克族服饰	新疆维吾尔自治区塔什库尔干塔吉克自治县
64		维吾尔族民居建筑技艺(阿依旺赛来民居营造技艺)	新疆维吾尔自治区和田地区
第三批国家级非物质文化遗产扩展项目名录			
序号	类别	名称	申报单位
65	传统音乐	蒙古族民歌(乌拉特民歌)	内蒙古自治区乌拉特前旗
66		洞箫音乐(高陵洞箫)	陕西省延安市高陵区
67	传统舞蹈	萨吾尔登	萨吾尔登新疆维吾尔自治区博湖县
68		赛乃姆(若羌赛乃姆、且末赛乃姆、库尔勒赛乃姆、伊犁赛乃姆、库车赛乃姆)	新疆维吾尔自治区若羌县、且末县、库尔勒市、伊宁县、库车县
69	传统戏剧	皮影戏(巴林左旗皮影戏)	内蒙古自治区巴林左旗
70	传统体育、游艺与杂技	摔跤(维吾尔族且力西)	新疆维吾尔自治区岳普湖县

续表

71	传统美术	草编(哈萨克族芨芨草编织技艺)	新疆维吾尔自治区托里县
72	传统技艺	弓箭制作技艺(蒙古族牛角弓制作技艺)	内蒙古师范大学
73		雕版印刷技艺(同仁刻版印刷技艺)	青海省同仁县
74		传统棉纺织技艺(维吾尔族帕拉孜纺织技艺)	新疆维吾尔自治区拜城县
75		毛纺织及擀制技艺(维吾尔族花毡制作技艺)	新疆维吾尔自治区柯坪县
76		民族乐器制作技艺	内蒙古自治区科尔沁右翼中旗等
77		砚台制作技艺(贺兰砚制作技艺)	宁夏回族自治区银川市
78		窑洞营造技艺(陕北窑洞营造技艺)	陕西省延安市宝塔区等
79		楼营造技艺(藏族碉楼营造技艺)	楼营造技艺(藏族碉楼营造技艺)青海省班玛县等
80	传统医药	蒙医药(蒙医传统正骨术、蒙医正骨疗法、血衰症疗法)	内蒙古自治区中蒙医医院、科尔沁左翼后旗等
81	民俗	祭敖包(达斡尔族沃其贝)	新疆维吾尔自治区塔城市
82		塔塔尔族撒班节	新疆维吾尔自治区奇台县
83		民间信俗(梅日更召信俗)	内蒙古自治区包头市九原区
第四批国家级非物质文化遗产代表性项目名录			
序号	类别	名称	申报单位
84	民间文学	仓颉传说	陕西省白水县、洛南县
85		骆驼泉传说	青海省循化撒拉族自治县
86		回族民间故事	宁夏回族自治区泾源县
87		阿凡提故事	新疆维吾尔自治区喀什地区
88	传统音乐	西王母神话	新疆维吾尔自治区阜康市
89		家延西	青海省互助土族自治县
90		旬阳民歌	陕西省旬阳县

续表

91	传统音乐	撒拉族民歌	青海省循化撒拉族自治县
92		锡伯族民歌	新疆维吾尔自治区察布查尔锡伯自治县
93		阿斯尔	内蒙古自治区镶黄旗
94		蒙古族汗廷音乐	内蒙古自治区阿鲁科尔沁旗
95		潮尔(蒙古族弓弦乐)	内蒙古自治区通辽市
96		蒙古族托布秀尔音乐	新疆维吾尔自治区博尔塔拉蒙古自治州
97	传统舞蹈	纳孜库姆	新疆维吾尔自治区吐鲁番市
98	曲艺	宁夏小曲	宁夏回族自治区银川市
99		托勒敖	新疆维吾尔自治区尼勒克县
100	传统体育、游艺与杂技	布鲁	内蒙古自治区库伦旗
101		蒙古族驼球	内蒙古自治区乌拉特后旗
101		幻术(傅氏幻术、周化一魔术)	陕西省
103	传统美术	满文、锡伯文书法	新疆维吾尔自治区乌鲁木齐市
104		错金银	新疆维吾尔自治区乌鲁木齐市天山区
105	传统技艺	奶制品制作技艺(察干伊德)	内蒙古自治区正蓝旗
106		坎儿井开凿技艺	新疆维吾尔自治区吐鲁番市
107		古建筑修复技艺	甘肃省永靖县
108	传统医药	哈萨克族医药(布拉吾药浴熏蒸疗法、卧塔什正骨术、冻伤疗法)	新疆维吾尔自治区阿勒泰地区
109	民俗	察干苏力德祭	内蒙古自治区乌审旗
110		博格达乌拉祭	内蒙古自治区扎赉特旗
111		达斡尔族服饰	内蒙古自治区呼伦贝尔市
112		鄂温克族服饰	内蒙古自治区陈巴尔虎旗
113		柯尔克孜族服饰	新疆维吾尔自治区乌恰县
第四批国家级非物质文化遗产代表性项目名录扩展项目名录			
序号	类别	名称	申报单位
114	民间文学	格萨(斯)尔 内	内蒙古自治区巴林右旗
115		谚语(陕北民谚)	陕西省榆林市

续表

116	传统音乐	蒙古族长调民歌(巴尔虎长调)	内蒙古自治区新巴尔虎左旗
117		花儿(张家川花儿)	甘肃省张家川回族自治县
118		蒙古族四胡音乐	内蒙古自治区科尔沁右翼中旗
119		蒙古族民歌	青海省海西蒙古族藏族自治州
120		维吾尔族民歌	新疆维吾尔自治区伊宁市、库车县
121	传统舞蹈	赛乃姆(和田赛乃姆)	新疆维吾尔自治区于田县
122	传统戏剧	秦腔	宁夏回族自治区,新疆生产建设兵团
123	传统体育、游艺与杂技	蒙古族搏克	内蒙古自治区东乌珠穆沁旗,新疆维吾尔自治区乌苏市
124		赛马会(哈萨克族赛马)	新疆维吾尔自治区富蕴县
125	传统美术	剪纸(静乐剪纸、桐庐剪纸、浦城剪纸、水族剪纸、定西剪纸、回族剪纸)	甘肃省定西市,宁夏回族自治区等
126		砖雕(固原砖雕)	宁夏回族自治区固原市
127	传统技艺	地毯织造技艺(天水丝毯织造技艺)	甘肃省天水市秦州区等
128		滩羊皮鞣制工艺(二毛皮制作技艺)	宁夏回族自治区
129		传统面食制作技艺、桂发祥十八街麻花制作技艺	天津市河西区
130	传统医药	蒙医药(科尔沁蒙医药浴疗法)	内蒙古自治区科尔沁右翼中旗
131		回族医药(陈氏回族医技十法)	宁夏回族自治区吴忠市
132		维吾尔医药(沙疗)	新疆维吾尔自治区吐鲁番市
133	民俗	民间信俗	陕西省西安市,甘肃省岷县,宁夏回族自治区同心县等
134		蒙古族服饰	内蒙古自治区正蓝旗

续表

135		藏族服饰	青海省海南藏族自治州
第五批国家级非物质文化遗产代表性项目名录			
序号	类别	名称	申报单位
136	民间文学	民间文学宝卷(河西宝卷)	甘肃省张掖市
137		柯尔克孜族玛纳斯	新疆维吾尔自治区克孜勒苏柯尔克孜自治州
138		柯尔克孜族玛纳斯	新疆维吾尔自治区文联民间文艺家协会
139		格萨(斯)尔	内蒙古自治区巴林右旗
140		藏族格萨(斯)尔青	青海省
141		汗青格勒	青海省海西蒙古族藏族自治州
142		蒙古族祝赞词	内蒙古自治区东乌珠穆沁旗
143		蒙古族祝赞词	新疆维吾尔自治区和布克赛尔蒙古自治县
144		维吾尔族恰克恰克	新疆维吾尔自治区伊宁市
145		土族祁家延西	青海省互助土族自治县
146	传统音乐	蒙古族长调民歌	内蒙古自治区
147		蒙古族长调民歌(巴尔虎长调)	内蒙古自治区新巴尔虎左旗
148		蒙古族 蒙古族长调民歌	新疆维吾尔自治区和布克赛尔蒙古自治县
149		撒拉族 花儿(松鸣岩花儿会)	甘肃省和政县
150		花儿(七里寺花儿会)	青海省民和回族土族自治县
151		汉族花儿(新疆花儿)	新疆维吾尔自治区昌吉回族自治州
152		蒙古族四胡音乐	内蒙古自治区科尔沁右翼中旗
153		汉族蓝田普化水会音乐	陕西省蓝田县
154		回族民间器乐	宁夏回族自治区
155		维吾尔族新疆维吾尔木卡姆艺术(十二木卡姆)	新疆维吾尔自治区
156		新疆维吾尔木卡姆艺术(刀郎木卡姆)	新疆维吾尔自治区麦盖提县

3. 省级、市级、县级

省级、市级、县级非物质文化遗产是在世界级、国家级之下的保护网络，作为保护阶梯上最基础、最广泛的一个层次，同样需要我们拥有正确的保护态度和投入一定的保护精力。近些年来，西方一些国家在处理非物质文化遗产问题时，大多在普查的基础上建立本国的“非物质文化遗产的代表作名录体系”，这类体系同样是由世界级、国家级及省市级构成，呈现宝塔阶梯型分布。随着国家确立了国家级非物质文化遗产保护项目以来，各省、市、县各级政府与文化部门建立相应的保护体系，将散落在各地的非物质文化遗产一网打尽，尽收名录。这些最基本的县市级登记名录是自治区级、国家级以及世界级文化遗产地的起点，在登记成册后应根据价值、濒危度、保护档次等标准申报上一级别文化遗产名录。这部分省、市、县级文化遗产大多流行于小区域的民间，这就需要政府及教育部门有意识的将其引入到基础教育当中。

（三）文物

1982 年 11 月 19 日经中华人民共和国第五届全国人民代表大会常务委员会第 25 次会议通过并公布实施的《中华人民共和国文物保护法》第一章第二条第四款规：“重要的革命文献资料以及具有历史、艺术、科学价值的手稿，古旧图书资料等。”

按照文物藏品的定级标准，文物藏品分为珍贵文物和一般文物，其中珍贵文物又分为一级文物、二级文物和三级文物。具有特别重要历史、艺术和科学价值的列为一级文物。①

1. 一级文物

（1）反映中国各个历史时期与生产关系及其经济制度、政治制度，以及有关社会历史发展的代表性文物。

（2）反映生产力的发展、生产技术的进步和科学发明创造的

① 覃诗翠．民族文物藏品鉴定定级标准探讨 [C] 中国民族文博（第二辑），2007: 23.

代表性文物。

（3）反映各民族社会历史发展和促进民族团结、维护祖国统一的代表性文物。

（4）反映历代劳动人民反抗经济剥削、政治压迫，以及有关著名起义领袖的代表性文物。

（5）反映了中外友好往来和在政治、经济、军事、教育、科技、文化、体育等方面相互交流的代表性文物。

（6）反映中华民族抵御外侮、反抗侵略的历史事件和重要历史人物的代表性文物。

（7）反映历代著名的思想家、科学家、发明家、政治家、军事家、教育家、文学家、艺术家及历代著名工匠的代表性文物。

（8）反映各民族生活习俗、文化艺术、工艺美术、习俗信仰的具有特别重大历史、艺术和科学价值的代表性文物。

（9）中国古旧图书中具有代表性的善本。

（10）反映有关国际共产主义运动中重大事件和杰出领袖人物的革命实践活动，以及为中国革命作出重大贡献的国际主义战士的代表性文物。

（11）反映中国共产党成立以来及其有关重大历史事件、领袖人物、著名烈士的代表性文物。

（12）反映有关中国各党派、团体的重大事件、重要人物和爱国侨胞及社会知名人士的具有代表性的文物。

（13）其他具有特别重要历史、艺术、科学价值的国内外代表性文物。①

2. 二级文物

（1）具有重要历史、科学价值或较高艺术价值，但在全国或本地区存量较多的文物。

（2）具有一定历史、科学价值或一般艺术价值，但在全国或本地区存量较少的文物。

① http://www.docin.com/p-1490513484.html.

（3）反映一个地区、一个民族或某一个时代的具有重要历史价值或较高艺术价值，但有某种缺陷的文物。

（4）反映某一历史人物、历史事件，或对研究某一历史问题有重要价值的文物。

（5）反映某种文化类型和文化特征的、能说明某一历史问题有重要价值的文物。

（6）时代较晚，其历史、艺术、科学价值一般，但经济价值较高的文物。

（7）反映各地区、各民族的重要民俗文物。

（8）反映历代著名艺术家或著名工匠的重要作品，一般艺术家的精品。

（9）中国古旧图书中具有重要价值的善本。

（10）其他具有重要历史、艺术、科学价值的国内外文物。

3. 三级文物

（1）具有一定历史、艺术、科学价值，在全国或本地区存量较多的文物。

（2）反映一个地区、一个民族或某一时代的具有一定历史、艺术、科学价值，但有某种缺陷的文物。

（3）反映某一历史事件或人物，对研究某一历史问题有一定价值的文物。

（4）反映某种文化类型特征的某一区域性的非主要文物。

（5）具有一定历史、艺术、科学价值的民俗文物。

（6）反映某一历史时期艺术水平和工艺水平的作品，或艺术、工艺水平较高，但损伤较重的作品。

（7）中国古旧图书中具有一定价值的善本。

（8）其他具有一定历史、艺术、科学价值的国内文物。[①]

① http：//www.docin.com/p-1490513484.html.

4. 文物的类别

文物类别涉及22种，对各类文物定级标准都进行了详细的规定。具体类别是：玉器、陶器、瓷器、铜器、金银器、石刻砖瓦、书法绘画、甲骨、符牌印章、货币、牙雕、竹雕、漆器、珐琅、织绣、古籍善本、碑帖拓本、武器、宣传品、证物、文件、名人遗物。

5. 无级别文物

文物的大多数是没有级别，这重要靠民众在日常生活中加以保护，加强宣传是保护的重要策略。

四、丝绸之路体育遗存的教育保护

世界上无论任何国家或地区所制定的文化遗产文件和规定都始终强调文化遗产是属于全人类的共有成果，人类不仅作为创造和建立这些丰富多彩、绚烂多姿的传统体育文化的主体，同时也担当着文化保护的重任，并且没有任何人有权利去破坏和损毁这些人类共有的财富。放眼当今世界各国在保护本国传统文化中所取得的成效，不难看出，那些文化保护良好的国家无不是依赖于文化所属地区的群众以及本国各界各类机构和民众所给予的支持，而这种支持的产生无疑是得益于全体国民对传统文化保护意识的提高。

当前我国绝大多数省份的教育方式和内容却不尽如人意，教育方式只关注精英教育，虽然近些年国家各级教育部门一再强调要实施素质教育，呼吁广大家长和老师注重对学生整体个人素养的全面培养，但是现状还停留在以分数定能力，以学校定命运的阶段。在教育内容方面，我国学校教育教材中大部分内容均以国外及我国当代文化为主，而本土传统文化教育的成分偏少，特别是许多优秀的少数民族传统文化很难真正进入课堂。教育作为人类发展和完善最基本，同时也是最重要的方式，它承载着传递人类文化记忆的重担。如果缺乏了传统文化的熏陶和浇灌，一味地填充奉之为圭臬的科学文化知识，这样的学生培养出来可以说全部是千篇一律，不仅知识结构单一，而且对文化的审美观和欣赏能力都值得商榷。因此，可以说体育文化想要延续和发展，它就必须以全面保护、大众教育为主，只有意识上的提高，才能使传统体育文化走向欣欣向荣。

如今，社会上也有很多类似的传统体育文化教育讲座，一部分大学也开设了相关的传统体育文化艺术鉴赏课程，甚至有些专业体育院校还设立了相应的体育文化研究专业。这些现有的成果和措施得益于部门专家、学者急于传统文化的流失而寻找出来的救济之策。虽然在实际教育过程中取得了一定的效果和成绩，但长远来看，这解决不了体育文化的口渴之急。他更强调传统文化，特别是我国传统文化的教育保护一定要从学校教育和社会教育两方面入手，只有这样才能在全社会织出一张全民教育大网。

（一）学校教育

“教育要从娃娃抓起“，这一口号自邓小平同志指出之后，得到社会各界的广泛赞同。我国诸多教育内容在这一口号的带领下，经历了几十年的风雨实践，终于成功地在全体国民中普及推广开来，英语教育就是最好的佐证。在古往今来的众多案例中都不断地强调了任何一种文化、一种理念的接受都是得益于儿时系统的教育和培养。在教育原则中很重要的一条便是循序渐进、潜移默化，传统体育文化的教育同样也符合这一原则。目前国外已经有很多学校开始在小学及更早的阶段开始了关于传统文化的教育和普及工作，许多孩子每年必须要抽出一定的时间来接受传统文化的沐浴和洗礼。这样培养出来的孩子在成年人都能够很主动地投入到传统文化的发展和保护中去。

（二）社会教育

我们认为在社会教育中主要可以分为三部分：其一是政府

行为教育；其二是社区自由教育；其三是家庭教育。在政府行为教育中主要是指各级行政机构通过举办各类如培训班、学习班、研讨会等形式的活动，来达到普及群众体育文化保护意识。在这种带有政府行为的学习过程中能够有效地在行政事业单位、企业等部门推广体育文化；社区自由教育主要是指以固定社区为单位，由专人负责不定期举行有关体育文化的宣传和表演活动，使广大社区群众能够参与到文化活动中来，亲身体验和感受文化，对文化有清晰和完整的了解，从观念上转变社会大众对传统体育文化的态度和看法。目前，许多兄弟省份为推广本省传统戏剧，都在社区举办了一系列的兴趣学习班等活动，如京剧学习班、黄梅戏票友团、越剧兴趣班等。这种社区自发成立的传统文化团体吸引了广大票友的踊跃参与，事实证明以社区为单位的教育方式在当前城市化建设格局中能够起到良好的效果。在家庭教育过程中，家长不仅要关注子女有关科学文化知识的学习和教育，同时也要让子女去了解优秀体育文化，让子女去体味这文化本身所散发出来的吸引力。可以说家庭教育对于青少年将来对我国体育文化态度的建立起着关键性的作用。总之，体育文化的社会教育应当利用一切方式、一切手段，将传统文化参透到社会的每一个角落，普及至各族人民的日常生活当中。只有通过不断的努力和尝试，使体育文化一步步深入人心，受到广大人民群众的喜爱才是文化保护和发展的必经之路。

五、丝绸之路体育遗存的工程保护

工程保护即是指与非物质文化遗产保护有关的项目，它是一项需要投入大量人力物力的工作。[①] 文化遗产地的工程保护的目的就是为了通过举行这样一类投入大、参与人数多、效果十分明显的工程，使得所要保护的文化遗产对象能够受到社会各界的广泛关注，而与此同时这种影响将对这一文化遗产的发展和保护发

① 张传磊．对我国非物质文化遗产保护模式的探讨[J].学周刊，2012（34）：4.

挥了积极的作用。当前,体育文化所需要保护的范围之广、难度之大、内容之多,很难在短时间或者仅仅是通过一些普通的方式来保护和维持,这种小规模的方式已经无法填补体育文化消逝的速度。因此,在这样一个严峻的形势之下,惟有以国家保护工程为基础,如前面所复述的"中国民间文化遗产抢救工程"等大型保护工程项目。这类项目本身受到国家及社会各方的有利支持,在操作过程中有诸多便利,能够相对简单地完成文化遗产的保护工作。所以我们应当搭上这班顺风车,给传统体育文化资源来个彻底、透彻的清查和记录,在三方共同努力的前提下,才能保证传统体育文化的保护进程能够顺利如期的进行和完成。当然这些大工程虽然凭借着全面性和普及性能够触及文化遗产保护的方方面面,但是毕竟体育文化保护工程体系的建立和完善是一个极其复杂和系统的工程,因此,还需要根据文化发展的实际现状需要,科学的策划一些符合实际情况,易于建立和操作的小型保护工程。这样一类保护工程能够做到专项专治、便于深度保护。例如,可以建立鹰舞、马球保护工程、马上运动保护工程等。此类具有针对性的保护工程一方面可以通过社会赞助谋取资金,另一方面也可以与企业合作,共同开发和保护体育文化。当前许多少数民族地区都采用了登记命名这一手段来达到提高文化及文化所属地的知名度,如足球之乡、壮锦之乡、牡丹之乡、石榴之乡等等称号。所以,在体育文化保护方面,同样也可以对一些拥有悠久历史传统的文化所属地予以命名,以便突出传统体育文化之特色,并能够将文化集中实施研究和保护,省略了普查、整理、分类之辛苦。

六、丝绸之路体育遗存的可持续发展理念保护

丝绸之路体育遗存的保护手段和方法方式多样,并不局限于任何一种,但无论任何一种保护方法都必须建立在可持续发展这一基础之上。已经有无数的学者在我国体育文化抢救和保护过

程中不停提及一定要考虑可持续发展的可能性。遵循可持续发展理论，体育文化的保护工作就是要突出文化与人的良性互动关系。

近几年来，全国各地、州、市都已经将文化可持续发展观念融入文化建设理念当中，特别是在2003年党的十六届三中全会提出“坚持以人为本，树立全面协调可持续的发展观，促进经济社会和人的全面发展”之后，社会媒体及各级机构纷纷开始将视野深入到体育文化的可持续发展层面。但实际情况却并没有取得那般良好的效果。许多先前所打出的口号和旗帜大多只是糖果外面的一层彩色糖衣又或仅是空话一句，一些体育文化盲目开发的活动仍然继续，一切依旧以经济建设为主。

丝绸之路体育遗存的可持续发展的主要任务可以归纳为以下三点：技术性可持续、经营性可持续以及解释性可持续。技术性可持续就是采用实用技术和人文技术使传统体育文化在人为条件下的存在时间长于处在自然状态下消耗的时间，并且尽量使该传统体育文化存在延续时间最大化，因为当前的研究方法和理论较之未来相比，必定处于滞后水平，如果现有的传统体育文化能够保存到足够久远的时间，那么就可以给后人提供更详尽、真实的材料以供研究。经营性可持续就是通过各种方法，对传统体育文化进行市场化操作，在具体的商业实践活动过程中，要按市场规律执行，不仅营销策略等方面要以讲求以人为本，在处理各方面相关利益人员时也必须全面、彻底地考虑各方的投入和相应的份额。经营性可持续是体育文化产业发展的关键因素，惟有弄清各方权利和义务的分配才能把握经营方向，推进经营脚步。解释性可持续就是指通过专家学者对丝绸之路体育遗存的意义进行研究、解释和补充，从而使广大民众在有限的时间内接触到传统体育文化之后，能够最大可能地产生丰富的感觉体验并能从中得到更为丰富的知识成果，最终使体育文化不仅代表一种文化现象，更是一种文化感染和文化传播的途径，其实文化的本质就是自身的生命活力是否能够感染人，引起大众内心的共鸣。这三个任务正是体育文化发展的三个方向,三者之间相辅相成,最终促进一个可持续发展的和谐社会的产生。

参考文献

一、著作

1. 李金梅，李重申．丝绸之路体育图录(全彩版)[M]. 兰州：甘肃教育出版，2008.4.

2. 范宏伟，刘晚玲．丝绸之路甘肃段体育调查 [M]. 北京体育大学出版社，2017.9.

3. 李小唐，林春，李重申．丝绸之路岁时节日民俗体育图录 [M]. 兰州：甘肃教育出版社，2017.7.

4. 兰州理工大学丝绸之路研究所．丝绸之路体育文化论集 [M]. 北京：中华书局，2005.10.

5. 孙麒麟，毛丽娟，李重申．从长安到雅典：丝绸之路古代体育文化 [M].兰州：甘肃教育出版社，2017.1.

6. 路志峻，田桂菊，李小惠．丝绸之路体育文化论集 [M].兰州：甘肃教育出版社，2008.5.

7. 李重申，李金梅，陈小蓉．敦煌古代体育图录 [M]. 兰州：甘肃教育出版社，2011.7.

8. 苏北海．新疆岩画 [M].乌鲁木齐：新疆美术摄影出版社，1994.11.

9. 周菁葆．丝绸之路岩画艺术 [M]. 乌鲁木齐：新疆人民出版社，1993.6.

10. 祁小山，王博．丝绸之路．新疆古代文化 [M]. 乌鲁木齐：新疆人民出版社，2008.4.

11. 罗丰 . 丝绸之路上的考古：宗教与历史 [M]. 北京：文物出版社，2011.8.

12. 宋耀良 . 中国岩画考察 [M]. 上海：上海人民出版社所，2015.5.

13.《中国美术分类全集》编委会 . 中国岩画全集 [M]. 沈阳：辽宁美术出版社所，2007.10.

14. 崔凤祥，崔星等 . 原始体育形态岩画 [M]. 北京：人民体育出版社所，2010.9.

15. 新疆文物管理委员会，拜城县克孜尔千佛洞文物保管所，北京大学考古系等 . 中国石窟 · 克孜尔石窟（第一卷）[M]. 北京：文物出版社，1989.12.

16. 盖山林 . 丝绸之路岩画研究 [M]. 乌鲁木齐：新疆人民出版社，2010.12.

17. 王雅生 . 曼德拉山岩画集 [M]. 兰州：甘肃人民出版社出版，2003.12.

18. 程旭 . 丝路画语——唐墓壁画中的丝路文化 [M]. 西安：陕西人民出版社所，2016.6.

19. 成都博物馆等 . 丝路之魂 [M]. 成都：四川人民出版社，2017.1.

20. 杨镰 . 丝绸之路西域文献史料辑要 古代文献史料部 民国文献史料部 稀见档案史料部精装全 391 卷 [M]. 乌鲁木齐：新疆美术摄影出版社，2016.3.

21. 康马泰 . 丝绸之唐风吹拂撒马尔罕 [M]. 桂林：漓江出版社，2016.11.

22. 王赞 . 丝路 · 思路——2015 年克孜尔石窟壁画国际学术研讨会论文集 [M]. 石家庄：河北美术出版社，2015.9.

23. 常州博物馆等 . 丝路瑰宝——敦煌艺术摘要 [M]. 北京：故宫出版社，2015.8.

24. 许俊 . 丝路遗珍 · 敦煌壁画精品集 – 敦煌壁画画册 [M]. 南昌：江西美术出版社，2018.6.

25. 冯国超 . 中国传统体育 [M].北京：首都师范大学出版社，2007.4.

26. 编辑委员会 . 中国墓室壁画全集·隋唐五代 [M]. 石家庄：河北教育出版社，2011.8.

27. 陈康 . 敦煌体育研究 [M].北京：中国社会科学出版社，2012.1.

28. 崔乐泉 . 图说中国古代体育 [M]. 北京：世界图书出版公司，2007.2.

29. 编委会 . 中国美术分类全集 . 中国岩画全集 2 西部岩画 [M]. 沈阳：辽宁美术出版社出版，2007.10.

30. 杨妮 . 中国旅游文化 [M]. 西安：西安交通大学出版社，2011.12.

31.中国民族民间文化保护工程国家中心编 . 中国民族民间文化保护工程普查工作手册 [M]. 北京：文化艺术出版社，2005.5.

32. 中国艺术研究院编 . 中国非物质文化遗产普查手册 [M]. 北京：文化艺术出版社，2007.1.

33. 李梁美 . 走向系统综合的新学科 [M]. 上海：上海社会科学院出版社，2012.6.

34. 钱建东，刘跃峰 . 新疆少数民族体育文化遗产研究报告 [M]. 北京：北京体育大学出版社，2018.1.

35. 曹娅丽，陈小蓉 . 中国体育非物质文化遗产（青海卷）[M]. 兰州：甘肃教育出版社，2018.3.

36. 陈小蓉 . 中国体育非物质文化遗产（甘肃卷）[M]. 兰州：甘肃教育出版社，2017.11.

37. 路风萍，陈小蓉 . 中国体育非物质文化遗产（新疆卷）[M]. 兰州：甘肃教育出版社，2018.11.

二、学位论文

38. 薛廷利 . 唐代马球之研究——基于现代马球视角之对比分析与思考 [D]. 兰州理工大学,2010.

39. 田志生 . 中国古代蹴鞠发展演变的研究 [D]. 北京体育大学,2010

40. 唐海 . 唐代西域丝绸之路新北道体育文化区研究 [D]. 新疆师范大学,2010

41. 闫长武 . 对甘肃丝绸之路体育健身长廊建设分析报告 [D]. 西北师范大学,2012.

42. 唐睿 . 丝绸之路西北五省入境旅游市场研究 [D]. 华东师范大学,2015.

43. 孟峰年 . 丝绸之路" 甘肃段体育旅游资源开发理论的研究 [D],北京体育大学,2006.

44. 丁小丽 . 丝绸之路宁夏固原段遗产廊道空间格局研究 [D]. 西安建筑科技大学,2008.

45. 刘英英 . 汉唐丝绸之路农牧民俗文化交流研究 [D]. 西北农林科技大学,2015.

46. 陈晓宁 . 中国体育文化发展中传统精神文化传承的研究 [D]. 山东师范大学,2010.

三、期刊

47. 张新辉,赵凤霞,朱梅新 . 岩画上的原始舞蹈——新疆古代原始体育形态解析 [J]. 安徽体育科技,2011 (32) 4 : 1–4.

48. 肖屏,余军 . 西夏民族体育诹谈——以《文海》《同音》所反映的西夏文体项目为中心 [J]. 北京体育大学学报,2004(27)8 : 1–4.

49. 李小唐 . 丝绸之路体育考古研究 [J]. 体育文化导刊,2005 (10) : 1–3.

50. 崔乐泉 . 创建体育考古学学科体系的理论思考 [J]. 体育科学,1998,4（18）: 1–3.

51. 路志峻,李金梅 . 敦煌魏晋古墓体育画像砖研究 [J]. 敦煌研究,2005,3（16）: 1–5.

52. 李重申,李小惠 . 丝绸之路汉代体育简牍研究 [J]. 敦煌研究,2005,3（15）: 1–5.

53. 丁玲辉,纪小红 . 敦煌壁画中的藏族体育与唐蕃体育交往初探 [J]. 西藏体育,1998（1）: 31–34.

54. 方协邦,李芬兰 . 丝绸南路青海段体育文化的内涵与特征 [J]. 青海师范大学学报(哲学社会科学版),1999（2）: 1–5.

55. 杨飞,赵迎山 . 浅析丝绸之路唐代体育文化 [J]. 体育科技文献通报,2015（5）: 23–25.

56. 罗普云,罗普磷 . 浅析丝绸之路体育对唐代马球运动的影响 [J]. 西安体育学院学报,1999（2）: 13–16.

57. 黄英 . 试论唐代的马球运动 [J]. 文教资料,2013（7）: 76–78.

58. 李金梅,薛廷利 . 浅议唐代丝绸之路主要体育活动及文化特征 [J]. 体育世界(学术版),2009（11）: 4–6.

59. 许万林,曾玉华 . 丝绸之路陇右文化与唐代长安体育的繁荣 [J]. 体育科学,2005,25（5）: 76–78.

60. 曾玉华,许万林 . 丝绸之路上的粟特人对唐代长安体育文化的影响 [J]. 体育文化导刊,2004（8）: 76–78.

61. 李彤 . 丝绸之路原始体育形态与意蕴考析 [J]. 体育文化导刊,2004（12）: 73–74+80.

62. 谷丙失 . 丝绸之路体育文物掠影 [J]. 文史知识,1993(8）: 69–72.

63. 刘向阳,肖存峰 . 汉代丝绸之路上体育文化的传播与交流 [J]. 兰台世界,2014（36）: 175–176.

64. 林春 . 魏晋墓葬彩绘体育砖画的审美研究 [J]. 敦煌学辑刊,2015（1）: 135–1432.

65. 石龙 .《中国体育史》中的插图与阴山岩画 [J]. 体育文化导刊,2005（2）: 71–742.

66. 崔乐泉 . 考古学与中国古代体育史研究 [J]. 南方文物,2008（2）: 127–134.

67. 马爱民 . 论两晋南北朝的射箭文化——兼与《中国武术史》《体育史》作者商榷 [J]. 体育科学,2008（9）: 89–93.

68. 刘清化,龚飞 . 商代体育史新考 [J]. 吉林体育学院学报,2005（12）: 72–73.

69. 潘孝伟 . 略评八十年代唐代体育史研究 [J]. 体育文史,1991（1）: 5–8.

70. 翁士勋 . 试论古代体育史研究中的史料问题 [J]. 浙江体育科学,1997（3）: 49–522.

71. 王俊奇 . 我国体育史研究中的微观史及其问题 [J]. 西安体育学院学报,2015（5）: 581–585.

72. 冯伟强,文江峰,郑豫疆 . 新疆岩画与体育史的关系研究 [J]. 科技信息,2009（4）: 544–545.

73. 白刚 . 中国近代体育史中的兵操、体操与体育 [J]. 上海体育学院学报,1999（增刊）: 170–172.

74. 谷金波 . 从诗文解析唐代民间体育习俗 [J]. 搏击(体育论坛),2015（7）4: 80–82.

75. 陈桥 . 从唐诗中探寻唐代节日体育娱乐习俗 [J]. 漯河职业技术学院学报,2014（1）: 80–81.

76. 吕利平,郭成杰 . 从体育考古看我国古代民俗体育文化特征 [J]. 成都体育学院学报,2000（4）: 12–15.

77. 李重申,李金梅 . 论敦煌古代的游戏、竞技与娱乐 [J]. 南方文物,2010（3）: 98–106+80–81.

78. 王天军 . 新疆岩画上的原始体育 [J]. 成都体育学院学报,2003（3）: 41–43.

79. 李娜,陈雁杨 . 论体育图像谱系的构建 [J]. 广州体育学院学报,2007（4）: 83–85+97.

80. 蔡智忠 . 论天水鞭杆舞的历史渊源及价值 [J]. 天水师范学院学报，2015（4）：1115-118.

81. 路志峻，李重申 . 麦积山石窟体育文化考析 [J]. 敦煌学辑刊，2003.（1）：121-124.

82. 赵迎山，减留鸿 . 清代新疆民族民间体育研究 [J]. 体育文化导刊，2015（4）：194-197.

83. 张宝强，王丽 . 唐五代宫词的体育学价值 [J]. 哈尔滨体育学院学报，2015（1）：17-21.

84. 薛锋 . 我国古代壁画中的原生态体育文化特性考析 [J]. 甘肃科技，2010，23（26）：164-166.

85. 王沂，吴玉姝 . 体育文物收藏：一种社会现象的文化考察 [J]. 南京体育学院学报(社会科学版)，2013（4）：14-17.

86. 王沂，李尚滨，董宇 . 体育收藏研究述评及其展望 [J]. 体育成人教育学刊，2013（5）：38-41.

87. 丛振 . 西北地区岩画视阈中的原始体育释读 [J]. 兴义民族师范学院学报，2012（2）：30-34.

88. 崔凤祥，崔星 . 游牧狩猎社会原始体育形象的文化蕴含略考 [J]. 山西师大体育学院学报，2008（2）：66-68.

89. 崔乐泉 . 原始体育文化起源的考古学研究 [J]. 山东体育学院学报，2008（2）：11-20.

90. 路志峻，张有 . 中国角抵戏的本体发展与历史演进 [J]. 敦煌研究，2008（4）：112-114+123-124.

91. 崔雪梅，吴光远 . 中国民族传统体育击壤项目的遗存与流变 [J]. 北京体育大学学报，2011（5）：40-42+47.

92. 彭金城，左刚明，王岩 . 新疆岩画中的体育项目的研究 [J]. 昌吉学院学报，2007（5）：19-21.

93. 段彩虹 . 贺兰山射猎岩画中的体育形态浅谈 [J]. 科技风，2013（16）：218.

94. 高建新 . 唐诗中的西域“三大乐舞”——《胡旋舞》《胡腾舞》《柘枝舞》[J]. 民族文学研究，2012（6）：128-137.

95. 贾晨阳，储建新．丝绸之路陇右文化与唐代长安体育活动 [J]．兰台世界，2015（6）：83–84.

96. 马爱民．论两晋南北朝的射箭文化——兼与《中国武术史》、《体育史》作者商榷 [J]. 体育科学，2008（9）：89–93.

97. 武复兴．唐代诗人笔下的长安节日风俗（上）. 读唐诗札记 [J]. 人文杂志，1982（6）：114–119.

98. 张鲲，康冬，樊敏．构建“新丝绸之路体育娱乐带”的思考 [J]. 体育文化导刊，2006（5）：40–42.

99. 刘萍，蒲仁．丝绸之路体育的特色及千年不衰的原因 [J]. 体育文化导刊，2003（2）：36–37.

100. 李小惠，杨新平．丝绸之路上的体育奇葩——“节子”的产生与演变 [J]. 体育文化导刊，2003（2）：76–77.

101. 蒲实，徐传明．唐宋时期丝绸之路体育文化的发展嬗变 [J]. 中华文化论坛，2017（4）：95–101.

102. 雷力．试论“丝绸之路”对我国古代体育发展的影响 [J]. 西安体育学院学报，1998（1）：3–5.

103. 陈新海．论丝路地区的尚武精神与民族体育 [J]. 西北史地，1997（4）：34–38.

104. 王赛时，柳溪．唐代的射箭和田猎 [J]. 成都体院学报，1986（2）：23–27+39.

105. 郭仁辉，董敏慧．丝绸之路节令民俗体育文化初探 [J]. 西安联合大学学报，1999（2）：49–52.

106. 董茜．甘肃丝绸之路少数民族传统体育文化研究 [J]. 运动，2012（21）：46–47.

107. 谷世权．略论 21 世纪的丝绸之路体育文化 [J]. 西安体育学院学报，1999（2）：9–12.

108. 史文生．榆林体育文化对“丝绸之路经济带”建设的贡献度研究 [J]. 经济研究导刊，2017（3）：70–71.

109. 梁托托，杜学工．“丝绸之路经济带”战略机遇下新疆少数民族体育的发展 [J]. 经济研究导刊，2017（30）：60–61.

110. 赵昌毅．从木球运动的演变看少数民族传统体育的发展 [J]. 北京体育大学学报，2004，2（9）：174–175+179.

111. 李莉．丝绸之路经济带发展民族传统体育文化的策略 [J]. 新西部（理论版），2015（9）：25–26.

112. 闫亚新，陈亮．新丝绸之路背景下西安旅游体育文化发展现状 [J]. 当代体育科技，2015（8）：5–6.

113. 杜芸，齐朝勇．当代丝绸之路民族体育文化研究 [J]. 西安体育学院学报，2007（5）：45–47.

114. 耿丽．陆上丝绸之路民族民间体育文化旅游产业发展初探 [J]. 经济研究导刊，2017（23）：102–103.

115. 张兰，王涛，孟峰年．“丝绸之路”甘肃段体育旅游资源的开发研究 [J]. 安徽体育科技，2007（1）：6–7+26.

116. 张文静．中国岩画的区域分布及特点比较 [J]. 中国传媒大学，2013（5）：59–62.

117. 谢智学，耿彬．敦煌壁画步打球考察 [J]. 体育文化导刊，2014（5）：169–172.

118. 周建华．木球运动的起源与发展 [J]. 体育文化导刊，2009（2）：110–111.

119. 常凌翀．一带一路”战略下民族文化的传播路径研究 [J]. 今传媒，2017（12）：15–16.

120. 冯伟强，文江峰，郑豫疆．新疆岩画与体育史的关系研究 [J]. 科技信息，2009（4）：554–555.

121. 沙滟．敦煌壁画中的体育研究 [J]. 体育文化导刊，2014（11）：158–161.

122. 喻忠杰．古代丝绸之路文学概述 [J]. 长安大学学报，2015（3）：132–140.

123. 陕西省博物馆，乾县文教局．唐章怀太子墓发掘简报 [J]. 文物，1972（7）：13–25+68–69.

124. 庞锦荣．对丝绸之路体育文化三个问题的再认识 [J]. 北京体育大学学报，1999（4）：69–73.

125. 庞建戎 . 新疆佛教洞窟壁画中的体育项目研究 [J]. 体育时空，2013（5）: 60.62.

126. 内蒙古师范大学科学技术史研究院，内蒙古文物考古研究所 . 内蒙古清水河塔尔梁五代壁画墓 [J]. 内蒙古清水河塔尔梁五代壁画墓发掘简报，2014（4）: 16–38.

127. 宋建林 . 中国非物质文化遗产保护现状 [J]. 美与时代（下），2013（6）: 120–127.

128. 王冬月 . 体育非物质文化遗产特征研究 [J]. 郑州航空工业管理学院学报，2014，32（5）: 103–106.

129. 白晋湘 . 非物质文化遗产与我国传统体育文化保护 [J]. 体育科学，2008（1）: 3–7.

130. 王卓 . 对我国优秀民族传统体育非物质文化遗产保护与知识产权制度兼容与互动的研究 [J]. 体育科技，2012，33（3）: 4–8.

131. 梅显懋. 周代“采诗观风”制考论 [J]. 语文学刊，2006（13）: 11–14.

132. 马志虎 . 论儒家思想对中国体育运动产生的影响 [J]. 唐山师范学院学报，2008（5）: 94–95.

133. 李尚胥 . 保护与传承哈尼族传统体育文化的价值和意义 [J]. 玉溪师范学院学报，2011（4）: 46–48.

134. 冉启琴 . 论民族传统体育的经济价值及其开发 [J]. 兰州文理学院学报(自然科学版)，2014（5）: 69–72.

135. 诺雨辰 . 诗经“采诗观风”制度说 [J]. 中华文化论坛，2010（1）: 171–174.

四、网站

136. 教育部办公厅 . 教育部办公厅关于开展《传承的力量》学校体育艺术教育弘扬中华优秀传统文化成果展示活动的通知 . 体育卫生与艺术教育，教体艺厅函〔2017〕30 号 [EB/OL].

http：//chuancheng.cyol.com.2018-9-18.

137. 国家体育总局 . 关于印发关于进一步加强少数民族传统体育工作的指导意见的通知〔2018〕9 号 [EB/OL]http：//www.sport.org.cn/search/system/gfxwj/qzty/2018/1108/191885.html.

138. 国务院 . 国务院关于加快发展体育产业促进体育消费的若干意见，国发〔2014〕46 号，[EB/OL].http：//www.sport.gov.cn/n16/n5573340/5802561.html 2014-10-20.

139. 陕西历史博物馆网站 .文物数据馆藏精品 [EB/OL].http：//www.sxhm.com/.2019-05-21.

140. 国家发改委 外交部 商务部 . 推动共建丝绸之路经济带和 21 世纪海上丝绸之路的远景与行动》[EB/OL].http：//ydyl.people.com.cn/n1/2017/0425/c411837-29235511.html.2015-03-25.

141. 近年来收藏的 40 余种丝绸之路艺术 [OL].https：//post.smzdm.com/p/569590/.2017-06-13.

142. 网易新闻 . 乐舞图 - 唐代胡汉民族艺术大融合 [OL].大洋网 - 广州日报 https：//news.artron.net/20120715/n247896.html.2012-07-15.

143. 考古日报 Vol.52 甘肃肃北大黑沟再次发现岩画 成为游牧民族生存的文化见证 [OL].https：//zhuanlan.zhihu.com/p/23437790.2016-10-28.

144. 搜狐新闻 . 嘉峪关黑山岩画解读 [OL].https：//zhuanlan.zhihu.com/p/29435412.2017-09-18.

145. 莫高窟壁画反弹琵琶飞天形象与唐卡起源 .http：//www.sohu.com/a/143709956_649773，2017-05-26.

146. 姜生 . 六博图与汉墓之仙境化 [OL]. 搜狐新闻 http：//www.sohu.com/a/130599697_523159.2017-03-27.

147. 宋承良 . 敦煌壁画里的健身印记 - 中国人的运动血脉延续了千年 [OL]. 澎湃新闻网 https：//www.thepaper.cn/newsDetail_forward_2329032，2018-08-09.

148. 书楼寻踪馆 . 西安碑林博物馆 - 东汉画像石 [OL].http：

//www.360doc.cn/article/364692_416575401.html,2014-10-13.

149. 篮球部落 . 敦煌出土的汉代蹴鞠,是中国最早的足球实物吗 ?[OL].https: //sh.qihoo.com/9e4cc45d618e3794f?cota=1&refer_scene=so_1&sign=360_e39369d1,2018-06-15.

150. 天山网 . 新疆吐鲁番发现国内最早的马球实物 [OL].http: //news.china.com.cn/rollnews/ent/live/2015-05/08/content_32616357.htm.

151.【雅昌带你看展览】首博 442 件文物告诉你:“一带一路”中的青海到底是怎样的? [EB/OL] https: //news.artron.net/20190301/n1046760_2.html.2019-03-01.

152. 金盾马术中国马术的历史演变 [OL].http: //www.sohu.com/a/236285523_372067.2018-06-17.

153. 中国的至宝 . 丝绸之路——大西北遗珍文物大展之四 [OL].https: //wenku.baidu.com/view/2bed899709a1284ac850ad02de80d4d8d15a01db.html,2012-10-11.

154. 搜狐 > 历史 > 正文 . 古文物图像中的相扑 [OL].http: //www.sohu.com/a/27447015_233320,2015-08-14.

155. 东北新闻网 . 内蒙发现“孩童摔跤游戏”瓦当 与佛教文化有关 [OL].http: //news.sohu.com/20060805/n244637561.shtml.2006-08-05.

156. 秦岭羊的博客 . 参观陕西体育博物馆 [OL].http: //blog.sina.com.cn/tzgsxa,2019-07-10.

157. 乐浪公 . 唐彩绘木胎舞女俑 [OL].https: //www.duitang.com/blog/?id=52030615,2010-07-12.

158. 西安碑林博物馆 . 西安碑林博物馆藏汉画像石精品选(一)[OL].http: //blog.sina.com.cn/s/blog_4cb9685a0102e0q0.html.2012-07-29.

159. 国宝档案 .[围棋] 辽代银丝网格围棋盘 [OL].http: //www.bltv.tv/program/?f=content&sid=4&cid=11632,2018-08-31.

160. 保护非物质文化遗产公约 [EB/OL].http: //www.crihap.cn/2014-07/02/content_17638153.htm,2003-10-17.

161. 中国一带一路网一带一路”这些重大政策你知道吗?[EB/OL] .http: //www.ebrun.com/20170522/231917.shtml,2017-05-22.

162. 青海日报山宗·水源·路之冲[EB/OL]http: //www.qh.gov.cn/dmqh/system/2019/05/17/010331037.shtml.2019-05-17.

163. 项兆伦 . 中国非物质文化遗产保护的理念与实践——在第六届成都非遗节国际论坛上的主旨发言[EB/OL], http: //www.sdwht.gov.cn/html/2017/whb_0610/41024.html.2017-06-10.

164. 闫铮 . 稀有剧种的合理化创新保护——以梨园戏实践为例[J]. 中国戏剧,2020(3)